王小宁 陈思羽 赵晓琪 编著

通过新HSK 5级 阅读分类训练

北京语言大学出版社
BEIJING LANGUAGE AND CULTURE
UNIVERSITY PRESS

图书在版编目（CIP）数据

通过新HSK·阅读分类训练（5级）/王小宁，陈思羽，赵晓琪编著.
—北京：北京语言大学出版社，2013.1

ISBN 978-7-5619-3419-7

Ⅰ.①通… Ⅱ.①王… ②陈… ③赵… Ⅲ.①汉语—阅读教学—对外汉语教学—水平考试—习题集 Ⅳ.①H195.4-44

中国版本图书馆CIP数据核字(2012)第285310号

书　　名：	通过新HSK·阅读分类训练（5级）
书名拼音：	TONGGUO XIN HSK·YUEDU FENLEI XUNLIAN (5 JI)
责任编辑：	周志宇
责任印制：	姜正周
出版发行：	**北京语言大学出版社**
社　　址：	北京市海淀区学院路15号　邮政编码：100083
网　　址：	www.blcup.com
电　　话：	发行部 010-82303648 / 3591 / 3650
	编辑部 010-82303392
	读者服务部 010-82303653 / 3908
	网上订购电话 010-82303668
	客户服务信箱　service@blcup.net
印　　刷：	北京东海印刷有限公司
经　　销：	全国新华书店
版　　次：	2013年1月第1版　2013年1月第1次印刷
开　　本：	787毫米×1092毫米　1/16　印张：17
字　　数：	306千字
书　　号：	ISBN 978-7-5619-3419-7/ H·12209
定　　价：	48.00元

凡有印装质量问题，本社负责调换。电话：82303590

CONTENTS 目 录

阅读题型及解题技巧 1

   第一部分　综合填空：请选出正确答案 2
      题型特点 2
      解题技巧 2

   第二部分　判断一致：请选出与试题内容一致的一项 3
      题型特点 3
      解题技巧 3

   第三部分　阅读理解：请选出正确答案 4
      题型特点 4
      解题技巧 5

阅读常考话题分类训练 6

   话题一　交际活动类 7
      一、综合填空 8
         本节重点：区分近义词 8
         例题解析与应试技巧 8
         常见考点归纳：常考的近义词 10
         常见考点归纳：常考的固定搭配 11
         同步训练 12

二、判断一致 14
本节重点：近义词语替换 14
例题解析与应试技巧 15
常见考点归纳：常考的近义表达 15
同步训练 16

三、阅读理解 21
本节重点：归纳和推理 21
例题解析与应试技巧 22
常见考点归纳：带有感情色彩的词语 23
同步训练 24

四、话题归纳 28

话题二　科学技术类 31

一、综合填空 32
本节重点：区分形近词 32
例题解析与应试技巧 32
常见考点归纳：常考的形近词 34
同步训练 35

二、判断一致 38
本节重点：近义句式替换 38
例题解析与应试技巧 38
常见考点归纳：常考的近义句式 39
同步训练 42

三、阅读理解 47
本节重点：跳跃障碍，捕捉细节 47
例题解析与应试技巧 47
常见考点归纳：细节题常考的提问方式 49
同步训练 50

四、话题归纳 55

话题三　历史文化类 58

一、综合填空 59
本节重点：正确选用关联词 59
例题解析与应试技巧 59
常见考点归纳：常考的关联词及其逻辑关系 60
同步训练 63

二、判断一致 66
本节重点：主动、被动转换 66
例题解析与应试技巧 66
常见考点归纳：常考的主动、被动句式转换 67
同步训练 68

三、阅读理解 72
本节重点：语义理解 72
例题解析与应试技巧 72
常见考点归纳：语义理解题常考的提问方式 74
同步训练 74

四、话题归纳 78

话题四　社会问题类 80

一、综合填空 81
本节重点：正确选用容易混淆的虚词 81
例题解析与应试技巧 81
常见考点归纳：常考的虚词 82
常见考点归纳：常考的介词搭配 84
同步训练 85

二、判断一致 88
本节重点：提示上下文关系的标志词 88
例题解析与应试技巧 88
同步训练 89

三、阅读理解 93
本节重点：把握作者的观点、态度、情绪 93
例题解析与应试技巧 93
常见考点归纳：观点态度题常考的提问方式 95
常见考点归纳：常考的提示上下文关系的词语 95
同步训练 96

四、话题归纳 101

话题五　传说故事类 104

一、综合填空 105
本节重点：根据上下文语境选择词语 105
例题解析与应试技巧 105
同步训练 106

二、判断一致 110
本节重点：推测言外之意 110
例题解析与应试技巧 110
常见考点归纳：常用惯用语 111
同步训练 112

三、阅读理解 117
本节重点：把握文章主旨大意 117
例题解析与应试技巧 118
常见考点归纳：常见的文章结构与主题句位置 119
同步训练 120

四、话题归纳 127

阅读模拟测试 129
模拟题一 130
模拟题二 140

模拟题三 149

　　模拟题四 158

　　模拟题五 168

　　模拟题六 178

　　模拟题七 188

　　模拟题八 199

答案解析 209

阅读常考话题分类训练 210

　　话题一　交际活动 210

　　话题二　科学技术 215

　　话题三　历史文化 221

　　话题四　社会问题 226

　　话题五　传说故事 230

阅读模拟测试 237

　　模拟题一 237

　　模拟题二 240

　　模拟题三 243

　　模拟题四 246

　　模拟题五 250

　　模拟题六 253

　　模拟题七 256

　　模拟题八 260

阅读题型及解题技巧
（新HSK五级）

　　新HSK五级阅读题包括三个部分，共45题，每个题目都是四选一，即从四个选项中选出一个正确答案。

第一部分　综合填空：请选出正确答案

题型特点

读4—5段短文，每段短文有3—5个空，共15道题（第46—60题）。
根据上下文的意思选择填空，大部分是词语填空，也有句子填空。

例题 请选出正确答案（样题第53-56题）

一天晚上，大老鼠带着一群小老鼠出去找 53 吃。在一家人的厨房里，它们找到了吃剩的饭菜。正当老鼠们准备 54 美食的时候，传来了让它们非常害怕的声音，那是一只大花猫的叫声。老鼠们四处逃跑，大花猫紧追不放。有一只小老鼠跑得太慢，被大花猫捉住了。大花猫刚想吃掉小老鼠，突然听到了狗的叫声，大花猫立刻丢下那只小老鼠逃跑了。这时，大老鼠从垃圾桶后走了出来，对小老鼠们说："我早就对你们说， 55 一门外语非常重要。这次， 56 。"

53. A. 消息　　　B. 东西　　　C. 办法　　　D. 原料

54. A. 享受　　　B. 消费　　　C. 吸收　　　D. 保存

55. A. 珍惜　　　B. 掌握　　　C. 寻找　　　D. 相信

56. A. 外语救了你们的命　　　B. 食物对我们更重要
　　C. 要有勇气面对困难　　　D. 出门一定要注意安全

解题技巧

这类题目要求考生在阅读并理解短文大意的基础上，对词汇、语法和篇章结构等汉语知识进行综合运用能力。因此，本书把这类题目叫做"综合填空"。

这类题目由于短文中空去了一些词语，考生很容易看到一个空就开始琢磨怎么选，既费时间又容易出错，因此考生最好采取下面的方法做题：

1. 先忽略这些空，迅速把全文通读一遍，了解大意。
2. 仔细阅读包含题目的句子，确定答案，使上下文通顺。
3. 先做容易确定的题目，最后根据上下文考虑比较难的题目。

◆ 复习的时候，要熟悉下列考点，重点突破：
1. 区分近义词
2. 区分形近词
3. 熟悉关联词
4. 熟悉虚词
5. 推测上下文

你会在后面各章中，通过具体的训练，掌握突破上述五大考点的技巧。

第二部分　判断一致：请选出与试题内容一致的一项

题型特点

读10个语段，每段100字左右，共10题（第61—70题）。
选项是对语段大意或细节的表述，选出与短文内容一致的一项。

例题 请选出与试题内容一致的一项（样题第64题）

64. 打开电脑，浏览网站，每天人们都在享受信息时代的好处。但是小心，在你轻轻点击鼠标的过程中，无处不在的网络病毒可能已经悄悄进入你的电脑系统中了，有些病毒甚至连杀毒软件都无法将他们删除。

A. 鼠标带有病毒　　　　　　　B. 电脑对人体有害
C. 上网要小心病毒　　　　　　D. 杀毒软件破坏了电脑系统

解题技巧

这类题目要求考生判断选项和原文的意思是否一致。因此，本书把这类题叫做"判断一致"。做这类题的方法是：

1. 先快速浏览文章，边读边用笔把一些关键的信息划出来，比如：时间、地点、人物、原因、结果等。

2. 再读选项，和原文表述不一致，或者原文中没有提到的选项，都是错误的。
3. 答案和原文表达方式经常不同，需要在充分理解的基础上做判断。

◆ 复习的时候，要熟悉下列考点，重点突破：
1. 近义词语替换
2. 近义句式替换
3. 主动被动转换
4. 抓关系标志词
5. 推测言外之意

第三部分　阅读理解：请选出正确答案

题型特点

读4—5篇短文，每篇有3—5个问题，共20个问题（第71—90题）。
问题都是针对短文内容的，根据对短文的理解回答问题。

例题 请选出正确答案（样题第71-73题）

朋友买了一辆新车。周末，我和他一起去试车。为了试车的性能，我们把车开得很快。"我这辆车虽然不怎么有名，但速度也和那些好车差不多吧。"朋友高兴地说。这时，前面的车突然停了，朋友急忙刹车，可是车滑行了好长一段路才停下来，差一点儿撞到那辆车。我和朋友都吓出了一身冷汗。"现在，我终于明白好车和坏车的区别了！"朋友说。

其实，好车和一般车都可以开得很快，但它们在停车速度上却有很大的差别，好车可以更快地停下来。人生不也是这样吗？优秀的人不仅工作起来很有效率，他们也更懂得如何迅速地停下来。对于一件没有前途的事情，尽快地停下来才是最好的选择。

71. 作者和朋友为什么会很害怕？
　　A. 车开得太快了　　　　　　B. 车停不下来了
　　C. 车撞到了前面的车　　　　D. 车没能很快地停下来

72. 作者的朋友明白了好车：
    A. 更省油　　　B. 能开得更快　　　C. 能停得更快　　　D. 能开得更稳
73. 作者认为优秀的人：
    A. 有更好的前途　　　　　　　B. 有更好的工作
    C. 工作的效果更好　　　　　　D. 更明白如何迅速放弃

解题技巧

这类题目要求考生迅速读懂短文，并在理解的基础上回答问题。因此本书把这类题目叫做"阅读理解"。做这类题的方法是：

1. 先看问题，带着问题读文章。
2. 速读全文，边读边做标记，了解文章主题和大意，掌握关键信息。
3. 遇到不认识的生词或者难句，要跳过障碍捕捉有用的信息。
4. 迅速定位重要考点，以便根据其特点各个击破。

◆ 复习的时候，要熟悉下列考点，重点突破：

1. 归纳推理
2. 跳跃障碍，捕捉细节
3. 语义理解
4. 作者态度
5. 把握主旨

阅读常考话题分类训练
（新HSK五级）

　　新HSK考试比较注重现代生活、工作、学习中常用的话题或引人思考的故事，阅读题共涉及5大类话题，包括：交际活动、科学技术、历史文化、社会现象、传说故事，每类话题下又包括若干小话题。

　　话题不同，考点也有所侧重（当然有些可以通用）。如果你掌握了每类话题的特点以及在考试中需要注意的问题，你就能胸有成竹，又快又准地完成新HSK阅读题。

话题一
交际活动类

跟交际活动相关的话题主要有商贸活动、旅游休闲、文体娱乐、养生保健、人际交往等小话题。这类话题在人们每天的生活中都有所涉及,很常见,是新HSK阅读考试的重点。

一、综合填空

本节重点：区分近义词

综合填空是新HSK阅读的第一部分，也是考生最头疼的一部分。因为短文不完整，很多考生感觉这个也行，那个也行，一不小心时间就过去了。所以常感到对这类题目没有把握，而且很费时间。尤其是那些近义词，更是让考生感到迷惑。区分近义词是新HSK阅读必考的内容，因此需要重点掌握。本节集中突破这一考点。

例题解析与应试技巧

例题 1 请选出正确答案

许多人外出逛街、游玩时，会选择灵活机动的自行车作为代步 _1_ ，时尚的双人、三人自行车尤其受到年轻人的青睐。于是，自行车出租业也就应运而生了。对于大多数人来说，花钱去健身房不如旅游式的自行车运动来得有趣。尤其是骑双人、三人自行车，对人们的心理健康也大有 _2_ ，骑车人需要心往一处想，劲往一处使，其效果和龙舟运动有些 _3_ 。据说近来租这种特殊自行车的人很多，一些崇尚运动的老人也 _4_ 到了租车健身的行列里来。

1. A. 设施　　B. 设备　　C. 工具　　D. 机器
2. A. 好处　　B. 优势　　C. 利益　　D. 优点
3. A. 同类　　B. 似乎　　C. 同样　　D. 相似
4. A. 光临　　B. 加入　　C. 靠近　　D. 发生

解析 1

这篇文章介绍的是人们租用自行车健身的情况。

第一题可以从词义上来区分。"设施"包括"设备"："设施"指整套系统，比较固定、不易移动，比如：公共设施、体育设施；"设备"指单个的、不太方便移动的产品，比如：运输设备。"工具"包括"机器"："工具"指容易移动或便于携带的器具，比如：修车工具、交通工具；"机器"专门指生产工具。自行车是容易移动的，属于交通工具，所以选C，即"代步工具"。

第二题可以从搭配上来区分。"对……有好处"是固定搭配，答案是A。

第三题可以从语法功能上来区分。"同类"和"同样"都用在名词前作定语；"似乎"作状语；只有"相似"可以作谓语，答案是D。

第四题也可以从搭配上来区分，"加入……行列"是固定搭配，意思是"参加进去"，答案是B。

从这道例题可以看出，近义词可以从词义、范围大小、搭配、语法功能几个方面来区分。除此之外，还可以从语义轻重、语体风格、感情色彩来区分。比如：

"优良、优良、优秀、优异"："良好＜优良＜优秀＜优异"，语义越来越重，也就是说"优异"是最好的。

"头"和"脑袋"：语体色彩不同，"头"是书面语，"脑袋"是口语。

"成果、后果、结果"：感情色彩不同，"成果"指好的结果，是褒义词；"后果"指不好的结果，是贬义词；"结果"没有明显的感情色彩，是中性词，可以用于好的事情，也可以用于不好的事情。

近义词的区分其实也不难，只要掌握了方法，平时注意积累，就能够成为这类题目的高手。

◆ 应试技巧

1. 掌握区分近义词的方法。从词义、搭配、语法功能、语义轻重、语体风格（口语/书面语）、感情色彩（褒义/贬义）等方面来区分。

2. 运用排除法。先按照语法功能排除，把不合语法的词语排除掉；再看搭配，把搭配不合理的排除掉；如果几个选项的意思、搭配都没问题，再看语义轻重，根据上下文语义来确定。

3. 平时积累，记住搭配。平时学习的时候应注意辨别近义词的差异，多留心近义词用法，特别要熟记一些固定搭配，这样，可以在考试中赢得更多的时间，提高准确率。

常见考点归纳

◆ 常考的近义词

1.	把握	抓住	握住	掌握	26.	景点	画面	场合	场面
2.	表示	说明	表明	表达	27.	局势	趋势	局面	状况
3.	财富	财产	资本	金钱	28.	举行	举报	举办	进行
4.	侧面	反面	负面	悲观	29.	均匀	平均	总共	一共
5.	处置	处分	处罚	惩罚	30.	恐怕	担忧	可怕	惊慌
6.	传承	传说	继承	遗传	31.	控制	限制	禁止	阻止
7.	到达	相遇	遇到	攻击	32.	漂亮	美丽	美好	优美
8.	发出	得到	分发	出发	33.	普遍	显著	著名	闻名
9.	妨碍	障碍	阻碍	阻挡	34.	任务	负担	责任	压力
10.	分成	划分	组成	分组	35.	设施	设备	工具	机器
11.	附近	旁边	周围	近处	36.	失明	失语	残疾	失聪
12.	高峰	高端	成熟	高潮	37.	说法	想法	建议	意见
13.	公布	声明	表明	指示	38.	说明	说出	指明	指出
14.	功能	价值	影响	成果	39.	突出	突破	破除	胜出
15.	观点	看法	观念	说法	40.	完全	整整	足够	整个
16.	观点	看法	观念	说法	41.	兴趣	趣味	喜爱	热爱
17.	广泛	庞大	丰富	蓬勃	42.	形成	促进	造成	显示
18.	规定	教育	说明	指导	43.	修养	水平	知识	本事
19.	毫不	毫无	丝毫	不无	44.	演唱	演出	表演	播放
20.	好处	优势	利益	优点	45.	遥远	长远	长途	远处
21.	积极	主动	正面	有效	46.	引起	致使	引得	导致
22.	基本	初步	开始	开头	47.	原因	理由	缘故	因为
23.	记忆	怀念	回想	记得	48.	作为	属于	成为	具有
24.	解释	注释	释放	理解	49.	作用	功能	效果	目标
25.	进行	实行	从事	开始					

◆ 常考的固定搭配

1. 摆脱 —— 困境 贫困 处境
2. 办 —— 手续 婚礼 酒席
3. 包含 —— 意义 内容
4. 备受 —— 关注 欢迎
5. 采取 —— 措施 手段 态度
6. 产生 —— 影响 作用 矛盾
7. 充满 —— 活力 热情
8. 创造 —— 财富 价值
9. 从事 —— 工作 职业
10. 达到 —— 高度 效果
11. 打 —— 基础 官司 交道
12. 打破 —— 纪录 局面 观念
13. 戴 —— 眼镜 项链 手套
14. 付诸 —— 实施 实践 行动
15. 搞 —— 对象 关系
16. 构成 —— 威胁
17. 节约 —— 意识 能源
18. 集中 —— 注意力 力量
19. 加入 —— 行列 组织
20. 交 —— 朋友 作业
21. 举行 —— 婚礼 运动会
22. 开 —— 支票 发票
23. 面临 —— 挑战 危机 困境
24. 明白 —— 道理 原因
25. 签订 —— 合同 协议
26. 失去 —— 良机 机会

27. 说说 —— 理由 情况 感受
28. 思考 —— 问题 答案
29. 损害 —— 健康 形象
30. 提高 —— 素质 水平 能力
31. 享受 —— 美食 生活
32. 欣赏 —— 景色 音乐
33. 延长 —— 时间 生命
34. 引起 —— 注意 关注 争论
35. 迎接 —— 新年 客人
36. 造成 —— 损失 影响
37. 掌握 —— 命运 知识 汉语
38. 制定 —— 计划 政策 法律
39. 治理 —— 污染 洪水 国家
40. 抓住 —— 机会 重点
41. 常见 —— 疾病 问题 用法
42. 负面 —— 影响 效果 效应
43. 著名 —— 品牌 作家
44. 驾驶 —— 执照 经验
45. 心理 —— 障碍 问题 疾病
46. 充分 —— 展现 发挥 了解
47. 身体 —— 好 健康 不好
48. 心情 —— 好 愉快 差
49. 天气 —— 热 冷 炎热 寒冷
50. 温度 —— 高 低
51. 运气 —— 好 差 不好
52. 质量 —— 好 坏 不好

同步训练

◆ 请选出正确答案

第1-5题

青少年用手机主要是干什么呢？调查中，一位初二女生 __1__ 犹豫地回答："当然是发短信啊！"目前，用手机短信和别人交流的"拇指族"在青少年中越来越普遍。青少年手机使用者已经扩大到10~26岁阶层，使用者的低龄化 __2__ 越发明显。很多父母为了能与孩子保持联系，及时 __3__ ，就给孩子配备了手机。然而，随之出现的一些 __4__ 效应也应引起关注。专家认为，未成年孩子对手机容易产生依赖性，过长时间利用手机容易使孩子性格孤僻，造成社交心理 __5__ 。

1. A. 毫不　　　　B. 毫无　　　　C. 丝毫　　　　D. 不无
2. A. 局势　　　　B. 趋势　　　　C. 局面　　　　D. 状况
3. A. 了解社会信息　B. 联系学校老师　C. 掌握孩子去向　D. 关注各界新闻
4. A. 侧面　　　　B. 反面　　　　C. 负面　　　　D. 正面
5. A. 妨碍　　　　B. 障碍　　　　C. 阻碍　　　　D. 阻挡

第6-9题

进入2010年赛季，奥利弗进入了运动生涯 __6__ 期。在5月到7月的国际田联联赛的男子110米栏项目上，他先后四次突破13秒大关，在创造个人最好成绩的同时，他也 __7__ "12秒90俱乐部"的第三位成员。值得一提的是，今年以来只有奥利弗一人突破13秒大关，这位年已28岁的选手，首次 __8__ 近几年刘翔、罗伯斯双星争辉的局面，第一次 __9__ 。

6. A. 高峰　　　　B. 低谷　　　　C. 成熟　　　　D. 高潮
7. A. 作为　　　　B. 属于　　　　C. 成为　　　　D. 具有
8. A. 突出　　　　B. 打破　　　　C. 破除　　　　D. 战胜
9. A. 获得冠军　　　　　　　　　B. 跑进13秒
　　C. 成为最年轻的冠军选手　　　D. 成为110米栏赛道的主角

第10-13题

苏珊大妈是来自苏格兰的一名乡村妇女，她在英国ITV电视台的选秀节目《英国达人》第一 __10__ 比赛中亮相时，这位年龄有点大、长相有点糟、打扮有点土的选手并不引人注目，但当她亮开歌喉 11 著名歌曲《我曾有梦》时，所有人的眼睛都瞪大了。她震撼了全场，外表 12 却满怀梦想、才华横溢的她，成为了英国家喻户晓的明星， 13 。

  10. A. 通   B. 轮   C. 位   D. 名
  11. A. 演唱   B. 展开   C. 表演   D. 播放
  12. A. 奇特   B. 非凡   C. 出众   D. 平凡
  13. A. 打败了其他对手   B. 用歌声扭转了人生
     C. 改变了以前的形象   D. 用真诚打动了世界

第14-20题

近年有调查研究 14 ：当男人渴望食物时，他们倾向于渴望脂肪和盐；当女人渴望食物时，她们倾向于渴望巧克力。女人 15 每天说七千个单词；男人勉强刚过两千个单词。女人 16 脂肪的速度比男人慢，每天约为50卡路里。女人的心脏比男人 17 得快。

  14. A. 表现   B. 表达   C. 表扬   D. 表明
  15. A. 均匀   B. 平均   C. 总共   D. 一共
  16. A. 消耗   B. 消灭   C. 消失   D. 消肿
  17. A. 跳   B. 跑   C. 动   D. 长

第18-20题

男孩和女孩在一年前认识并相爱了。有一天男孩突然昏倒了，她才知道他患了重病， 18 接受心脏移植手术就可以活下来，可男孩却不接受手术。不管家人怎么劝他都不接受，连他最爱的女孩劝他也没用。终于，男孩 19 了这个世界。男孩去世不久，女孩从男孩的妈妈那儿拿到一本男孩的日记，最后一页有一行字： 20 ，我怕我做不到。

  18. A. 如果   B. 于是   C. 要么   D. 反正
  19. A. 接受   B. 爱上   C. 离开   D. 放弃
  20. A. 好好活下去   B. 用别人的心爱你
     C. 给你想要的幸福   D. 手术成功率不高

第21-24题

　　我很小就因车祸而 21 ，所以我从不知女友长什么样。那年，她得了胃癌， 22 前她将眼角膜移植给了我。我 23 光明后的第一件事就是找她的照片，然而我只找到她留给我的一封信，信中写有一句话："别再想我长什么样，下一个你爱上的人，就是我的 24 。"

21. A. 失明　　　B. 失语　　　C. 残疾　　　D. 失聪
22. A. 住院　　　B. 分手　　　C. 去世　　　D. 上路
23. A. 重复　　　B. 重见　　　C. 康复　　　D. 往复
24. A. 模样　　　B. 心愿　　　C. 来世　　　D. 爱人

第25-27题

　　有一位年轻人在一家公司做得很出色，他为自己设计了一个美好的未来，对 25 充满信心。然而这家公司突然因为某些原因破产了，这位青年变得很悲观，认为自己是世界上最不幸、最 26 的人。但是他的经理，一位中年人拍了拍他的肩说："你很幸运，小伙子。""幸运？"青年人叫道。"对，很幸运！"经理重复了一遍，他解释道："凡是青年时期受过挫折的人都很幸运，因为你可以学到如何 27 。现在重新开始，一点儿都不晚。"

25. A. 记忆　　　B. 前途　　　C. 命运　　　D. 价值
26. A. 善良　　　B. 谨慎　　　C. 糟糕　　　D. 倒霉
27. A. 坚强　　　B. 坚定　　　C. 成熟　　　D. 熟练

二、判断一致

本节重点：近义词语替换

　　在判断一致这种题型中，最常考的就是近义表达。这种题的选项中一般会有一个词语跟文章中的词语意思相近。

例题解析与应试技巧

例题 2 请选出与试题内容一致的一项（样题第61题）

61. 从1995年开始，学校每年举行一次演讲比赛，到现在已经是第15届了。今年的比赛定在下周六，对于这场比赛，我非常有把握，我要争取发挥出最好水平，你们就等我的好消息吧。

    A. 比赛安排在周六下午　　　　　　B. 我每年都参加这个比赛
    C. 我对这次比赛很有信心　　　　　D. 这场比赛的水平不是很高

题解 2

A 原文是"下周六"，A选项"周六下午"，与原文不符，可排除。
B 原文是"学校每年……"，没有提到B选项中的"我每年"，可排除。
C 选项"有信心"与原文"有把握"意思相近，是正确答案。
D 原文作者说"争取最好水平"，说明比赛的高水平没有实现，D错。

◆ 应试技巧

1. 用排除法。快速浏览文章，边读边把重要的信息画下来，例如时间、数字、原因、结果、前提、条件等，与原文信息不符的选项可以迅速排除。
2. 注意细节。选项中经常有与原文用词相似，但表意不同的内容，要注意分辨。
3. 定位近义词。正确选项不一定是与原文相同的说法，经常是跟原文意思相近的词语。

常见考点归纳

◆ 常考的近义表达

1. 不碍事 —— 不严重　　　　　7. 打成一片 —— 关系融洽
2. 不对头 —— 不正常　　　　　8. 二话没说 —— 直接、马上
3. 不好吃 —— 难吃　　　　　　9. 国画 —— 中国画
4. 不见得 —— 不一定　　　　　10. 过意不去 —— 不好意思
5. 不像话 —— 过分　　　　　　11. 汉代 —— 汉朝
6. 不怎么样 —— 不太好　　　　12. 恨不得 —— 很希望

13. 或多或少	—— 难免		21. 说三道四	—— 议论别人
14. 家园	—— 住的地方		22. 头疼	—— 苦恼
15. 可不是	—— 你说得对		23. 土特产	—— 当地的特产
16. 没说的	—— 没问题		24. 无所谓	—— 没关系
17. 拿不出手	—— 太小气		25. 新房	—— 结婚用的房子
18. 哪/谁知道	—— 不知道		26. 有把握	—— 有信心
19. 闹笑话	—— 出错		27. 有的是	—— 很多
20. 闹着玩儿	—— 开玩笑		28. 走红	—— 受欢迎

同步训练

◆ 请选出与试题内容一致的一项

第1-19题

1. 美国拥有全球最大的网上购物市场。而同美国和欧洲其他国家相比，英国网上购物者占人口比例最高，法国网上购物发展速度居欧盟国家之首。由于网上购物有了安全保障，上网购物的德国人数量正不断大幅攀升。

   A. 英国拥有全世界最大的网购市场。
   B. 法国网上购物发展速度居全球之首。
   C. 美国网上购物者占人口比例最高。
   D. 上网购物的德国人数量比以前多了很多。

2. 调查显示，人民币升值和欧元贬值增加了中国消费者在国际市场的购买力。大批中国游客前往欧洲消费，主要是从2010年初欧元开始出现贬值开始的。截至目前来看，欧元的贬值已经给欧洲奢侈品企业带来了前所未有的销售业绩。

   A. 中国一直是购买世界奢侈品的最大的消费市场。
   B. 人民币的升值影响了中国消费者的国际购买力。
   C. 欧元贬值给欧洲奢侈品企业带来了致命的打击。
   D. 中国游客前往欧洲的目的都是为了购买奢侈品。

3. 2011年《世界卫生统计资料》显示，日本人的平均寿命继续保持在83岁，与欧洲小国圣马力诺并列世界第一。在2010年的报告中垫底的阿富汗和津巴布韦的平均寿命则大幅延长。2000年至2009年大多数国家人口平均寿命实现增长。

   A. 2011年日本人的平均寿命比去年有了很大的增长。
   B. 2011年欧洲小国圣马力诺人的平均寿命排名世界第二。
   C. 2010年排名最后国家的平均寿命在2011年大大延长。
   D. 2000年至2009年，所有国家的人口平均寿命都有所增长。

4. 就在相声正走下坡路时，郭德纲和他的传统相声火暴京城。2006年冬天，郭德纲突然受到媒体追捧，他领演的2006年北京新年相声大会门票几天内全部售空，演出持续了五个多小时，其中郭德纲返场22次，创下相声演出的一个纪录。

   A. 郭德纲2006年北京新年相声大会因票价高而创下了记录。
   B. 郭德纲和他的相声在一定程度上影响了相声的现状。
   C. 在中国相声发展最快的时候，郭德纲的相声最为火暴。
   D. 从传统相声开始发展以来，郭德纲就一直受到媒体的关注。

5. 乒乓球在中国拥有众多爱好者是因为"国球"在国人心中的特殊地位。1961年4月，中国首次举办世界大赛并勇夺三项世界冠军，乒乓球从此在全国大热。外来的乒乓球运动在中国历经50年长盛不衰，逐步演变成中国的"国球"。

   A. 乒乓球这项运动发源于中国。
   B. 中国举办了三次世界乒乓球大赛。
   C. 乒乓球一开始就是中国的"国球"。
   D. 中国人在心中对乒乓球有特别的情结。

6. 人人网和开心网是中国最大的两大社交网络。数据显示人人网的用户主要是年轻的校内用户，而开心网的年龄分布比较宽，且更吸引女性用户。数据显示，人人网用户的展示功能多于开心网，而在互动功能方面弱于开心网。

   A. 开心网和人人网在功能侧重上有所不同。
   B. 开心网的用户主要是在校的学生用户。
   C. 人人网的互动动能是最强的。
   D. 人人网和开心网是全球最大的社交网络。

7. 辣椒味道辛辣，是很好的调味品，很多人爱吃。不仅如此，辣椒的营养很丰富，可以防治坏血病，帮助消化。还有，南方有些地方由于天气潮湿，吃了辣椒全身发热，可以去湿气。所以，幼儿适当吃点辣椒对身体还是有好处的。

   A. 吃辣椒有利于健康。
   B. 辣椒吃多了不好。
   C. 幼儿不应该吃辣椒。
   D. 爱吃辣椒的人不多。

8. 在近期举办的某项国际赛事上，美国110米栏高手奥利弗以12秒89的成绩成为今年首位突破12秒90大关的选手，同时刷新美洲纪录。这一佳绩，使他成为继刘翔、罗伯斯之后第三位超越12秒90大关的选手。

   A. 刘翔跑不过奥利弗。
   B. 奥利弗是美国人。
   C. 美洲纪录被保持。
   D. 跑进12秒90的有两位。

9. 由于苏珊是个49岁依然尚未婚嫁的大龄村姑，在英国都叫她苏珊小姐，不过中国观众都叫她苏珊大妈。苏珊本人质朴平凡而且很腼腆害羞。而今，当她变得大红大紫时，她却说自己反而更向往过一种平静的生活。

   A. 苏珊有老公。
   B. 苏珊很有名。
   C. 苏珊性格大方。
   D. 苏珊喜欢热闹。

10. 珍珠滩的景致其实远不如它的名字那般诱人，只是一滩水花四溅的溪水而已。真正的美丽在于滩下溪流垂落而形成的巨大瀑布。这是九寨沟最大也是最美之所在。每一位走近瀑布的游人，都会从中体味到什么叫壮观，怎样是美丽，如何才动人。

    A. 珍珠滩比它的名字还要美。
    B. 珍珠滩下的瀑布很壮丽。
    C. 珍珠滩离九寨沟有段距离。
    D. 瀑布没有珍珠滩美丽。

11. 我们在一个高层大厦上班，他在我对面的窗户里办公，我们隔着一条街。每天偷偷看着他，猜测他的快乐忧伤，写在微博上。他应该不知道吧，因为我总是很小心。某一天，他突然消失了。我心里一空，发了一条新微博："他走了，我想他，他不知道。"立刻弹出一条新评论："傻孩子，我搬到上面那层了。"

A. 我用微博他不用。
B. 他知道我偷偷关注他。
C. 我的男朋友在对面大楼上班。
D. 某天他办公室搬到了另一幢楼。

12. 婴儿的智商与其性情有关。那些性情坏的孩子，长到四五岁时，智商会明显高于其他孩子。研究人员认为，这可能是因为脾气坏的孩子在家庭中往往会得到更多的关心和照顾，父母不得不与这样的孩子多接触，从而潜移默化地开启了孩子的智力。

A. 父母讨厌性情坏的孩子。
B. 脾气坏的孩子可能更聪明。
C. 婴儿智商低性情就不好。
D. 父母通常会多接触脾气好的孩子。

13. 张华为《新华晚报》工作，他的工作得到了大家的肯定。一天，老板对他说："为了奖励你，我决定给你放6个月的假。"但张华没有接受，老板问为什么，他回答："我不能接受您的好意有两方面的考虑。如果我不写文章了，《新华晚报》可能会卖得不好，但也可能不受影响。前者对您不好，而后者对我不好。"

A. 张华想辞职。
B. 张华想应聘编辑。
C. 同事们赞赏张华的工作。
D. 张华放假《新华晚报》会卖得不好。

14. 现在,如果要问人们选择职业时主要考虑的是什么,有相当一部分人会以收入多少作为标准。当然,也有人主要看自己是否喜欢这份工作。也许,最理想的情况是能找到一份既让人喜欢又有较多收入的职业。可惜的是,这种情况在生活中并不能经常遇到。

    A. 现在人们经常换工作。
    B. 人们找工作的标准不同。
    C. 喜欢的才是最好的工作。
    D. 找一份满意的工作并不难。

15. 蔬菜和水果通常含有大量维生素,虽然它们在营养成分和健康效果上有很多相似之处,但又各有特点。因此,现代营养学推荐"每餐有蔬菜,每天有水果",建议成年人每天吃蔬菜300-500克,水果200-400克。

    A. 蔬菜和水果应该一起吃。
    B. 蔬菜和水果的健康效果相同。
    C. 每顿饭都应该吃水果。
    D. 每天都应该吃水果和蔬菜。

16. 原本定在周三上午召开的会议因临时有事取消了,改在周五下午。我不得不翻开通讯录,一个一个地电话通知所有要参加会议的人。秘书工作就是这样,得随时准备着应对各种可能发生的变化。

    A. 周五的会议取消了。
    B. 会议还在本周举行。
    C. 秘书的工作很不稳定。
    D. 秘书的工作每天都一样。

17. 醋不但可以用来做菜,还有很多其他的功能。日常生活中喝点儿醋可以缓解疲劳;醋可以帮助消化,让营养变得更容易吸收;醋还可以治疗失眠,失眠者睡觉前喝点儿加醋的水,很快就会睡着。

    A. 醋能促进营养吸收。
    B. 醋有助于改善心情。
    C. 睡前喝醋容易失眠。
    D. 做菜都要加醋。

18. 优秀的员工奉行这样的理念：不找借口找办法，办法总比问题多。这是一个充满自信的理念，也是一个更具建设性、创造性的理念。世上没有解决不了的问题，只有不会解决问题的人。任何问题只要被发现了，在认真分析清楚后，总能找到相应的解决办法。

A. 生活中需要借口。
B. 发现问题的能力很重要。
C. 总会有解决问题的办法。
D. 优秀员工常会提出许多问题。

三、阅读理解

本节重点：归纳和推理

　　归纳和推理题在阅读中属于难度较高的题型，要求考生在遵循原文意义的基础上，通过对文章中的细节暗示和整体逻辑关系的把握，作出合理归纳和推理判断，从而挖掘出文章的深层意义及隐含意义。

　　归纳推理题常见的提问方式有：

　　1. 根据……可以知道……

　　2. 根据/关于……，正确的是：

　　3. ……是因为：

　　4. 根据上下文，……

　　5. 下列哪一项作者在文中没有提到？

例题解析与应试技巧

例题3 请选出正确答案（真题H51004第87—90题）

他初入职场，对一切都感到新鲜、陌生。一天中午，他刚吃完饭，就迎头撞上老板。老板微笑着随口吩咐："你能不能帮我订一份盒饭，或者让王主任回来时帮我带一份？"这是老板给他的第一个任务，尽管有几分随意。他既紧张又兴奋，他给快餐店打电话，盒饭已经卖完了。王主任出去吃饭，没有带手机，他也一直联系不上。

他紧张极了，不知道怎么办，红着脸告诉老板没有订到盒饭也没有联系到王主任。虽然没有受到老板的责备，但是他心里很失落。这件事给了他深刻的教训。如果他灵活一点，帮老板买到一份盒饭并不是什么难事。

不久，他又遇到一件事。老板打电话来找李助理。他回答老板说："李助理还没有回来。"但他意识到自己不应该这样随口就推掉老板的问题，于是接着说："我马上让她联系您。"老板说："我有急事，别人也可以。"他立即问道："这里有小张、小王还有我，您需要哪一位？"这样，老板的问题解决了。

他工作三年，渐渐变得和别人不同。因为他接电话和别的同事是不同的。"没有""不清楚""不知道"不再是他的常用语，他会给对方提供更多的选择和更多的信息，而不是把所有的时间浪费在一个无法解决的困境中。

他就这样一点一点变得不同。他总是比别人多做一点，哪怕只是多说几句话，但是他总能够及时地解决问题。有一天老板找他谈话，希望他出任客服部主管，因为他接电话的方式让老板相信他可以领导好一个客服部。他成功升职。

87. 老板给他的第一个任务是：
    A. 帮老板买饭　　　　　　　B. 帮忙联系王主任
    C. 取消预订的盒饭　　　　　D. 去快餐店找王主任

88. 老板给的第一个任务，他完成得怎么样？
    A. 比较出色　　B. 不够灵活　　C. 被老板批评了　　D. 同事们评价很高

89. 三年后，他变得：
    A. 更爱冒险了　　B. 喜欢追求时尚　　C. 很有商业头脑　　D. 更善于处理问题

90. 可以替换最后一段中"出任"的词语是：
    A. 控制　　　　B. 管理　　　　C. 出席　　　　D. 担任

题解3

第88题是一道细节推理题。原文第二段说"如果他灵活一点，帮老板买到一份盒饭并不是什么难事"，其中的"如果"是一个假设，由此可以推断出"他不够灵活"。

第89题是一道归纳推理题。根据原文第四段的描述和第五段老板"相信"他、"他成功升职"的结果，可以推断出D他"善于处理问题"。

◆ 应试技巧

1. 推理判断题的答案不能直接从原文中找到，而是暗含在文章的字里行间，需要你根据原文所提供的信息推断得出。

2. 要忠实原文，按照原文提供的信息进行推论，不能用自己的观点或者常识代替原文的观点，因此根据题目找到线索句很重要。

3. 一些带有感情色彩的词语，常常暗示着原文作者的态度、想法。记住这些词语，有助于作出正确的推论判断。

常见考点归纳

◆ 带有感情色彩的词语

1. 积极、肯定的：

满意、喜悦、兴奋、宽容、感动、感激、善良、诚实、礼貌、客气、谦虚、羡慕、同情、相信、信任、虚心、友好、赞成、赞同、珍惜、支持、亲切

2. 消极、否定的：

骄傲、气愤、害怕、悲伤、伤心、担忧、紧张、不安、着急、奇怪、羞愧、虚伪、狡猾、厌恶、失望、虚伪、轻视、讨厌、冷淡、讽刺、抱怨、不满、嘲笑、不耐烦、不在乎

同步训练

◆ 请选出正确答案

第1-4题

最能体现成都和成都人特色的，便是成都的茶馆。成都的茶馆，四季生意兴隆。尤其节假日，大街小巷，河边公园，名胜古迹，旅游景点，到处的茶馆都是座无虚席、热闹非凡。在冬春季节，遇到晴天，晒太阳、品香茗简直成了成都人的一大享受。

年轻人坐茶馆多是同学聚会，聊聊天；老年人则是日常消遣，打麻将，打桥牌，摆龙门阵；中青年人坐茶馆，以谈天说地为主，国事、家事、私事，无所不谈；退休干部、知识分子坐茶馆，多是看书读报，谈时事，议学术。在成都，甚至坐在茶馆里什么都不做就是休闲。

追求时尚、高品位的生活，成了成都现代都市人的生活目标，他们要的是生活水平、生活质量。在忙碌的工作之后，享受假期，白天，在茶馆坐上半天，看看报纸，做做白日梦，拉拉家常，吹吹牛，成为成都人的休闲方式。而当夜幕降临，人们又会收起羞涩的一面，走进大大小小的酒吧，伴着轻音乐，浅尝一口杯中红酒，品味这个城市夜的气息。

1. 根据文章，成都人的特色休闲方式是：
   A. 聊天　　　B. 打麻将　　　C. 坐茶馆　　　D. 看报纸
2. 有关成都的茶馆，不正确的是：
   A. 到处都有　　B. 人非常多　　C. 非常热闹　　D. 生意冷清
3. 第二段主要是讲：
   A. 成都茶馆四季都生意兴隆　　　B. 在成都各种人都喜欢坐茶馆
   C. 茶馆里人人都在做不同的事　　　D. 坐在茶馆里可以什么都不做
4. 在茶馆里一般不会：
   A. 聚会　　　B. 打麻将　　　C. 喝红酒　　　D. 谈时事

第5-8题

年仅13岁的姚明身高已超过2米。他离开自己的家，住进上海某体育学院的宿舍，他的职业球员生涯从此开始。

让姚明首次踏出国门的是耐克公司。1996年，一群耐克公司的高级管理人员第一次看到这个身高2.18米的少年，在惊奇之余，他们不但决定为姚明提供运动装备，还邀请他前往巴黎参加1997年耐克青年篮球训练营，那次巴黎之行让姚明增加了不少信心。第二年夏天，姚明又前往美国参加了耐克篮球训练营，当他回到上海时，已经相信自己有在NBA打球的实力。

到了2002年，21岁的姚明已经身高2.26米，他帮助上海男篮夺得联赛冠军，前往NBA打球的时机已经成熟。他身边也有了自己的顾问团，那就是以章明基为首的"姚之队"。在"姚之队"的帮助下，姚明完成了选秀前的一系列手续，成为当仁不让的头号新秀。姚明一家三口飞往北京观看选秀大会直播，当NBA总裁宣布火箭队选中姚明时，他母亲的脸上笑言绽放。

5. 姚明的职业球员生涯几岁开始？
   A. 12岁　　　　B. 13岁　　　　C. 18岁　　　　D. 21岁
6. 根据原文，姚明参加了几次耐克公司的篮球训练营：
   A. 一次　　　　B. 两次　　　　C. 三次　　　　D. 四次
7. 姚明NBA打球的时机成熟是在什么时候？
   A. 当选头号新秀时　　　　B. 身高超过2.18米时
   C. 参加耐克篮球训练营时　　　　D. 帮助上海男篮夺得联赛冠军时
8. 姚明选秀结果如何？
   A. 艰难　　　　B. 成熟　　　　C. 满意　　　　D. 失败

第9-13题

市场上摆着一个豆腐摊儿。摊主是位文气的年轻人，戴着啤酒瓶底儿似的眼镜，总是捧着一本书，投入且安静。你把一元钱递过去，他也不说话，握刀一切，块儿或大或小，也不称，递给你，笑笑，继续看他的书。

某次我注意了一下，看到书的封面上写着《欧洲哲学史》。于是，佩服得不得了。试问，如此喧哗之闹市，能得宁静心境，岂是易事？

豆腐吃得烦了，我就买排骨。肉摊儿的摊主是位中年人，长得很壮实，我与他谈起那位戴眼镜的年轻人："在这种吵闹的环境里竟可以读书，那种宁静，那种心境，不容易啊！"

卖肉的笑了，笑得有些放肆。笑完了，却又一本正经地说："那叫什么宁静呢？要么卖豆腐，要么读书。边卖豆腐边读书，算哪门子事？你说他是卖豆腐宁静了，还是读书宁静了？要读书就在家里读，跑到市场上干吗？<u>摆姿态</u>！"

"可能是生活所迫吧？"我说。

"那就好好卖豆腐。"卖肉的再一次把剔骨刀敲得啪啪直响，"那就大声吆喝，那就想办法早些卖完，多赚钱，然后找个安静的地方好好读他的书去。农贸市场是读书的地方吗？"

他笑着说："我这才叫宁静——我什么也不想，只想着卖肉。哪天我想读书了，什么也不做，只读书。与现实生活脱轨了，不务实了，还宁静个啥？"

回去的路上，我想，也许这个卖肉的，才真正算得上宁静。

9. 我佩服那个买豆腐的年轻人是因为：
   A. 他切豆腐不用称称都斤两准确。
   B. 他文质彬彬的样子，看书很投入。
   C. 他在闹市中还能静下心学习知识。
   D. 他看《欧洲哲学史》这么高深的书。

10. 根据文中内容，以下正确的选项是：
    A. 卖豆腐的年轻人很在乎豆腐所卖的钱。
    B. 年轻人一边卖豆腐一边看闲得无聊看杂志。
    C. 卖肉的摊主是个很壮实的中年人。
    D. 卖肉的摊主生意很忙没有时间看书。

11. 卖肉的摊主对卖豆腐的年轻人看书的看法是：
    A. 称赞　　　B. 反对　　　C. 中立　　　D. 客观

12. 划线词"摆姿态"的意思是：
    A. 对自己要求严格　　　B. 对别人宽容体谅
    C. 装样子博取声誉　　　D. 谦虚好学不骄傲

13. 最后文中作者的态度是：
    A. 支持卖豆腐的年轻人　　　B. 欣赏卖肉的摊主
    C. 认为他们两位都很有道理　　　D. 认为他们两位都没有道理

第14-16题

公司招聘人才是件非常严肃的事，但考官们又会别出心裁，用一些幽默、机智的方法，让应试者表现出自己的真实情况。

一天，某公司的人才招聘会正在进行。一位男青年走到考官面前。考官说："先生，您进门前是否已经把你的鞋底在小垫子上擦干净了？"青年说："那当然！我仔细地擦过了，先生。""您很肯定？""考官先生，这是一分钟以前的事，我会忘吗？""啊，对不起，看来是我忘了，门口根本就没有小垫子。"

一位小姐又走了进来。考官问了她许多问题，突然惊讶地叫起来："小姐，我在北京见过你,你那时在一个大型商务研讨会作讲演,十分精彩,给我留下了深刻印象,怪不得一见到你就觉得有些面熟。你来我们公司工作,我们十分欢迎!"小姐迟疑了一下说:"先生,您认错人了。""不,绝对不会,我的记性一向很好。""先生,您确实认错人了,几年前我去过北京,可那时我还是个中学生,根本就没参加过什么商务研讨会。"考官满意地笑了笑,说:"谢谢!"

招聘考试结束了,男青年落选,那位小姐被录用了。

14. 那位男青年落选是因为他:

  A. 没擦鞋　　　B. 不礼貌　　　C. 不诚实　　　D. 记性差

15. 关于女青年,正确的说法是:

  A. 她非常受公司的欢迎　　　B. 考官认识她
  C. 曾经做过精彩的演讲　　　D. 回答很诚实

16. 面试主要考察了应聘者的:

  A. 记忆　　　B. 口才　　　C. 反应　　　D. 品质

第17-20题

一个规模很小的食品公司,生产资金只有十几万。

公司生产的辣酱上市之前,老总准备做宣传广告。他本来想在某个热闹的街头租一个显眼的广告牌,让所有人一下子就能注意到他们的产品。但是与广告公司接触后,才发现市中心广告位的价格远远高于他的想象。

他并没有放弃,而是继续到处打听,最后终于看好一个广告牌。那是一个十字路口,来往车辆很多,但有一点遗憾是,路人行色匆匆,眼睛只顾盯着红绿灯和疾驶的车辆。在这里做广告很难保证有好的效果。询问了一下价格,几万元。老总很满意,于是就租了下来。员工们纷纷提出疑问,但老总只是笑而不答。

旧广告很快撤下来,员工们以为第二天就能看到他们的辣酱广告了。然而,第二天,广告牌上根本就没有他们的辣酱,上面只写着:"好位置,当然只等贵客。此广告位招租,88万/年。"

天哪,这样的价格该是这座城市最贵的广告位了吧。天价招牌的冲击力果然不同一般,每个从这里路过的人似乎都不自觉地停住脚步看上一眼。渐渐地,很多人都知道这个十字路口有个贵得离谱的广告位,甚至当地报纸都给予了极大关注……

一个月后,"爽口"牌辣酱的广告登了上去。

辣酱厂的员工终于明白了老总的心计,无不交口称赞。辣酱的市场迅速打开,因为那"88万/年"的广告价格早已家喻户晓。"爽口"牌辣酱成为了这座城市的知名品牌。

17. 老总为什么没在热闹的街头租广告位？
    A. 成本太高   B. 员工一致反对
    C. 实际效果不理想   D. 广告位已经租出去了
18. 老总买下那个广告位花了多少钱？
    A. 没花钱   B. 几万   C. 十几万   D. 88万
19. 老总没有立刻做辣酱广告，是因为：
    A. 公司的资金不够   B. 旧广告还没有撤下来
    C. 用高价吸引人们的注意   D. 当地报纸还没有关注
20. 本文主要告诉我们：
    A. 要控制广告成本   B. 广告的作用是巨大的
    C. 企业的成功离不开老总   D. 只有想不到，没有做不到

四、话题归纳

在这一单元，我们学到了：

1. 五种话题：商贸活动、旅游休闲、文体娱乐、养生保健、人际交往。其中的商贸活动、文体娱乐、养生保健尤其是新HSK常考的话题。

2. 近义词的辨析方法。

3. 常考词语的近义表达。

4. 归纳和推理的方法。

本话题常用词汇

◆ 商贸活动

1. 电子商务	2. 发达	3. 购物
4. 市场	5. 时尚	6. 效率
7. 发展	8. 完善	9. 消费者
10. 网购	11. 商品	12. 保障

13. 便宜　　14. 方便　　15. 家电
16. 软件　　17. 书籍　　18. 订购
19. 奢侈品　20. 消费　　21. 总额
22. 份额　　23. 人民币　24. 美元
25. 欧元　　26. 升值　　27. 贬值
28. 购买力　29. 销售　　30. 业绩

◆ 养生保健

1. 世界卫生组织　2. 平均寿命　3. 增长
4. 下降　　5. 食疗　　6. 饮食
7. 保健　　8. 调理　　9. 强壮
10. 减肥　　11. 护肤　　12. 养生
13. 副作用　14. 依赖性　15. 治疗
16. 病痛　　17. 功效　　18. 保持

◆ 文体娱乐

1. 电影　　2. 影坛　　3. 题材
4. 作品　　5. 轰动　　6. 银幕
7. 形象　　8. 瞩目　　9. 相声
10. 火暴　　11. 演出　　12. 文化
13. 演员　　14. 著名　　15. 媒体
16. 主演　　17. 门票　　18. 记录

◆ 人际交往

1. 社交　　2. 网络　　3. 交际
4. 用户　　5. 年龄　　6. 性别
7. 功能　　8. 年龄段　9. 比例
10. 阶层　　11. 使用者　12. 青少年
13. 未成年　14. 自制能力　15. 性格
16. 孤僻　　17. 沟通　　18. 攀比
19. 心理　　20. 障碍　　21. 吸引力

22. 普遍　　　　23. 联系　　　　24. 交流

◆ 旅游休闲

1. 旅行　　　　2. 休闲　　　　3. 消遣
4. 茶馆　　　　5. 打麻将　　　6. 名胜古迹
7. 时尚　　　　8. 都市　　　　9. 品位
10. 假期　　　11. 聚会　　　　12. 做生意
13. 出差　　　14. 纪念品　　　15. 导游
16. 跟团　　　17. 自助游　　　18. 背包游
19. 驴友　　　20. 计划　　　　21. 行程
22. 出发　　　23. 离开　　　　24. 到达
25. 度蜜月　　26. 一年四季

◆ 学习教育

1. 上课　　　　2. 报名　　　　3. 迟到
4. 早退　　　　5. 作业　　　　6. 负担
7. 玩耍　　　　8. 教育　　　　9. 严格
10. 教授　　　11. 上学　　　　12. 放假
13. 幼儿园　　14. 小学　　　　15. 初中
16. 高中　　　17. 大学　　　　18. 本科生
19. 研究生　　20. 博士生　　　21. 讲师
22. 副教授　　23. 教授　　　　24. 论文
25. 参考资料　26. 话题　　　　27. 重视

◆ 兴趣爱好

1. 流行　　　　2. 引导　　　　3. 影响
4. （爱好）广泛　5. 唱歌　　　　6. 跳舞
7. 看书　　　　8. 听音乐　　　9. 打球
10. 打游戏　　11. 户外运动　　12. 爬山
13. 逛街　　　14. 购物　　　　15. 绘画

话题二
科学技术类

科学技术类话题谈论的是天、地、人的奥秘，具体地说，就是天文地理、动物植物、人体奥秘、心理奥秘、健康疾病、科技信息中的科学现象和规律。这些话题大多都是书面语色彩比较强的说明性文体。

一、综合填空

本节重点：区分形近词

在综合填空中，有时会遇到几个选项看上去很像，几个词中有一个字都是一样的，我们把这种词叫做形近词。形近词很多是近义词，可以用上一章讲的方法区分。不同的是，这种题会从视觉上迷惑考生，让考生心生恐惧。因此，多加练习，克服这种恐惧心理很重要。

例题解析与应试技巧

例题 4 请选出正确答案（真题H51005第49—52题）

某少年认为自己最大的缺点是胆小，所以他去看心理医生。

医生听了他介绍的情况后说："这怎么叫缺点呢，分明是个优点嘛。你只不过是非常 __49__ 罢了，而这样的人是最可靠的，很少出乱子。"

少年有些疑惑："怎么勇敢倒成为缺点了？"

医生摇摇头，说："不，勇敢是一种优点，而胆小是另一种优点。胆小和勇敢，就好像白银和黄金，人们重视黄金，但并不是说要 __50__ 白银。如果你是个战士，胆小 __51__ 是缺点；但如果你是个司机，胆小则是优点。你与其为自己的胆小而担心，还不如利用这个特点，想办法增长自己的才能。到那时候， __52__ ，也很困难了。"

49. A. 周到　　　　B. 谨慎　　　　C. 沉默　　　　D. 专心

50. A. 承认　　　　B. 确定　　　　C. 否定　　　　D. 珍惜

51. A. 显然　　　　B. 居然　　　　C. 竟然　　　　D. 依然

52. A. 哪怕你非常勇敢　　　　　　B. 没有人会笑话你
　　C. 只要你能坚持下去　　　　　D. 即使你想做个胆小鬼

题解 4

第51题考的就是形近词。选项的四个词中都有一个"然"字，看起来非常相像，考生从视觉上就容易被迷惑，心生恐惧。做这种题时，首先不要怕，看起来像的词不一定很难区分；然后，你可以在心里读这四个词，尤其重读其中不相同的那个字，这样很容易就能发现区别。"居然"和"竟然"的意思是没有想到；"依然"是没有变化;"显然"是很明显,很容易理解。战士要勇敢,那"胆小"很明显就是缺点了,所以答案应该是A。

例题5 请选出正确答案

一提起台风,人们便会想到它带来的狂风和暴雨,以及由此引起的 _46_ 危害。然而假如没有这种热带风暴, _47_ 又会怎么样呢?研究发现,一个直径不算太大的台风抵达陆地时可以降水30亿吨。在中国、日本、印度、菲律宾、越南和美国沿海 _48_ ,台风带来的降水量占了全年总降水量的三成左右。台风暴雨对于缓解炎热季节的旱情起到了重要的作用,有利于农作物的生长。

46. A. 严格　　　　B. 严厉　　　　C. 严重　　　　D. 严肃
47. A. 但是　　　　B. 然后　　　　C. 结果　　　　D. 就
48. A. 地方　　　　B. 地区　　　　C. 地点　　　　D. 地面

解析5

第46题考的是形近词。一个比较快速的方法,就是从搭配来区分,"严格""严厉""严肃"一般跟人或人的表情、神态搭配,而"严重"一般跟事情、状况搭配,而且多表示负面、消极意义,答案是C。

第48题考的也是形近词。"沿海地区"是一个固定的搭配,答案是B。如果你无法从搭配迅速选出答案,可以从每个词中另外一个字的意思来区分它们。"地区"的"区"是"区域"的意思,范围比较大;"地点"的"点"是指所在的地方,范围比较小;"地面"的"面"是"表面"。

◆ 应试技巧

1. 看到形近词,首先不要怕,默读一下选项中的四个词,尤其重读词中不相同的那个字,这样,你很快就能认出你熟悉的词。

2. 从搭配来区分,需要平时学习时,不但了解词的意思,而且注意词语间的搭配,多积累。

3. 如果对词语不够熟悉或无法从搭配区分,就用词义来区分,想一想词中不相同的字的意思,再放到原文中看看意思是否合适。

常见考点归纳

◆ 常考的形近词

1. 缓冲　缓解　缓和　缓慢
2. 保护　保持　保卫　保证
3. 表现　表达　表扬　表明
4. 参与　参观　参谋　参考
5. 常规　常见　日常　常常
6. 成果　结果　后果　效果
7. 充实　充分　充满　充足
8. 处罚　处理　处决　处分
9. 地方　地区　地点　地面
10. 发明　发表　发现　发达
11. 分析　分别　分明　分开
12. 观测　观察　观赏　观看
13. 规律　规定　规则　规矩
14. 合作　合格　适合　符合
15. 交流　交换　交通　交际
16. 经过　经历　经验　经由
17. 经受　经手　经营　经常
18. 奇迹　奇特　神奇　奇怪
19. 气氛　气场　气流　气焰
20. 亲切　亲自　亲身　亲口
21. 轻视　忽视　歧视　仇视
22. 热烈　激烈　强烈　剧烈
23. 使用　利用　采用　作用
24. 随着　随之　伴随　跟随
25. 损害　损失　损伤　损人
26. 探索　探测　探险　探查
27. 停止　防止　终止　禁止
28. 同时　随时　临时　暂时
29. 推出　推动　推举　推选
30. 享福　享用　享有　享受
31. 消耗　消灭　消失　取消
32. 选择　选手　选举　选用
33. 严格　严厉　严重　严肃
34. 以便　以及　以至　以后
35. 印象　想象　形象　对象
36. 原地　原先　原来　原本
37. 珍稀　珍爱　珍贵　珍藏
38. 争论　讨论　议论　评论
39. 争议　争吵　争斗　争战
40. 正好　正如　正巧　正是
41. 职业　职工　职位　职责
42. 指示　表示　启示　请示
43. 重复　恢复　康复　往复
44. 资料　资产　资格　资源
45. 阻止　阻碍　阻挡　阻拦
46. 作用　用处　用途　利用

同步训练

◆ 请选出正确答案

第1-4题

随着环保意识与健康__1__的深入，如今，吃素成了一种时尚。不过，专家__2__，不科学地吃素可能造成身体营养缺失，引发疾病。

吃素能__3__世界范围内的粮食危机，减少日益恶化的气候变化，同时，还能有助于个人的身体和心理健康。因此，越来越多的人加入到不同形式的素食生活中来。__4__，如果吃素的时候经常挑食，有可能造成铁、锌和某些维生素等营养成分不足，从而影响健康。因此，和肉食者相比，素食者应更加注重营养的搭配，避免吃单一的食物。

1. A. 观点　　　　B. 看法　　　　C. 观念　　　　D. 说法
2. A. 说明　　　　B. 说出　　　　C. 表明　　　　D. 指出
3. A. 缓冲　　　　B. 缓解　　　　C. 缓和　　　　D. 缓慢
4. A. 因此　　　　B. 但是　　　　C. 而且　　　　D. 同时

第5-9题

大熊猫只生活在中国内地，是世界上的__5__动物。它的身体由黑白两色组成，体型庞大，动作迟缓，偏爱吃素，__6__喜欢吃竹子。大熊猫每天都得__7__十五到十六小时的时间吃东西。在有些条件下，大熊猫也会攻击小动物。

大熊猫非常喜欢水，喜欢在河谷的水中游泳。别看大熊猫胖乎乎的，一副又笨又傻的样子。但当__8__敌人时，便会使出游泳和爬树的绝招。有这两个绝招在身，那些凶猛的老虎、豹等肉食动物就__9__。

5. A. 珍稀　　　　B. 珍爱　　　　C. 珍贵　　　　D. 珍藏
6. A. 其实　　　　B. 更加　　　　C. 尤其　　　　D. 十分
7. A. 动　　　　　B. 爬　　　　　C. 拿　　　　　D. 花
8. A. 到达　　　　B. 相遇　　　　C. 遇到　　　　D. 攻击
9. A. 开始害怕熊猫了　　　　　　　B. 更加想吃它们了
　　C. 合作起来进攻了　　　　　　　D. 一点办法也没有了

第10-13题

　　牵牛花会爬藤。它的身体里有一种生长素，这种生成素会 _10_ 牵牛花生长的需要，有的时候让左边长得快一点儿，有的时候让右边长得快一点，这样茎就旋转起来，_11_ 。除了牵牛花以外，黄瓜、丝瓜、葡萄等植物也 _12_ 会爬藤。不知道你平时 _13_ 过没有，它们爬藤的方式和牵牛花不一样，是从茎上长出卷须紧紧缠住杆子向上爬的。

10. A. 有关　　　　B. 提供　　　　C. 根据　　　　D. 选择
11. A. 茎就长长了　　　　　　　　B. 两边就平衡了
    C. 牵牛花就长高了　　　　　　D. 牵牛花就能爬藤了
12. A. 就　　　　B. 才　　　　C. 都　　　　D. 光
13. A. 注意　　　　B. 想象　　　　C. 学习　　　　D. 研究

第14-18题

　　某心理学家曾以女大学生为对象 _14_ 了一项恐怖的实验。他让参加实验的女大学生对犯错的人进行惩罚：这些女大学生被 _15_ 两组，一组人胸前挂着自己的名字，另一组人被蒙住头，别人看不到她们的脸；工作人员扮成犯错的人，心理学家向参加实验的女大学生 _16_ 指示，让她们对犯错的人进行惩罚，惩罚的方法是电击。实验结果 _17_ ，蒙着头的那一组女大学生，电击犯错者的时间更长，因为没有人知道她们是谁。由此可见，有时"没个性化" _18_ 。

14. A. 举行　　　　B. 得出　　　　C. 举办　　　　D. 进行
15. A. 分成　　　　B. 划分　　　　C. 组成　　　　D. 分组
16. A. 发出　　　　B. 得到　　　　C. 分发　　　　D. 出发
17. A. 公布　　　　B. 声明　　　　C. 表明　　　　D. 指示
18. A. 让人失去自信　　　　　　　B. 让人看不清方向
    C. 让人缺乏安全感　　　　　　D. 让人变得很冷酷

第19-22题

　　电子阅读器让儿童更爱阅读，这听起来确实不错。但事实上，使用电子阅读器可能会引发一些 _19_ 结果。问题并不是出在电子阅读器本身，而是出在父母使用电子阅读器和孩子进行互动的方式上。时代杂志引用了很多学术报告，这些报告显示，更多的父母只是告诉孩子如何使用电子阅读器，_20_ 不是给他们讲故事，这可能让孩子难以抓住故事情节，而且也会 21 孩子整体的阅读能力的发展。调查者还发现，孩子在阅读时，无论是被父母打断，还是被电脑游戏打断， 22 。

19. A. 积极　　　　B. 悲观　　　　C. 正面　　　　D. 负面
20. A. 或者　　　　B. 而不是　　　C. 而且　　　　D. 却
21. A. 阻止　　　　B. 阻挡　　　　C. 阻碍　　　　D. 阻拦
22. A. 都可能产生学习障碍　　　　B. 都有可能大声哭泣
　　C. 都有可能继续阅读　　　　　D. 都有可能面临失败

第23-26题

随着城市化进程的加快和污染问题的日益严重，野生动物的生存环境正逐渐 23 。在寸土寸金的都市里为野生动物建设开阔的栖息家园 24 。但据英国《每日邮报》报道，荷兰著名"漂浮屋"设计师日前 25 了他的解决办法：他设计了一款水上漂浮公园，可以为多种野生生物提供良好的栖息环境。目前，一家建筑公司已宣布即将在两年之内把水上漂浮公园的设计理念付诸 26 ，并表示已有一位神秘客户对该项目十分感兴趣。

23. A. 严重　　　　B. 好转　　　　C. 恶化　　　　D. 升温
24. A. 几乎是不可能的　　　　　　B. 是可以实现的
　　C. 是轻而易举的　　　　　　　C. 是非常必要的
25. A. 推出　　　　B. 推动　　　　C. 推举　　　　D. 推选
26. A. 措施　　　　B. 举措　　　　C. 实施　　　　D. 施工

第27-30题

有个人在草原上养了一群羊。草原上同时还生活着一群狼。狼一有机会就会吃羊，那些弱小的羊总是成了狼的食物。为了羊的安全，那个人决定猎杀狼。一段时间后，草原上的狼 27 上被杀光了，没被杀的也逃走了。

因为不用担心羊被吃掉，那个人过得很悠闲，羊的数量也慢慢多起来。可是，没过多久，很多羊都生病了，今天死一只，明天死两只， 28 ，那个人不断地请医生给羊治病。看着羊的数量越来越少，那个人很着急，便去 29 一位有经验的老人。老人告诉他：狼是羊最好的医生。

于是，那个人又从别的地方把狼找了回来。从那以后，羊的病渐渐好了起来，羊群又 30 到了以前的数量。

27. A. 基本　　　　B. 根本　　　　C. 毕竟　　　　D. 反正
28. A. 死的羊越来越少　　　　　　B. 狼非常高兴地回来了
　　C. 没有生病的羊也越来越瘦　　D. 剩下的羊决定搬离大草原
29. A. 问题　　　　B. 询问　　　　C. 提问　　　　D. 反问
30. A. 统一　　　　B. 回复　　　　C. 重复　　　　D. 恢复

二、判断一致

本节重点：近义句式替换

近义表达除了用近义词替换以外，还可以用近义句式来替换，也就是选项中所用的句式跟原文表意相同或相近。

例题解析与应试技巧

例题 6 请选出与试题内容一致的一项（样题第63题）

63. 鲜嫩的瓜果蔬菜，生着吃比煮熟了吃更有营养，不少人可能都这么想。但专家的最新研究结果却对此观点提出了挑战。他们发现，至少对西红柿来说，熟吃比生吃总体营养价值要高。

　　A. 西红柿不好吃　　　　　　　B. 西红柿熟吃更有营养
　　C. 老人应该多吃西红柿　　　　D. 专家主张生吃西红柿

题解 6

　　选项A"好吃"和C"老人"原文没有提到，直接排除。
　　选项B中"西红柿熟吃更有营养"用的句式是"A更+比较的结果"，原文"熟吃比生吃营养价值要高"所用的句式是"A比B+比较的结果"，二者是近义句式，选B。

例题 7　请选出与试题内容一致的一项（真题H51001第66题）

66. 长期以来，鲨鱼一直被电影、电视和书籍描写为海洋中的可怕杀手，它凶猛、恐怖，威胁着海洋中一切生物的生命。难道鲨鱼真的那么可怕吗？科学家发现，地球上大约有370多种鲨鱼，大部分鲨鱼对人类有益无害。只有少数鲨鱼，如"大白鲨"，才会伤害人类。

A. 鲨鱼不会伤害人类　　　　　　　B. 地球上有上千种鲨鱼

C. 大部分鲨鱼对人类有害　　　　　D. 鲨鱼没有人们想像的那么可怕

题解 7

选项D跟原文中"难道鲨鱼真的那么可怕吗"用了近义句式，选D。"难道……吗"是反问句，表示否定："难道鲨鱼真的那么可怕吗？"="鲨鱼没那么可怕。"

A错，原文说"少数鲨鱼，如'大白鲨'，会伤害人类"。

B错，原文是370多种。

C错，原文是"有益无害"，意思是有好处，没有坏处。

◆ 应试技巧

1. 快速浏览。浏览文章与选项，通过相同的关键词，找到文章中比较长、比较难懂、书面语色彩比较浓重的句子，这些句子中常常包含着特殊的表达句式。

2. 用排除法。一般情况下，四个选项中有两个选项是可以直接排除的，其他两个选项跟文章关系比较密切，容易迷惑，这时你可以用近义句式的方法来判断。

3. 比较句、双重否定句、反问句都是判断一致常考的近义句式。如果能够熟练掌握，可以帮助你准确而迅速地选出正确答案。

常见考点归纳

◆ 常考的近义句式

1. 表示比较的句式

① A 没有 + 形容词 = A 不如 B + 形容词

例：上海没有北京热。= 上海不如北京热。

这个房间没有那个房间大。= 这个房间不如那个房间大。

② A 比 B + 要 + 比较的结果 = A 更 + 比较的结果

　　例：熟吃比生吃营养价值要高。= 熟吃营养价值更高。

③ 一天比一天…… = 越来越……

　　例：天气一天比一天暖和了。= 天气越来越暖和了。

　　　　这个孩子一天比一天懂事了。= 这个孩子越来越懂事了。

④ A 比 + 疑问代词 + 都 + 形容词 = A 最 + 形容词

　　例：这件事比什么都重要。= 这件事最重要。

　　　　我觉得昆明的气候比哪儿都好。= 我觉得昆明的气候最好。

⑤ 没有比 + A + 再/更 + 形容词 = A 最 + 形容词

　　例：没有比小李再能干的了。= 小李最能干。

　　　　没有比这本书更有意思的了。= 这本书最有意思。

2. 用双重否定表示肯定

① 不……不 + 动词 = 一定 + 动词

　　例：他不会不知道我的看法。= 他一定知道我的看法。

　　　　我不能不帮助她。= 我一定要帮助她。

② 非 + 动词 + 不可 = 一定要 + 动词

　　例：这个小孩非吃巧克力不可。= 这个小孩一定要吃巧克力。

　　　　要学好一门语言，非下苦功夫不可。= 要学好一门语言，一定要下苦功夫。

③ 没有不 + 动词 = 没有……不 + 动词 = 所有的……都 + 动词

　　例：我没有不喜欢吃的东西。= 没有东西我不喜欢吃。= 所有的东西我都喜欢吃。

　　　　同事中没有不赞成这件事的。= 没有人不赞成这件事。= 所有的人都赞成这件事。

3. 反问句与肯定句、否定句

（1）用"吗"的反问句

①（是）……吗？（表示否定）

　　例：这是我签的字吗？= 这不是我签的字。

　　　　我说过这句话吗？= 我没说过这句话。

② 不是……吗？（表示肯定）

　　例：你不是喜欢钓鱼吗？=（我认为）你喜欢钓鱼。

　　　　小张不是已经走了吗？=（我认为）小张已经走了。

③ 没……吗？（表示肯定）

　　例：我没告诉你吗？= 我告诉你了。

　　　　你没看见那儿写着"禁止抽烟"吗？= 你应该看见那儿写着"禁止抽烟"。

④ 还不……吗？（表示应该）

　　例：你做错了，还不能批评吗？= 你做错了，应该批评。

　　　　还不快回家？= 你应该快点回家。

⑤ 有你这么……吗？（表示不应该）

　　例：有你这么教育孩子的吗？= 你不应该这么教育孩子。

　　　　有你这么说话的吗？= 你不应该这么说话。

（2）用疑问词的反问句表示否定

⑥ 谁

　　例：谁哭了呀？=（我）没哭。

　　　　谁知道啊？=（我）不知道。

⑦ 什么

　　例：这里好什么？= 这里不好。

　　　　你知道什么？= 你什么也不知道。

⑧ 有什么

　　例：写汉字有什么难的？= 写汉字不难。

　　　　这种手机有什么好的？= 这种手机不好。

⑨ 什么时候

　　例：我什么时候说过这句话了？= 我没说过这句话。

　　　　你什么时候帮过我？= 你没帮过我。

⑩ 哪（儿）

　　例：你说这件衣服哪儿好？= 这件衣服不好。

　　　　下周就要考试了，我哪有时间去旅游呢？= 下周就要考试了，我没有时间去旅游。

⑪ 为什么

例：为什么不让我去？＝应该让我去。

你为什么要告诉他这件事？＝你不应该告诉他这件事。

⑫ 怎么

例：我才学了两个月的汉语，怎么能当导游呢？＝我才学了两个月的汉语，当不了导游。

我怎么不知道这件事？＝我应该知道这件事。

⑬ 难道

例：这个问题老师刚讲过，难道你忘了？＝这个问题老师刚讲过，你不应该忘。

难道你没意识到问题的严重性？＝你应该意识到问题的严重性。

⑭ 何必

例：为了这点小事吵架，何必呢？＝没有必要为了这点小事吵架。

跟一个小孩子生这么大的气，何必呢？＝没有必要跟一个小孩子生这么大的气。

同步训练

◆ 请选出与试题内容一致的一项

第1-18题

1. 目前，以Twitter为典型的"微博"热，正从国外席卷到中国。"微博"有点像迷你博客，每次发布不超过140个字或一张图片。你可以随心所欲、随时随地地去阅读"微博"，去发布"微博"。这是别的任何产品难以比拟的。

    A. "微博"热在中国产生并影响全球
    B. "微博"的使用有时间和地点的限制
    C. "微博"就是博客，没有字数的要求
    D. "微博"有别的产品无法替代的优越性

2. 在英国，中国女设计师设计出一款以可乐来发电的概念手机。不像传统电池报废后会产生潜在污染，这款汽水手机，既经济又环保，电池可持续使用时间较传统锂电池长三至四倍。有关技术正不断改进，相信可在五年内发售。

   A. 传统手机使用的电池在报废后会污染环境
   B. 这款生物电池的可持续使用时间短于传统锂电池
   C. 这款概念手机是由英国人设计并发明出来的
   D. 这款以可乐来发电的手机现在已经上市了

3. 美国设计师设计出一款"太阳能比基尼"，它的外形和普通比基尼差不多，穿上这款比基尼，美女们可以一边享受日光浴，一边为手机等随身设备充电。设计师表示，人们可以穿着这款比基尼游泳，但在充电前要烘干泳衣。

   A. 太阳能比基尼的外观和普通比基尼很不一样
   B. 这款美国设计的太阳能比基尼只能为手机充电
   C. 穿着太阳能比基尼游泳后可马上为电子产品充电
   D. 这款太阳能比基尼拥有普通比基尼没有的功能

4. 八哥、鹦鹉能学人说话的原因，在于它们的舌头跟其他鸟不一样。它们的舌头肉多，灵巧，善于模仿。它们学人说话，也需要在人们的长期训练下，才能够模仿几句简单的话，例如"你好"、"再见"、"谢谢"等。但是它们只会说，却不知道自己说的是什么意思。

   A. 八哥、鹦鹉不受训练也能说话
   B. 八哥、鹦鹉能学很多句人说的话
   C. 八哥、鹦鹉的舌头与其他鸟不同
   D. 八哥、鹦鹉知道自己在说什么

5. 夏天里，清早和傍晚天气凉快。这时候浇水，土壤温度和水的温度差不大，花不会受到伤害。到了中午，天气炎热，土壤里的温度很高。要是中午忽然给花浇凉水，一些花经不住温度的突然变化，也许就会死掉。

   A. 土壤和水温差大
   B. 夏天中午浇花最好
   C. 中午温度会突然变化
   D. 清早比中午适合浇花

6. 美国一个专家委员会17日公布的《国家阿尔茨海默氏症计划》草案显示，美国政府计划2025年前开发出针对阿尔茨海默氏症（又称老年性痴呆）的有效防治方法。不过草案并未透露如何资助实现这一目标的必要研究。

   A. 美国政府已经研制出针对早老性痴呆的防治方法
   B. 阿尔茨海默氏症是一种青少年多发疾病
   C. 美国尚未考虑开发针对阿尔茨海默氏症的防治方法
   D. 从草案中无法得知怎样资助以实现这项医学研究

7. 读者表示，纸质图书提供了有用的信息，没有广告，避免浪费时间。另外，读者还认为长期对着屏幕阅读容易眼干、眼疼等，而纸质图书更有利于保护眼睛。很多读者认为纸质书带给人的感觉是任何形式的电子阅读器都无法代替的。

   A. 电子阅读器没有广告，节省时间
   B. 电子阅读器对阅读者的眼睛很好
   C. 很多读者更喜欢纸质图书的感觉
   D. 很多人认为纸质书和电子阅读器一样

8. 英国一项调查显示，九成英国人给电子产品充满电后不及时断开电源，一年因过度充电浪费1.34亿英镑。充电完成后，很多英国人因为担心电力耗光仍让设备连着电源插座，其中年轻人更容易给电子产品过度充电。

   A. 给电子产品过度充电的人群中，年轻人比较多
   B. 很多人因为懒惰所以仍让设备连着电脑插座
   C. 给电子产品过度充电并不会造成太大浪费
   D. 只有少部分英国人给电子产品充满电后从不断开电源

9. 世界上最早的地图是1973年12月在湖南长沙马王堆出土的，那是三幅汉代的彩色帛绘地图，距今2100多年。图上绘制着今天湖南、广东、广西三省的交界地区。令人惊奇的是，图中绘有大小河流、山脉、城镇30余处，与今天的地图基本相同。

   A. 地图画在纸上
   B. 最早的地图是黑白的
   C. 那三幅地图是汉朝的
   D. 地图的内容已经模糊

10. 早在一个多世纪以前的小说里，人类就开始在火星上散步了，然而直到今天，这还只是个设想。但许多人坚信，问题不是人类能不能登上火星，而是在什么时候、通过什么方式到达那里。就目前的情况看，火星是最有可能成为人类第二家园的地方。因为在所有太阳系的行星中，火星的环境与地球最相像。

   A. 登上火星的办法很多
   B. 火星不是除地球以外最适合人类的星球
   C. 人们对登上火星缺乏信心
   D. 人类未来有可能居住在火星上

11. 与以农业为主的乡村比起来，城市是后来兴起的。但自从城市出现后，它就成为人类生活的中心。它们大小不等，历史或长或短，功能各异，有工业城市，也有旅游城市，风貌与特色各不相同。

   A. 旅游城市的人口多
   B. 城市的功能都很相似
   C. 城市是人类生活的中心
   D. 农村开始重视旅游业的发展

12. 婺源位于江西省东北部，被称为"中国最美的乡村"。这里温暖湿润，四季分明，雾天较多，一年四季都可以去玩。但春天是去婺源旅游最好的季节，尤其是四月，满山的鲜花，满坡的绿茶，加上白色的墙，搭配在一起，胜过世上一切美丽的图画。

   A. 婺源出产茶叶
   B. 婺源人擅长画画
   C. 婺源一年四季如春
   D. 夏天不适合去婺源旅游

13. 心理学家研究发现：适当地选择衣服，可以帮助人们改善情绪。他们认为，称心的衣着可以使神经得到放松，从而给人舒适的感觉。所以在情绪不好的时候应该注意"四不"：不穿易皱的衣服，不穿太硬的衣服，不穿过紧的衣服以及不系领带。

   A. 硬衣服对身体不好
   B. 心情不好别穿紧身衣服
   C. 心理学家不赞成系领带
   D. 避免穿与别人一样的衣服

14. 日出而作，日落而息。人们一般习惯在晚上睡觉，在黑暗中睡觉，关灯并用窗帘挡住室外照进来的光线。亮着灯睡觉会使人推迟入睡时间，而且较难进入深睡阶段。光照会提高脑的兴奋度，因而去除光照刺激，减少卧室光线，对预防失眠有很大帮助。

    A. 开灯睡觉影响睡眠
    B. 光照使人神经放松
    C. 缺乏睡眠危害健康
    D. 白天睡眠质量更高

15. 山西省位于黄河中游，黄土高原的东部，是中华民族文明的发祥地之一，历史悠久，源远流长，素有"中国古代艺术博物馆""文献之邦"的美称。山西保留有全国70%的地面古代建筑，因此旅游界说："十年中国看深圳，百年中国看上海，千年中国看西安，五千年中国看山西。"

    A. 山西的历史不如西安长
    B. 山西旅游资源丰富
    C. 山西以博物馆闻名
    D. 山西是中华民族唯一的发源地

16. 地震是一种自然现象，目前人类还不能阻止地震的发生。但是我们可以采取有效措施，最大限度地减轻灾害损失。当遇到地震时切忌恐慌，我们要沉着冷静，迅速采取正确行动。在高楼和人员密集的场所，原地躲避最现实。

    A. 地震是自然原因造成的
    B. 地震发生时要迅速往外跑
    C. 地震造成损失是减轻不了的
    D. 人类可以采取措施避免地震

17. 吐鲁番位于新疆中部，是中国葡萄主要生产基地，总产量占新疆的53%，是全中国的五分之一。由于这里气温高，日照时间长，早晚温差大，地下水丰富，特别适合葡萄的生长，因而葡萄的含糖量非常高。当地现有葡萄品种500多种，仅无核白葡萄就有20个品种，堪称"世界葡萄植物园"。

    A. 气温高有利于葡萄生长

B. 新疆的葡萄含糖量不高
C. 这里的白葡萄有几百种
D. 这里的葡萄产量占全国一半

18. 对于现代人来说，似乎很难想象，如果回到没有手机的时代，我们的生活将变成什么样？日前一项调查显示，只有37%的人愿意回到没有手机的时代，而63%的人则明确表示不愿意。在后者看来，手机已经成为他们生活中重要的组成部分。

A. 手机的功能越来越多
B. 有63%的人拥有手机
C. 手机给健康带来了危害
D. 大部分人已经离不开手机

三、阅读理解

本节重点：跳跃障碍，捕捉细节

细节题是新HSK最常考的内容，从样题来看，这类题占全部阅读题的50%以上。细节题一般是根据文章提供的信息和事实提问的，要求考生能够跳跃障碍，准确捕捉细节信息。可分为两种类型：一类是简单细节题，答案可以直接从文章中获得，正确答案和原文中含相关信息的句子几乎相同；另一类是细节推理题，在原文中找不到与正确答案相近的词，正确答案是原文某一事实的结果、原因、推论等。

例题解析与应试技巧

例题 8 请选出正确答案（真题H51003第83-86题）

世界上并非只有人类才会撒谎，动物也会撒谎，而且还很巧妙。

黑猩猩就常用撒谎来欺骗同类。动物学家在研究黑猩猩的过程中，观察到一只黑猩猩曾多次向其同伴示意，附近有香蕉。但当它的同伴按照这只黑猩猩的示意走过去时，那只撒谎的黑猩猩却朝真正有香蕉的地方跑。被骗的黑猩猩扑了个空，而撒谎的黑猩猩则饱食一顿。当它返回原地见到受骗的同伴时，却装得若无其事，不露一点马脚。

更有趣的是，猩猩会使用"苦肉计"。有一次，某个动物园里有一只大猩猩被铁笼子里的铁支架压着了，看样子，压得真不轻，因为大猩猩的表情显得很痛苦。当管理员急匆匆地去救它时，它却突然站了起来，张开手臂，抱住了管理员。原来，这只大猩猩觉得实在是没意思，想找个伴玩玩。

狐狸缺乏母性，常和子女们争食。当母狐狸发现食物时，为了能得到较多的食物，它往往会发出一种虚假的警告信号，故意把小狐狸们吓跑，然后自己第一个冲向食物。

专家说，动物这种故意欺骗人和同类的行为，是动物生存斗争的一种手段。

83. 根据上文，黑猩猩骗了同伴后的表现是：
    A. 变得很愤怒　　　　　　B. 心里特别紧张
    C. 假装什么都没发生　　　D. 做出非常得意的样子

84. 大猩猩为什么抱住了管理员？
    A. 它很痛苦　　　　　　　B. 它想找人玩儿
    C. 它感到很委屈　　　　　D. 帮助同伴逃跑

85. 根据上文，可以知道母狐狸：
    A. 动作很灵活　　　　　　B. 吓跑了敌人
    C. 有时会骗小狐狸　　　　D. 获得了人们的同情

86. 上文主要讲的是：
    A. 动物也会撒谎　　　　　B. 动物的可爱之处
    C. 猩猩为什么撒谎　　　　D. 动物怎样保护自己的子女

题解8

这部分包含了三道细节题：

第83题是一道简单细节题，答案在原文第二段最后一句话"当它返回原地见到受骗的同伴时，却装得若无其事"，"装得若无其事"意思就是"假装什么都没发生"，选C。

第84题是一道简单细节题，答案在原文第三段"抱住了管理员……想找个伴玩玩"，选B。

第85题是一道细节推理题，原文第四段"当母狐狸发现食物时……会发出一种虚假的警告信号，故意把小狐狸们吓跑"，从这段话可以推断出她在骗小狐狸，选C。

◆ 应试技巧

1. 先把问题迅速浏览一遍，带着问题读文章，增强阅读的目的性。很多问题是针对某一段内容提问的，根据问题，迅速判断，不必等把文章全看完才做题。

2. 边读边做记号，把文中提到的人名、地名、时间、事件、原因、结果等常考的细节内容画下来，节约时间。

3. 有些问题中带有"没有""不""错误的"等具有否定、排除意义的词语，要特别注意，认真审题，不要武断下结论。

常见考点归纳

◆ 细节题常考的提问方式：

1. 问时间：……花了多长时间？
   ……发生在什么时候？

2. 问地点：……发生在哪儿？
   ……什么地方？

3. 问原因：为什么……？
   ……的原因可能是：

4. 问目的：……的主要目的是什么？

5. 问结果：……怎么样？
   ……造成的危害包括：

6. 问数量：……出现了多少人？
   ……的次数是多少？

7. 问人物：……的是谁？
   谁……？

8. 问事实：这段材料没有谈到什么？
   下列哪种说法正确：
   下列哪种说法错误：
   关于……，正确的是：
   关于……，错误的是：

同步训练

◆ 请选出正确答案

第1-4题

某日，台湾一名女孩突然七孔流血身亡，经过初步验尸，断定为砒霜中毒而死。可是砒霜从何而来呢？一名医学院的教授受邀赶来协助破案。

教授仔细查看了死者的胃中取物，不到半个小时，死亡之谜便揭晓了。教授说：死者并非自杀，也不是被杀，而是死于无知的"它杀"。大家莫名其妙，教授解释说：砒霜是在死者腹内产生的。死者生前每天会服用维他命C，这完全没有问题。她当天晚餐食用了大量的虾，虾本身也没有问题。但问题出在她同时服用了这两种东西。

美国芝加哥大学的研究员通过实验发现，虾等软壳类食物含有大量浓度较高的五钾砷化合物。这种物质食入体内，本身对人体并无毒害作用，但是在服用维生素C之后，由于化学作用，使原来无毒的五钾砷变为剧毒的三氧化砷，也就是人们俗称的砒霜。

1. 根据文章内容，第二段划线词语"莫名其妙"最有可能是什么意思？
   A. 觉得非常神奇和奇妙　　　　B. 没有人能明白其中的好处
   C. 事情很奇怪而不能理解　　　D. 没有人不知道其中的原因

2. 这名女孩的死亡原因是什么？
   A. 在自己家中被别人所杀　　　B. 大量食用了有毒的虾
   C. 服用了砒霜中毒而死　　　　D. 同时服用虾和维生素C

3. 在文章中，谁查出了女孩死亡的真正原因？
   A. 前来办案的警察　　　　　　B. 医学院的教授
   C. 美国大学的研究员　　　　　D. 文中没有指明

4. 文章中为什么称这是一起"无知的它杀"？
   A. 因为没有人知道为什么　　　B. 因为死者缺少有关知识
   C. 因为其他调查人员很无知　　D. 因为是死于无法知道的外因

第5-8题

公元1503年，当哥伦布带领水手航海到牙买加岛附近时，他们所搭乘的船坏了，只好请牙买加人提供食物。食物给久了，牙买加人并不想再提供，这下难住了哥伦布。

正好由于哥伦布懂得月食的原理，他预测到即将发生月食，于是跟牙买加土著约定月食当天开会讨论继续提供食物的问题。结果，开会的当天果真发生月食。哥伦布警告土著这是神怪食月现象，牙买加人感到非常害怕。哥伦布称自己可以与神怪谈判，于是哥伦布退席。等他再次出现后没多久，月食结束了，月亮又出现了。牙买加人为了感谢哥伦布，又继续提供食物给他们。

5. 哥伦布为什么要牙买加人提供食物？
   A. 他们是好朋友　　　　　　　　B. 他雇佣了牙买加人
   C. 他们的船出了问题　　　　　　D. 他专门远航去看牙买加人

6. 第二段划线词语的意思是
   A. 贵族　　　B. 殖民者　　　C. 当权者　　　D. 当地人

7. 牙买加人害怕月食是因为他们以为
   A. 世界末日要到了　　　　　　　B. 神怪把月亮吃掉了
   C. 哥伦布会说服神怪　　　　　　D. 没有月亮世界会变得很冷

8. 这个故事讲的是：
   A. 哥伦布发现美洲　　　　　　　B. 哥伦布吓唬牙买加人
   C. 哥伦布巧妙利用月食知识　　　D. 哥伦布与牙买加人的友好交流

第9-11题

如果有人告诉你：蚂蚁是动物世界中的大力士，你一定会感到非常奇怪。其实这样说一点也不过分。一只蚂蚁能将比其自身重50多倍的石块搬走，难道还不算是大力士吗？小小的蚂蚁，却有如此巨大的力量。那么，它这么大的力气是从哪里来的呢？

原来蚂蚁腿部的肌肉是一台高效的"肌肉发动机"，而使用的"燃料"是一种结构复杂的化学物质。蚂蚁走动时，它腿部的肌肉会产生一种酸性物质，引起这种"燃料"的急剧变化，这时肌肉收缩起来，这台"肌肉发动机"就会产生巨大的动力，蚂蚁便将它身体重几十倍的东西举起来了。

9. 说蚂蚁是大力士是因为：
   A. 它们成群工作　　　　　　　　B. 蚂蚁的重量很轻
   C. 它能搬动非常重的石头　　　　D. 能搬动比自己重很多的东西

10. 蚂蚁力气大和什么无关：
    A. 腿部　　　B. 燃料　　　C. 特殊的化学物质　　D. 肌肉收缩

11. 本文主要讲：
    A. 蚂蚁能搬石块　　　　　　　　B. 蚂蚁的腿部肌肉
    C. 蚂蚁有"肌肉发电机"　　　　　D. 蚂蚁力气大的原因

第12-15题

在地铁中或马路上见到有困难的老人，其实每个人心里都想去帮他们一把。可是，真正采取行动的人却很少。难道是因为城市里的人比较害羞吗？确实有这个因素，但其所占比例相当小。

有另外一个心理原因使我们不愿伸出援助之手。那就是当周围有很多人的时候，我们心里会想：即使我们不去帮助他，也应该有人会出手相助。这其实是一种依赖别人的想法。在心理学上，这种现象被称为"林格曼效应"。

德国心理学家林格曼曾经做过一个让众人拉网的实验。实验结果显示，每当拉网的人数增加，每个人出的力就会减小一点。原本，我们认为人数的增加会发挥相乘效应，即每个人出的力会增加，但实际上并非如此。当人数越多时，人就越会感觉"我只不过是其中一分子"，于是拉网的时候就不那么卖力了。

有别人在场时，人们总会想："即使我不去救，也会有别人去救的。"在现实社会中，有困难的人得不到救助，很多情况下都是这种心理效应起作用的结果。

12. 根据原文，人们没有帮有困难的老人是因为：
    A. 不想帮   B. 觉得害羞   C. 别人在看   D. 觉得别人会帮

13. "林格曼效应"指什么？
    A. 人多时人们会依赖别人   B. 人们爱互相帮助
    C. 我们怕别人围观   D. 人们不喜欢人多的场合

14. 根据文中的拉网实验，人越多的时候，每个人出的力气：
    A. 不变   B. 越多   C. 越少   D. 不清楚

15. "林格曼效应"在现实社会中会导致：
    A. 很多人乐意帮助别人   B. 有别人在场我们就害羞
    C. 有困难的人得不到救助   D. 人们不能克服心理问题

第16-19题

本来性格内向、羞于在人前讲话的人，看演唱会时也会跟着大声唱歌，看体育比赛时也会高声为运动员呐喊助威。同一个人在不同的状况下怎么会有这么大的变化呢？当人们把自己埋没于团体之中时，个人意识会变得非常淡薄。心理学将这种现象称为"没个性化"。

个人意识变得淡薄之后，就不会注意到周围有人在看着自己，觉得"在这里我们可以做自己喜欢做的事情"。巨大的开放感能使自己的欲求进一步增长。反正周围也没有人认识自己，也没有人际关系的束缚，因此害羞的人在这种场合下也会大声唱歌、高声呐喊。此外，大声喊叫出来，也是一种释放精神压力的方法，可以使人心情舒畅。因此，有的人甚至大声喊叫上了瘾。

不过，如果这种状态持续发展下去，也存在一定的危险性。当人的自我意识过于淡薄时，就会开始感觉什么事都不是自己做的。比如狂热的足球迷，如果自我意识过于淡薄，就可能发展成危害社会的"足球流氓"。当然，"没个性化"并不会在所有情况下都能导致人丧失社会性。在保持着社会性的团体中，"没个性化"也很难使人做出反社会的行为。

16. 下面不属于"没个性化"的是：
    A. 大声叫喊上瘾　　　　　　　　B. 成为足球流氓
    C. 看比赛时呐喊助威　　　　　　D. 演唱会上跟着唱歌

17. 个人意识变淡薄之后会：
    A. 放得开　　　B. 更害羞　　　C. 受束缚　　　D. 看周围

18. 对"足球流氓"说法错误的是：
    A. 平时非常害羞　　　　　　　　B. 是狂热的足球迷
    C. 行为是反社会的　　　　　　　D. 自我意识过于淡薄

19. 根据文意，"没个性化"：
    A. 没有危险　　　B. 应该提倡　　　C. 是反社会的　　　D. 有危险性

第20-23题

小杰现年8岁，家住英国伯明翰。虽然和其他小朋友一样在普通小学读书，但他已是当地家喻户晓的"故障检修员"——人们在用电脑时，碰到不懂的问题都会向他请教。

他的母亲在接受某报纸采访时说，小杰从小就对计算机感兴趣。"他几个月大、刚会坐起来的时候，就喜欢坐在电脑旁边。2岁时会自己走到电脑边。"他母亲说，"那时候，他开始在C网站玩游戏。"C网站上面有大量专为0到6岁儿童设计的益智游戏。不过没过多久，小杰就不满足于玩游戏这么简单的事情了。"他想要知道怎么开电脑，怎么关上它，他想自己做这些事情。"他母亲说。

5岁时，小杰创建了自己的网站，这让他母亲大吃一惊。她意识到，儿子在电脑方面颇具天赋，她希望能寻得一家电脑爱好者俱乐部让小杰加入，好好学习知识，与其他人交流经验。不过，她的寻觅无果而终。当地的各个电脑俱乐部都认为小杰年龄太小，不适合参加。

不过，小杰母亲没有气馁，她继续在网上搜索，寻找适合儿子的其他方法。后来，她看到欧洲电脑使用执照（ECDL）的官方网站。ECDL是国际认证的技能证书，要想拿到这一证书，必须通过七项考试，测试应考者对文字处理和计算机制表软件等的掌握程度。她让小杰做了几道样题，发现这些题目对儿子来说都不算难。

最终，小杰得到考试机会。"他6岁时参加第一门考试，7岁时考完全部7门，我为他感到十分骄傲。"小杰母亲说。

20. 关于小杰，下列哪项是错误的？
    A. 他拿到了ECDL B. 他在电脑公司工作
    C. 他住在英国伯明翰 D. 他在电脑方面有天赋

21. 小杰做了什么让他的母亲非常吃惊？
    A. 他两岁自己走到电脑前 B. 他很小的时候就坐在电脑前
    C. 他5岁时创建了个人网站 D. 他通过了ECDL的考试

22. 为什么小杰没有参加电脑俱乐部？
    A. 因为俱乐部水平太高 B. 因为小杰的母亲不同意
    C. 因为小杰不喜欢俱乐部 D. 因为小杰的年龄太小

23. 根据文章内容，下列哪项是正确的？
    A. 小杰的电脑才能是后天培养的 B. C网站无法满足小杰的需求
    C. 小杰6岁时通过了ECDL所有考试 D. 小杰的母亲教会小杰如何使用电脑

第24-27题

一天，一位猎人带着猎狗去打猎。猎人一枪击中了一只兔子的腿，受伤的兔子拼命地跑，猎狗在它后面一直追。可是追了一阵，兔子跑得越来越远。猎狗知道实在是追不上了，只好回到猎人身边。猎人非常生气地说："你真没用，连一只受伤的兔子都追不到！"猎狗听了很不服气地说："我已经尽力而为了！"

那只兔子带着枪伤成功地逃回家里，同伴们都围过来惊讶地问它："那只猎狗很凶呀，你又带了伤，是怎么甩掉它的呢？"兔子说："它是尽力而为，我是用尽全力呀！它没追上我，最多挨一顿骂；而我若不用尽全力地跑，可就没命了！"

每个人都有很大的潜能。正如心理学家所指出的，一般人的潜能只开发了2%-8%左右。这就是说，我们还有90%多的潜能处于沉睡状态。谁要想成功，创造奇迹，仅仅做到尽力而为还远远不够，必须用尽全力才行。

24. 兔子的腿怎么了？
    A. 摔断了   B. 被砍伤了   C. 被枪打中了   D. 被猎狗咬伤了

25. 猎狗为什么被主人骂？
    A. 没找到猎物 B. 没有追到兔子 C. 把兔子咬死了 D. 偷偷放走了兔子

26. 有关兔子的说法错误的是：

　　A. 兔子逃跑了　　　　　　　B. 兔子比猎狗跑得快

　　C. 兔子被同伴救了　　　　　D. 兔子用尽了全力

27. 这个故事说明了什么道理？

　　A. 兔子比狗更努力　　　　　B. 人有90%的潜能处于沉睡状态

　　C. 尽全力才能成功　　　　　D. 每个人都有很大的潜能

四、话题归纳

在这一单元，我们学到了：

1. 六种话题：天文地理、动物植物、人体奥秘、心理奥秘、健康疾病、科技信息，其中科技信息、心理奥秘、动物植物尤其是新HSK阅读常考的话题。

2. 形近词题目的解题技巧。

3. 常考的近义句式。

4. 做细节题的方法。

本话题常用词汇

◆ 健康疾病

1. 健康	2. 营养	3. 维生素
4. 疾病	5. 高血脂	6. 糖尿病
7. 癌症	8. 化合物	9. 药物
10. 缺失	11. 突发	12. 苍白
13. 乏力	14. 抵抗力	15. 导致
16. 摄入	17. 造血功能	18. 免疫系统

◆ 科技信息

  1. 微博　　　　2. 手机　　　　3. 博客
  4. 互联网　　　5. 能源　　　　6. 环保
  7. 太阳能　　　8. 冷却器　　　9. 电池
  10. 发电　　　11. 电源　　　12. 充电
  13. 蒸发　　　14. 技术　　　15. 模型
  16. 纤维　　　17. 溶剂　　　18. 材料

◆ 天文地理

  1. 世界　　　　2. 海洋　　　　3. 河流
  4. 山峰　　　　5. 高原　　　　6. 平原
  7. 湿地　　　　8. 冰川　　　　9. 火山
  10. 沙漠　　　11. 绿洲　　　12. 流域
  13. 省　　　　14. 市　　　　15. 自治区
  16. 直辖市　　17. 县　　　　18. 村庄
  19. 月食　　　20. 日食　　　21. 大气
  22. 循环　　　23. 温度　　　24. 气候

◆ 动物植物

  1. 候鸟　　　　2. 幼雏　　　　3. 哺育
  4. 繁殖　　　　5. 翅膀　　　　6. 腿
  7. 舌头　　　　8. 爪子　　　　9. 肌肉
  10. 栖息　　　11. 模仿　　　12. 训练
  13. 反应　　　14. 合成　　　15. 熊猫
  16. 鹦鹉　　　17. 海豚　　　18. 珍稀动物
  19. 体型　　　20. 食草动物　21. 食肉动物
  22. 爬　　　　23. 咬　　　　24. 叫
  25. 花　　　　26. 叶　　　　27. 藤
  28. 茎　　　　29. 根　　　　30. 种子

◆ 心理奥秘

1. 心理
2. 性格
3. 隐私
4. 害羞
5. 冷酷
6. 恐怖
7. 攻击
8. 自在
9. 舒服
10. 不可思议
11. 魔力
12. 意识
13. 淡薄
14. 开放
15. 封闭
16. 交际
17. 咨询
18. 心理健康
19. 情绪调节
20. 情商
21. 催眠

话题三
历史文化类

中国是一个地域辽阔、历史悠久的东方古国。漫长的岁月和丰厚的文化积淀，成就了丰富多彩的历史、饮食、风俗和艺术。正因如此，历史知识、饮食文化、风俗习惯、文化艺术也成为新HSK阅读必考的话题。

一、综合填空

本节重点：正确选用关联词

关联词的作用就是把词和词、句子和句子、段落和段落连接起来。用不同的关联词，句子的逻辑关系就不同，意思也不一样。例如，"他努力学习"和"能够掌握许多知识"加上不同的关联词，就会变成逻辑关系不同的句子。

如果他努力学习，就能够掌握许多知识。（假设关系）

只要他努力学习，就能够掌握许多知识。（条件关系）

因为他努力学习，所以能够掌握许多知识。（因果关系）

关联词的使用可以考查出考生对文章逻辑关系的理解能力，所以，它是新HSK阅读的考查重点之一。

例题解析与应试技巧

例题 9 请选出正确答案

《中华人民共和国教育法》第十八条 _46_ ：国家实行九年制义务教育。义务教育，是依照法律规定，适龄儿童和少年必须接受的，国家、社会、学校、家庭必须予以保证的国民教育。实行义务教育， _47_ 是国家对人民的义务，也是家长对国家和社会的义务。……

46. A. 称   B. 提出   C. 规定   D. 要求

47. A. 既   B. 既然   C. 尽管   D. 虽然

解析 9

第47题考的是关联词。根据后半句"也是……"，找出可搭配的关联词A"既……也……"和C"尽管……也……"。从句子的意思来看，"国家对人民的义务"和"家长对国家和社会的义务"应该是并列关系，选项C表示转折关系，应排除；A表示并列关系，是正确答案。

另外，选项A的"既"和B的"既然"有一个字相同，看起来很相近，这是为了迷惑考生的。它们的搭配和逻辑关系都不同："既……也……"表示并列关系；"既然……就……"表示因果关系。

◆ 应试技巧

1. 记住搭配关系与逻辑关系。很多关联词都是成对出现的，熟记它们的搭配关系，是掌握关联词的基础；另外，还要明确关联词所表示的逻辑（语义）关系。

2. 搞清上下文逻辑关系。跟关联词有关的题目，不能只看这个词的语法对不对，因为很多关联词在句子中的位置是一样的。一定要通读上下文，搞清楚原文内容的逻辑关系，根据逻辑关系，选择合适的关联词语。

常见考点归纳

◆ 常考的关联词及其逻辑关系

1. 并列关系

常用关联词搭配	逻辑关系说明	例句
① 既A，又B。 ② 既A，也B。	A和B都包括	① 这个女孩既漂亮，又聪明。 ② 花茶既有花的香味儿，也有茶的香味儿。
③ 一边A，一边B。 ④ 一面A，一面B。	A和B两个动作同时进行	③ 他一边散步，一边听音乐。 ④ 为了减轻父母的负担，他一面上学，一面打工。

2. 顺承关系

常用关联词搭配	逻辑关系说明	例句
① 先A，再B。 ② 先A，然后B。	A完了以后B	① 先杀毒再玩游戏吧。 ② 我们先去找小张，然后一起去图书馆吧。
③ A，于是B。	B接着A发生	③ 眼看大雨就要来了，于是妈妈把花都搬到了家里。

3. 递进关系

常用关联词搭配	逻辑关系说明	例句
① 不但A，而且B。 ② 不仅A，并且B。 ③ 不只A，甚至B。 ④ 不光A，甚至还B。	B比A更进一层	① 小李不但聪明，而且勤奋。 ② 他不仅独自完成了这个项目，并且做得很出色。 ③ 这么难的事，不只孩子做不好，甚至大人也很难做好。 ④ 我不光想办一个幼儿园，甚至还想办一个养老院。
⑤ 不但不A，反而B。	B和A相反，且意思更进一层	⑤ 他说了半天，我不但不明白，反而更糊涂了。

4. 选择关系

常用关联词搭配	逻辑关系说明	例句
① 宁可A，也不B。 ② 宁愿A，也不B。 ③ 宁肯A，也不B。	A和B比较之后，选择A	① 他说宁可在家睡觉，也不看足球比赛，你相信吗？ ② 宁愿自己辛苦一点儿，也不要麻烦别人。 ③ 他宁肯失业，也不做不喜欢的工作。
④ 与其A，（还）不如B。 ⑤ 与其说A，倒不如说B。	A和B比较之后，选择B	④ 与其在家躺着，还不如去看场电影。 ⑤ 与其说去责备孩子，倒不如说教育他，让他明白自己的错误。
⑥ 不是A，就是B。 ⑦ 要么A，要么B。	A和B中必选一个	⑥ 星期天他不是去唱卡拉OK，就是去健身房健身。 ⑦ 过节的时候，他要么看电视，要么打麻将。

5. 转折关系

常用关联词搭配	逻辑关系说明	例句
① 虽然 A, 但是 B。 ② 虽说　　可是 ③ 尽管　　然而 ④ 固然　　不过 　　　　　　却	B 和 A 相反	① 三月的天气，虽然没有太阳，但是也不觉得冷。 ② 虽说连续两年没有考上大学，可是他并没有灰心。 ③ 工作固然重要，然而（/不过）健康更重要。 ④ 尽管我喜欢她，她却不喜欢我。
⑤ A，反之B。	A是一种结果，B是与A相反的结果	⑤ 我们只要努力就会有收获，反之，终日无所事事，将一事无成。
⑥ A，其实B。	B是与A相反的结果	⑥ 他说他不知道这件事，其实他早就知道了。

6. 因果关系

常用关联词搭配	逻辑关系说明	例句
① 因为 A, 所以 B。 ② 由于　　因此 　　　　　因而 　　　　　于是	A是原因，B是结果	① 因为没有买到飞机票，所以我们只好坐火车去北京。 ② 由于天气寒冷，因此感冒的人很多。
③ 既然A，就B。 ④ 既然A，只好B。	A是已经发生的情况，B是从A来的结果	③ 既然你已经来了，就安心学吧。 ④ 既然你一定要去，我只好同意了。
⑤ A，可见B。	B是从A推断出的结果	⑤ 她把你送的礼物摆在书架上，可见她很喜欢。

常用关联词搭配	逻辑关系说明	例句
⑥A，以至于B	A是原因，B是结果	⑥我们毕业二十年都没有见面，以至于彼此都认不出来了。
⑦A，以致B		⑦这条路设计不合理，以致天天堵车。
⑧之所以A，是因为B	B是原因，A是结果	⑧我今天之所以没有去车站接你，是因为下午有一个紧急的会。

7. 条件关系

常用关联词搭配				逻辑关系说明	例句
①无论 ②不管 ③不论	A，	都 也	B。	情况变化，但B不会改变	①无论天气多么冷，他都坚持锻炼身体。 ②不管多大的困难，他都能克服。 ③不论多着急，也要按制度办事。
④任凭A，也B					④任凭你怎样努力，已经发生了的事情，也是无法改变的。
⑤只有A，才B				A是B发生的唯一条件	⑤只有经济发展了，人民的生活水平才能提高。
⑥除非A，才B					⑥除非我的女朋友去，我才去。
⑦除非A，否则 ⑧不然B					⑦这件事除非你去办，否则谁也办不成。 ⑧除非再修两条路，不然堵车问题解决不了。
⑨凡是A，都B				符合A条件，B没有例外	⑨我很喜欢旅游，凡是没有去过的地方我都想去。
⑩只要A，就B					⑩你只要拨打121电话，就可以知道一天的天气情况。

8. 假设关系

常用关联词搭配				逻辑关系说明	例句
如果 要是 假如 倘若 若	A，	就 则	B。	A出现，B就会出现	①如果我是你，早就跟她离婚了。 ②假如没有汽车，我们就不能按时到达目的地。
幸亏 多亏 要不是	A，	否则 不然 要不 就	B。	很幸运A发生，B没有发生	③幸亏我带的钱多，否则就买不了这本书了。 ④多亏我走得早点儿，不然就赶不上火车了。 ⑤要不是你提醒我，我早就把这件事忘了。

常用关联词搭配			逻辑关系说明	例句
即使 就是 就算 哪怕 纵然	A,	也 B。	A发生或不发生，B一定出现	⑥即使天气不好，他也要去爬山。 ⑦就是他不愿意帮助我，也没有关系。 ⑧就算剩下我一个人，我也要坚持到底。

9. 目的关系

常用关联词搭配			逻辑关系说明	例句
为了A，……B			A是目的，B是动作行为	①为给女朋友买生日礼物，我跑了整整一天。
A,	好 以便 为的是	B。	A是动作行为，B是目的	②我要买本字典，好查生词。 ③小王拼命赚钱，以便早点买车、买房子。 ④小李经常给妈妈打电话，为的是不让她担心。
A,	省得 免得 以免	B。	A是动作行为，B是不希望发生的结果	⑤带上手机，省得我们联系不上你。 ⑥花钱不要大手大脚，免得妈妈不高兴。 ⑦到医院要戴口罩，以免感染疾病。

同步训练

◆ 请选出正确答案

第1-4题

校园版《牡丹亭》在北京大学进行了首场公演，演员全部为在校学生。演出结束，白先勇先生大声鼓励学生演员："恭喜你们，精彩的表演 __1__ 职业剧团！"在这些比自己年轻很多的学生面前，白先勇 __2__ 兴奋得像个孩子。

白先勇坚持认为，昆曲 __3__ ，才能真正传承下去，这也是他之所以会推出这部青春版《牡丹亭》的原因。校园版《牡丹亭》是白先勇的一个新 __4__ 。现在，这部青春的《牡丹亭》开始在21世纪的百年老校里传播、生根、发芽。

1. A. 不同于　　　B. 不亚于　　　C. 不满于　　　D. 不高于
2. A. 因而　　　　B. 因此　　　　C. 反而　　　　D. 反之
3. A. 只有面向世界　B. 只有走向年轻人　C. 只有坚持传统　D. 只有反复宣传
4. A. 探索　　　　B. 探测　　　　C. 探险　　　　D. 探查

第5-8题

京剧不仅在中国拥有数量庞大的爱好者，外国人也被京剧的魅力所吸引。 5 外国人到中国旅游的人数逐渐增多，一些京剧演出团体也开始为京剧打出双语字幕， 6 。但英文字幕翻译不规范、不恰当或是漏字母、漏单词甚至翻译错误的现象时有发生。

业内人士做过估算，某些剧目英文字幕的错误率竟然达到20%，一些低级错误经常 7 看京剧的外国人哈哈大笑。如此， 8 不能帮助外国人了解中国和中国文化，而且使京剧没有得到应有的理解。

5. A. 随着　　　　B. 随之　　　　C. 伴随　　　　D. 跟随
6. A. 以帮助外国人生活　　　　　B. 以帮助外国人看京剧
　　C. 以帮助外国人学汉语　　　　D. 以帮助外国人演出
7. A. 引起　　　　B. 致使　　　　C. 引得　　　　D. 导致
8. A. 因为　　　　B. 如果　　　　C. 即使　　　　D. 不但

第9-13题

用筷子有很多习俗，比如拿筷子不能"三长两短"。"三长两短"的意思是，在用餐前或用餐时，将筷子长短不齐地 9 在桌子上，因为中国人 10 这种做法不吉利，代表着"死亡"。过去，中国人死后都要装进棺材，在还没有盖棺材盖儿的时候，棺材的 11 部分是前后两块短木板，两旁加底部共三块长木板，五块木板合在一起做成的棺材 12 是三长两短，所以说 13 。

9. A. 拿　　　　B. 丢　　　　C. 放　　　　D. 掉
10. A. 认为　　　B. 以为　　　C. 认识　　　D. 认可
11. A. 结构　　　B. 组成　　　C. 组合　　　D. 架构
12. A. 正好　　　B. 不过　　　C. 不外　　　D. 真正
13. A. 用餐时有很多习俗　　　　B. 筷子是长短不齐的
　　C. 人死后是要进棺材的　　　D. 筷子"三长两短"不吉利

第14-18题

在中国，任何一个宴席， 14 是什么目的，都只会有一种形式，就是大家坐在一起，吃一桌菜。宴席要用圆桌，这就从形式上形成了一种团结、礼貌的 15 。美味佳肴放在一桌人的中心，它既是一桌人欣赏、品尝的对象， 16 是一桌人感情交流的媒介物。人们相互敬酒、相互让菜、劝菜，在美好的事物面前，__17__了人们之间相互尊重、礼让的美德。虽然从卫生的角度看，这种饮食方式有不足之处，但它__18__中国人"大团圆"的普遍心态。

14. A. 尽管　　　　B. 不管　　　　C. 虽然　　　　D. 然而
15. A. 气焰　　　　B. 气场　　　　C. 气流　　　　D. 气氛
16. A. 就　　　　　B. 还　　　　　C. 又　　　　　D. 连
17. A. 体现　　　　B. 出现　　　　C. 呈现　　　　D. 表示
18. A. 造成　　　　B. 弥补　　　　C. 符合　　　　D. 纠正

第19-23题

在十七世纪，丹麦和瑞典发生了战争。一场激烈的战役后，丹麦打了胜仗。一个丹麦士兵坐下来，取出水壶正准备喝水，突然听到哀嚎的声音。原来在不远处躺着一个受了重伤的瑞典人，正盯着他的__19__。"你__20__我更需要喝水。"丹麦士兵走过去，将水壶送到伤者的口中，但是瑞典人竟然伸出长矛刺向他，幸好偏到了一边，只伤到他的手臂。"嗨！__21__！"丹麦士兵说："我原来要给你整壶水，现在只能给你一半了。"这件事后来被国王知道了，特别__22__这个丹麦士兵，问他为什么不把那个忘恩负义的家伙杀掉？他轻松地回答："我不想杀受伤的人。"在别人忘恩负义之后，仍有__23__的心，这是第二次的宽容，也是一种更伟大的情操。

19. A. 眼睛　　　　B. 水壶　　　　C. 伤口　　　　D. 座位
20. A. 让　　　　　B. 叫　　　　　C. 和　　　　　D. 比
21. A. 我要你的命　　　　　　　　B. 我想帮助你
    C. 你竟然如此回报我　　　　　D. 你不是想喝水吗
22. A. 召见　　　　B. 见面　　　　C. 约会　　　　D. 呼叫
23. A. 负罪　　　　B. 感恩　　　　C. 饶恕　　　　D. 仇恨

第24-28题

金庸武侠小说创造了中国现代文学史上的一个__24__：上至政府官员、文人墨客、学者教授，下至工人、农民、小贩，从中国到亚洲各国再到欧美地区国家，__25__，就有金庸迷。

奇特的"金庸现象"已经__26__世界文学史家的广泛注意，并引发了海内外"金学"的蓬勃兴起。许多学者对金庸作品的理解及阐释，__27__而独特，称其为"内涵挖掘不尽的神奇之作"。想必不久的将来,"金学"和金庸的武侠小说将成为一个世界性的研究热点,并被载入世界文学史册。

24. A. 奇迹　　　　B. 奇特　　　　C. 神奇　　　　D. 奇怪
25. A. 不管有多少中国人　　　　B. 因为小说引人入胜
    C. 只要有华人的地方　　　　D. 除了不识字的文盲
26. A. 发起　　　　B. 引起　　　　C. 发动　　　　D. 引用
27. A. 刻板　　　　B. 深沉　　　　C. 肤浅　　　　D. 深刻

二、判断一致

本节重点：主动、被动转换

被动句是汉语中有一定难度的句式。同一个意思,可以用主动的句式来表达,也可以用被动的句式来表达。这种主动句和被动句互相转换的方式也是新HSK阅读常考的一种题型。

例题解析与应试技巧

例题10 请选出与试题内容一致的一项（真题H51001第70题）

70. 花木兰是中国古代的女英雄,以代替父亲参加军队并打败入侵敌人而闻名天下。她的故事经常出现在很多文艺作品中,电影、电视剧也多次重拍。有关她的一些介绍最早出现在北朝民歌《木兰辞》中,但是关于她的出生年月和故乡,史书记载不一。

　　A.《木兰辞》是唐朝民歌　　　　B. 史书对花木兰没有记录
　　C. 花木兰的故事被拍成了电影　　D. 花木兰和父亲一起参加了军队

解析10

　　选项C是一个被动句,跟原文中的主动句"她的故事……电影、电视剧也多次重拍"意思一致。这道题考查了主动被动句式的转换。

选项A与原文不符。原文说"……北朝民歌《木兰辞》中";原文没有提到"史书",应该排除B;原文说"代替父亲参加军队",而不是一起参加了军队,D错。

◆ 应试技巧

  1. 注意被动句。汉语被动句是考生不容易理解的,判断一致的选项和原文中常出现,而且经常与答案有关,需要多加注意。

  2. 注意被动标志词。汉语的很多被动句带有被动标志词"被、叫、让、给、由、受、为……所"等,读文章和选项的时候,可以先把这些词划出来,有助于迅速判断。

  3. 熟练掌握常见主动、被动句式转换。

常见考点归纳

◆ 常考的主动、被动句式转换

被动标志词	被动句	主动句
1. 被	小树被大风吹倒了。	大风把小树刮倒了。
2. 叫	蛋糕叫弟弟吃完了。	弟弟把蛋糕吃完了。
3. 让	地上的水让太阳晒干了。	太阳晒干了地上的水。
4. 给	我的书给让小王拿走了。	小王拿走了我的书。
5. 被……给	电脑里的文件被我不小心给删掉了。	我不小心删掉了电脑里的文件。
6. 叫……给	他们的婚姻叫第三者给破坏了。	第三者破坏了他们的婚姻。
7. 让……给	这个秘密让他给泄露了。	他泄露了这个秘密。
8. 为……所	新的软件为广大用户所关注。	广大用户关注新的软件。
9. 由……	这件事由校长决定。	校长决定这件事。
10. 由……所	很多疾病都是由环境污染所引起的。	环境污染引起很多疾病。
11. 受……	孩子常常受父母言行影响。	父母言行常常影响孩子。
12. 受到……	大熊猫受到了当地人的欢迎。	当地人欢迎大熊猫。

> 同步训练

◆ 请选出与试题内容一致的一项。

第1—18题

1. 联合国教科文组织审议通过将"中医针灸"和"京剧"列入"人类非物质文化遗产代表作名录"。"中国水密隔舱福船制造技艺"、"中国活字印刷术"、"麦西热甫"被列入"急需保护的非物质文化遗产名录"。

    A. "京剧"和"活字印刷术"被列入了同一种名录
    B. 中国共有五项遗产被列入"急需保护的非物质文化遗产名录"
    C. 是否被列入"非物质文化遗产代表作名录"需经过审议
    D. "人类非物质文化遗产代表作名录"中只有针灸和京剧

2. 随着国际交往的扩大,《道德经》在世界上受到了广泛关注,成为全人类共同的精神财富。其中丰富的养生思想也日益受到全球关注,许多外国哲学家、科学家、政治家、企业家都对老子思想很感兴趣,并从中受到启发。

    A. 世界上很多人关注《道德经》
    B. 《道德经》的哲学思想最受关注
    C. 哲学家比政治家对《道德经》更感兴趣
    D. 《道德经》中的老子思想就是养生思想

3. "丝绸之路"指的是中国古代汉朝时期开辟的商业通道,因为通过丝绸之路,中国的纺织品传到了西方,所以叫做"丝绸之路"。此外,中国南方还有从海上向西的商业通道,被称为"海上丝绸之路"。

    A. 丝绸之路近代才有
    B. 丝绸之路在海上
    C. 丝绸之路是由汉朝人开辟的
    D. 纺织品是从西方传到东方的

4. 在喝酒时，藏族人的风俗是：先喝一口，主人马上倒满酒杯；再喝第二口，再倒满；接着喝第三口，然后再倒满；往后，就得把满杯酒一口喝干了。这样做，主人才觉得客人看得起他，客人喝得越多，主人就越高兴，因为这样说明主人的酒酿得好。

   A. 客人可以喝酒喝半杯
   B. 主人喜欢客人喝很多酒
   C. 藏族主人不给客人倒酒
   D. 酒喝干后就不用再喝了

5. 按照食谱，一只20磅左右的火鸡要烤上4个小时，直到火鸡完全熟烂了，鸡皮烤成深棕色。它需要整只烤出，肚子里还要塞上许多拌好的食物，如碎面包等。烧火鸡的汁，会被用来制成肉酱，伴上甜甜的红莓果酱，作为火鸡的调料。

   A. 烤火鸡要把火鸡切片
   B. 调料里有果酱
   C. 鸡肚子里塞上调料
   D. 这段话讲的是怎么选火鸡

6. 中国商代的甲骨文是刻在龟甲兽骨上的一种古代文字，已经相当成熟。在殷墟出土的15万片刻有文字的甲骨中，总字数达到160多万字，其中有单字4600多个，已识别的有1000多个。

   A. 甲骨文有160多万片
   B. 甲骨特指刻在龟甲上的字
   C. 甲骨文是汉代的文字
   D. 甲骨文是成熟的文字

7. 乾隆是中国历史上最长寿的皇帝，活到89岁。任何一个长寿者长寿的原因都与运动、营养、爱好、心情分不开。乾隆皇帝文治武功，样样精通。他一生兴趣广泛，旅游、狩猎、诗词、书画无所不好，特别擅长射箭和书法。

   A. 乾隆不喜欢打猎
   B. 乾隆画画得不好看
   C. 乾隆的字写得好
   D. 乾隆是中国最长寿的人

8. 蒙古族和哈萨克族的牧民，从古至今一直把马奶酒当作甘美的饮料。每年夏秋产奶季节，牧民家家都酿制马奶酒，贵客临门，必定用它款待。凡是品味过马奶酒的人，无不赞美它的美味可口。马奶酒性温，具有驱寒活血、舒筋、补肾、消食、健胃等功效。蒙医用它治疗腰痛、胃痛、肺结核等症，疗效显著。

   A. 马奶酒不可以治病
   B. 马奶酒可以当饮料喝
   C. 马奶酒只有蒙古族人喝
   D. 一年四季都可以酿马奶酒

9. 在台湾，中秋夜有未婚女子"偷菜求郎"的习俗。妆饰美丽的女子踏着月光，往别人菜圃中偷摘大葱及蔬菜，偷摘到之后便预示她能遇到如意郎君。因此台湾有"偷着葱，嫁好夫；偷着菜，嫁好婿"的谚语。

   A. 结不结婚都可以偷菜
   B. 偷菜是想找个好老公
   C. 偷菜的人会被处罚
   D. 哪天都可以偷菜

10. 年画是中国画的一种，始于古代的"门神画"，是中国特有的一种绘画体裁，也是中国农村老百姓喜闻乐见的艺术形式。大都于新年时张贴，装饰环境，含有祝福新年吉祥喜庆之意。

    A. 年画是庆祝中秋节的
    B. 年画不能算是中国画
    C. 年画在中国农村很流行
    D. 年画是宫廷艺术的一种

11. 一提起玄奘法师，一般人们都会想到《西游记》中那位胆怯懦弱、是非难辨的糊涂和尚。其实这仅仅是作者的虚构，就历史上真实的玄奘而言，小说对其形象未免过于歪曲。史实记载的玄奘法师，不仅专心求学，而且胆识过人，是位大智大勇的高僧。

    A. 玄奘因为《西游记》为人们所误解
    B. 真实的玄奘是很糊涂的人

C. 历史上根本不存在玄奘这个人

D. 玄奘法师是道家的杰出代表

12. 故宫位于北京市中心，旧称紫禁城，是明、清两代的皇宫，无与伦比的古代建筑杰作，世界现存最大、最完整的木质结构的古建筑群。故宫全部建筑由"前朝"与"内廷"两部分组成，四周有城墙围绕，四面有筒子河环抱，城四角有角楼。四面各有一门，正南是午门，为故宫的正门。

    A. 故宫的正门是午门

    B. 故宫是三个朝代的皇宫

    C. 故宫由四个部分组成

    D. 故宫里外没有河流

13. 筷子是中餐最主要的进餐用具，在使用上也有很多讲究。用餐过程中，如果说话，不要将筷子随便晃动，也不要用筷子敲打碗、盘以及桌面，更不能用筷子指点他人。暂时离开时，要把筷子轻轻放在桌子上或餐盘边，不能插在饭碗里，而且尽量不要发出响声。

    A. 使用筷子很随意

    B. 说话时敲筷子不礼貌

    C. 筷子不能放在桌面上

    D. 用筷子敲碗可以表示高兴

14. 按照饮食特点分，中国主要有四大菜系，即川菜、鲁菜、淮菜和粤菜。当然，其中最有名的，还是大家熟悉的川菜。川菜的突出特点是麻和辣。最正宗的川菜是成都和重庆两地的菜肴。如今川菜馆早已遍布世界各地，受到了人们的广泛欢迎。

    A. 川菜口味清淡

    B. 重庆菜属于川菜

    C. 中国菜的特点是麻和辣

    D. 成都和重庆两地才是川菜

15. 赛龙舟是中国民间传统的水上体育娱乐项目,已流传两千多年,多是在喜庆节日举行,是多人集体划桨竞赛。中国各民族的龙舟赛略有不同,龙舟的大小也因地而异。汉族多在每年"端午节"举行比赛,船长一般为20到30米,每艘船上约30名水手。

A. 端午节才会赛龙舟
B. 赛龙舟是双人比赛
C. 龙舟有的长约30米
D. 赛龙舟是汉族特有的

16. 在中餐的宴席上,餐桌上放一把刀是极其少见的现象。在许多人看来,刀使人想到敌人或武器,因而不可以出现在友好、温暖的餐桌上。根据中餐的传统,所有切割过程应该在厨房内进行,这样,几乎所有出现在餐桌上的食物都可以用筷子直接送入口中。

A. 年轻人更喜欢用勺子
B. 在中国,刀是装饰品
C. 在中国,厨房里没有刀
D. 餐桌上的中餐不需要刀切

三、阅读理解

本节重点:语义理解

语义理解题是新HSK阅读常考的内容之一,要求考生给文中的某个词、短语或句子等选出近义词或最合适的解释。这类试题主要测试考生利用上下文猜测生词词义,或确定常用词汇在特定语境中确切含义的能力。

例题解析与应试技巧

例题11 请选出正确答案(样题第74-77题)

世界上有三种丈夫:

话题三 | 历史文化类

第一种是不闻不问的丈夫。……

第二种是理想的丈夫。对你穿的衣服真正地感兴趣，并会提出建议。他能理解时尚，领会时尚，喜欢谈论时尚，知道什么最适合你，以及你最需要什么，他赞美你胜过赞美其他女人。如果你碰到这样一个男人，一定要把他抓住——他可是极为<u>稀有</u>的，很难遇到。

第三种是管得太多的丈夫。……

75. 第3段中画线词语"稀有"最可能是什么意思？

  A.适合   B.真实   C.非常少   D.容易找到

题解11

第75题就是语义理解。原文中，经常会用意义相近的词句来解释或提示这个生词、难句的意思，而且往往就在生词的上句或下句。本题的"稀有"的下句就有"很难遇到"这个表述，由此，我们可以猜出"稀有"的意思是"非常少"，答案是C。

例题12 请选出正确答案

对于去西藏旅游的游客来说，做好抗高原反应的准备工作必不可少，否则踏入拉萨机场就会出现<u>狼狈不堪</u>的情况。在拉萨贡嘎机场，记者看到部分游客还没有走出机场，就出现严重的高原反应，感觉"天旋地转"，出现上吐下泻、躺倒在地的现象。据拉萨医院的一位医生介绍，由于高原反应，前来输液的游客成倍增加。她提醒游客进藏后多喝水，减少活动量，让身体适应高海拔的气候环境。

……

74. 第一段中的"狼狈不堪"最可能是什么意思？：

  A.游客心情不愉快   B.游客身体不适应
  C.游客遇到了狼等野兽 D.当地旅游服务不周到

解析12

这道题的答案在下文，第二句话说"有部分旅客出现了严重的高原反应……出现上吐下泻、躺倒在地的现象"其中"上吐下泻、躺倒在地"都是身体不舒服时的反应；最后一句说医生提醒游客"进藏后多喝水，减少活动量"也是跟身体相关的表述；"让身体适应高海拔的气候环境"中直接提到了"身体"一词。根据这些可以推测"狼狈不堪"跟身体有关，答案是B。

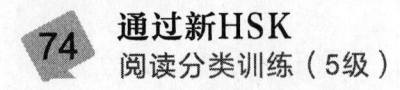

◆ 应试技巧

　　1. 用直接定位法。先在原文中找到画线的词句，然后看词句的上句或者下句，如果有同义或者反义信息，就可以根据这些信息直接选出答案。

　　2. 利用线索词定位。如果画线词句的上句或者下句没有同义或者反义信息，就要寻找线索词或进行一定的推理来猜测。

　　3. 回原文检验答案。把答案代入到原文词句所在的地方进行验证，如果符合上下文说明答案正确。

常见考点归纳

◆ 语义理解题常考的提问方式

　　1. 第3段中……的意思最可能是：

　　2. 第3段中画线词语最可能是什么意思？

　　3. 第2段中画线句子的意思是：

同步训练

◆ 请选出正确答案

第1-4题

　　春秋时代，有一名琴艺十分高超的乐师，名为俞伯牙。在当时，琴是用来表达心情的。一天伯牙弹琴，一位樵夫路过，听到他的琴声，感叹道："真是像高山一样雄伟，像流水一样浩大呀！"这个人就是钟子期。虽然他只是一位砍柴的体力劳动者，但他通过琴声准确地了解了伯牙当时的心情。因此音乐家俞伯牙和樵夫钟子期成为了最好的朋友。后来，人们把这首曲子称为"高山流水"，把最好的朋友称为"知音"；这个故事里的琴，就是中国的非物质文化遗产之一——古琴。

　　古琴是中国古代地位最崇高的乐器，但是，古琴的生存状况不容乐观。懂古琴的人本来就很少，加上古琴很少在公众场合演奏，导致大众不熟悉、不重视古琴，很多人还把古筝和古琴混为一谈。古琴的式微有多方面的原因，最主要的是古琴界一直以来存在一种孤芳自赏的姿态。专家认为把古琴看成比其他乐器高雅是不对的，古琴应该适应市场经济条件的潮流，走上舞台，走向观众。

1. 在关于古琴的这段故事中，钟子期的职业是什么？
   A. 古琴乐师　　　B. 知识分子　　　C. 砍柴的人　　　D. 脑力工作者
2. 关于古琴，下列哪种说法是错误的？
   A. 古琴的地位非常高　　　　　　B. 古琴比其他乐器高雅
   C. 古琴很少公开演奏　　　　　　D. 古琴应该走向大众
3. 第二段中划线词语"式微"的意思最可能是什么？
   A. 形式单一　　　B. 处于优势　　　C. 事物衰落　　　D. 式样细微
4. 古琴目前生存状况不容乐观的最主要原因是什么？
   A. 很少有人熟悉了解古琴　　　　B. 对古琴的宣传力度不够
   C. 公众对古琴并不十分重视　　　D. 古琴界对古琴的错误态度

第5-8题

提到中国古代美女，人们往往会想到有着"闭月羞花之貌，沉鱼落雁之容"的四大美女——貂蝉、杨贵妃、西施、王昭君。难道中国从春秋战国至今两千几百年间，真的只有这四位美女吗？

在摄影技术产生之前，人的相貌和身段是无法准确记录下来的。能将人像画得惟妙惟肖的画家毕竟极少，有幸被他们画的女人又有多少呢？据说王昭君被选入宫后，皇帝曾经让画师将宫女一一画像，以供选择。偏偏画师因为没有得到王昭君的贿赂，故意将她画丑了。要是王昭君以后没有应征和亲的机会，就只能老死后宫，天下又有谁会知道她竟是位<u>绝代佳人</u>？

即使有被画像的机会，还得看画师的技艺。中国传统的画像讲究传神，不像西洋人物画那样写实。而且人像画几乎不能复制，美女像又不会向公众展示，能看到美女像的人更是屈指可数。

因此，这些美女实际上都是靠文人描绘而成，又通过文学作品扩大到民间，才广泛流传。而文人选中她们的原因，是她们都有一个凄婉哀艳的故事，并对历史产生过较大的影响。要是没有这些史实或故事，长得再美的女人也不可能跻身"美女"之列。

5. 关于中国古代美女，正确的说法是：
   A. 有着"闭月羞花之貌，沉鱼落雁之容"
   B. 只有貂蝉、杨贵妃、西施、王昭君
   C. 比西方的美女更加传神
   D. 以四大美女为代表

6. 有关古代美女画像的说法，错误的是：
   A. 传神而不写实 B. 几乎不能复制
   C. 看到的人很多 D. 不能向公众展示

7. 文中划线词语"绝代佳人"的意思最可能是：
   A. 非常年轻的人 B. 非常亲切的人 C. 非常正直的人 D. 非常美丽的人

8. 作者认为，古代美女的主要特点是什么？
   A. 长得非常美丽 B. 有非常好的画师 C. 和文人关系密切 D. 对历史有影响

第9-17题

前清时为体现对人才的重视，曾规定每县童生考试至少要录取三名。某县十分偏远，有一年报考的只有三名，主考官把试卷收上来一看，不禁目瞪口呆：原来，一个考生抄了试题，只写了"我说"二字；另一个只抄了试题；第三个干脆连试题也没抄。

为了<u>交差</u>，主考官只得大笔一挥，把抄了试题并写了"我说"的那位取为第一，评语写道："只看到'我说'二字，就知道这个人一定有很精彩的话要说。"把只抄了试题的那位取为第二，批道："抄写得毫无差错，足见他是可造之才。"把交了白卷的那位列为第三，批道："不轻易下笔，可见他做事很慎重。"

9. 这个故事中有几个考生没考上？
   A. 一个   B. 两个   C. 三个   D. 无

10. 下面哪项正确？
    A. 故事发生在清朝末期   B. 考生们都交了白卷
    C. 主考官看到试卷很吃惊 D. 三个考生都很有才

11. 第二段开头划线词"交差"的意思是：
    A. 交替出差 B. 交出成绩 C. 完成任务 D. 夸大成绩

12. 对主考官的评语，错误的理解是：
    A. 很真实   B. 很无奈   C. 很夸张   D. 很可笑

第13-17题

茶叶的耐泡程度除了与嫩度有关外，主要决定于茶叶的加工方法。初制过程中把茶叶切碎，茶汁就容易冲泡出来，粗、老、完整的茶叶，茶汁冲泡出来的速度就慢。

无论什么茶，其营养成分（茶叶中的维生素和氨基酸）第一次冲泡就有80%被浸出，第二次冲泡时约15%，第三次冲泡后，基本全部浸出。茶的香气和滋味，一泡茶香气浓郁，滋味鲜爽；二泡茶虽浓郁，但鲜爽不如前；三泡茶香气和滋味已淡乏；若再经冲泡则无滋味。

一般的红茶、绿茶和花茶，冲泡以三次为宜。乌龙茶在冲泡时投叶量大，茶叶粗老，可以多冲泡几次。以红碎茶为原料加工成的袋泡茶，通常适宜于一次性冲泡。一杯茶从早泡到晚的做法不可取。茶叶经过多次冲泡，能使一些难溶的有害物质（如某些极微量的残留农药）逐渐浸出，对人体有害。理想的泡饮方法是，每天上午一杯茶，下午一杯茶，既有新鲜感，又有茶香味。

13. 与茶叶的耐泡程度无关的是：

    A. 茶叶嫩度   B. 茶叶粗细   C. 茶叶价格   D. 茶叶加工方法

14. 茶叶第几次冲泡时香气变差？

    A. 第一次   B. 第二次   C. 第三次   D. 不清楚

15. 一般的花茶适合冲泡几次：

    A. 一次   B. 二次   C. 三次   D. 不清楚

16. 根据最后一段，以下说法错误的是：

    A. 乌龙茶只适合泡三次   B. 袋泡茶适合冲泡一次

    C. 一杯茶从早泡到晚不好   D. 最好上下午各泡一杯

17. 这段话介绍了什么内容？

    A. 怎样选茶叶   B. 茶叶有哪几种   C. 怎么加工茶叶   D. 茶叶泡冲泡次数

第18-22题

北京人有句俗语：好吃不过饺子。今天，中国菜品极其丰富，你可能奇怪饺子怎么会是最好吃的呢！但在古代，饺子就是民间最好吃的食物。

饺子已有一千多年的历史，历代曾叫水角、馄饨、饽饽等。后来怎么叫饺子呢？饺子的原名叫角，粉角即用面粉做的角，水角指用水煮的角，因北方人发音"角""饺"相似，后来就写成了饺子。

北方人为何要在年三十晚上吃饺子呢？一是因为谐音，夜里12点是子时，新年和旧年相交替的子时，称为"交子"，和"饺子"发音相似。二是因为形状，饺子形状像元宝，象征财富，非常吉利。

京城民间没有哪家不包饺子。那些赶大车的汉子，家里还要包一些四个车轮状的饺子给他吃，以求来年车马平安。从新疆吐鲁番出土的唐墓中，木碗中就盛着饺子，难怪古人誉它为天下通食。

18. 饺子以前没叫过什么？

    A. 水角   B. 元宝   C. 馄饨   D. 饽饽

19. 北方人什么时候吃饺子?
    A. 中秋节　　　　B. 端午节　　　　C. 过年　　　　D. 元宵节
20. 第三段划线部分"谐音"的意思是:
    A. 饺子读音跟交子相近　　　　B. 饺子的读音很和谐
    C. 饺子有辞旧迎新的意思　　　　D. 饺子象征财富非常吉利
21. 根据最后一段，正确的说法是:
    A. 木碗盛饺子最合适　　　　B. 在中国吃饺子的人很多
    C. 新疆的人不吃饺子　　　　D. 民间每个人家都包饺子
22. 本文主要谈的什么?
    A. 吃饺子有极好的寓意　　　　B. 饺子有很多名称
    C. 饺子是中国北方的传统食品　　　　D. 古代生产落后时饺子最好吃

四、话题归纳

在这一单元，我们学到了:

1. 六种话题：历史知识、饮食文化、风俗习惯、文化艺术，都是新HSK常考的话题。
2. 常用关联词。
3. 主动句和被动句的转换。
4. 通过上下文理解语义的方法。

本话题常用词汇

◆ 文化艺术

1. 联合国教科文组织	2. 非物质文化遗产	3. 针灸
4. 京剧	5. 印刷术	6. 昆曲
7. 表演	8. 演出	9. 工艺品
10. 创新	11. 激发	12. 思想
13. 启发	14. 传播	15. 推广
16. 探索	17. 精神财富	18. 国粹

◆ 历史知识

    1. 古代　　　　　2. 历史　　　　　3. 史实
    4. 史书　　　　　5. 春秋　　　　　6. 战国
    7. 汉朝　　　　　8. 三国　　　　　9. 唐朝
    10. 宋朝　　　　　11. 清朝　　　　　12. 丝绸之路
    13. 文化交流　　　14. 西域　　　　　15. 人口
    16. 记录　　　　　17. 传统　　　　　18. 文人
    19. 皇帝　　　　　20. 昏君　　　　　21. 暴君
    22. 皇后　　　　　23. 科举考试　　　24. 状元

◆ 风俗习惯

    1. 习俗　　　　　2. 好客　　　　　3. 招待
    4. 倒酒　　　　　5. 敬酒　　　　　6. 祭祀
    7. 吉利　　　　　8. 倒霉　　　　　9. 筷子
    10. 饺子　　　　　11. 年糕　　　　　12. 春节
    13. 元宵节　　　　14. 端午节　　　　15. 中秋节
    16. 复活节　　　　17. 圣诞节　　　　18. 过年
    19. 年三十　　　　20. 团圆　　　　　21. 俗语

◆ 饮食文化

    1. 宴席　　　　　2. 劝酒　　　　　3. 泡茶
    4. 滋味　　　　　5. 香气　　　　　6. 浓郁
    7. 鲜爽　　　　　8. 口味　　　　　9. 浓重
    10. 清淡　　　　　11. 辣　　　　　　12. 麻辣
    13. 酸辣　　　　　14. 咸　　　　　　15. 苦
    16. 涩　　　　　　17. 甜　　　　　　18. 家禽
    19. 食谱　　　　　20. 烹饪　　　　　21. 炒
    22. 烤　　　　　　23. 熟　　　　　　24. 生
    25. 软　　　　　　26. 硬　　　　　　27. 内脏
    28. 果酱　　　　　29. 奶酪　　　　　30. 黄油

话题四
社会问题类

社会问题是HSK五级阅读部分的重要考点,涉及话题范围最广,包括交通运输、能源危机、婚姻家庭、犯罪问题、求职就业、社会调查、社会热点,都是与人类社会与日常生活息息相关的话题。

一、综合填空

本节重点：正确选用容易混淆的虚词

有些虚词，尤其是副词、介词、连词，由于在句子中的位置、用法以及跟其他词语的搭配对句子的意思影响较大，所以，也是新HSK的主要考点。

例题解析与应试技巧

例题13 请选出正确答案

我本来不认识那位老师，是一次 _55_ 的机会，在一次全国研讨会上分在了同一个小组。……

55. A. 平常　　　　B. 偶然　　　　C. 经常　　　　D. 忽然

解析13

首先可以排除D，因为"忽然"只能作副词，而副词不能放在名词"机会"的前面。A、B、C都可以做形容词，语法上没问题，根据语义可以选出B。

例题14 请选出正确答案

_55_ 国家法律的规定，飞机上不许使用手机。……

55. A. 从　　　　B. 由　　　　C. 按　　　　D. 对

解析14

这题的四个选项都是介词，都可以放在句子开头，但是只有"按"可以和"规定"搭配，"按+名词+规定"表示遵从某种标准，所以选C。

例题15 请选出正确答案

中国是一个历史悠久的文明古国，全国各地每年都有许多重大的考古新发现。这些考古新发现充分展现了中国源远流长的历史文化，_55_ 中华民族对人类文明进步所作出的巨大贡献。……

55. A. 以便　　　　B. 以后　　　　C. 以及　　　　D. 以至

解析15

句子中动词"展现"后面有两个部分，一个是"中国历史文化的源远流长"，另一个是"中华民族对人类文明进步所作出的巨大贡献"，它们之间是并列关系，这里应该选一个连词。选项中"以后"是名词，不起连接作用，可以排除；另外三个选项"以便""以及""以至"都是连词，但是"以便"表示目的关系；"以及"表示并列关系；"以至"表示因果关系，所以选C。

◆ 应试技巧

1. 熟悉副词、介词、连词的基本位置。

（1）副词常用在动词或者形容词结构前。不要把副词放在名词或者名词性结构前，"一共""只""仅"等表示范围的副词除外。

（2）介词常用在名词或名词性结构前，构成"介词+名词+动词"或者"介词+名词+形容词"的格式。

（3）连词是用来连接两个句子或者分句的。

2. 虚词在句子中起语法作用。在平常的学习中，要知道常用虚词的词性，熟悉他们的典型用法和常见搭配。

常见考点归纳

◆ 常考的虚词

1. 副词

①还：我以前去过一次上海，明年还想去。

②再：请你再说一遍吧。

③又：你怎么又来捣乱了？

④忽然：刚才天气还好好的，怎么忽然刮起了大风？

⑤仍然：我跟女朋友道了歉，但是她仍然不理我。

⑥往往：老人和女人往往容易上当受骗。

⑦经常：我们经常去那家饭馆吃饭。

⑧并：他并不喜欢你帮他做这件事。

⑨更：我比你更理解他。

⑩也：我喜欢学汉语，也喜欢学英语。

⑪ 才：昨天晚上我一直工作到很晚才睡觉。

⑫ 就：你怎么这么早就来了？

⑬ 始终：我始终都不知道他们之间的秘密。

⑭ 再三：妈妈再三叮嘱我说："一个人在外，一定要注意安全。"

⑮ 终于：这件事情的真相终于水落石出了。

⑯ 相当：这种动物相当凶猛。

⑰ 竟然：我们是小学同学，你竟然忘记了我的名字？

⑱ 果然：天气预报说今天有暴雨，下午暴雨果然来了。

⑲ 尽量：我们尽量帮助你，但是你自己也得努力。

⑳ 毕竟：他毕竟不了解事实的真相，所以你就原谅他吧。

㉑ 简直：大学生竟然偷东西，简直让人无法相信。

㉒ 偶尔：他在国外不常跟家人联系，只是偶尔打一个电话。

㉓ 未必：我想他未必喜欢跟我们一起去旅游。

㉔ 纷纷：过年了，人们纷纷去超市购买年货。

㉕ 准：今天下午三点他准到。

㉖ 倒：大家都觉得这个笑话有意思，我倒不觉得。

2. 介词

① 以：我是以朋友的身份跟你谈这件事的。

② 依：依我看，这个问题很难解决。

③ 由：这件事由你决定。

我们国家由穷到富，经过了几十年。

④ 于：这位作家1940年出生于北京。

他从小就打算献身于艺术事业。

⑤ 据：据我所知，他们俩已经离婚了。

⑥ 从：从你家到学校有多远？

⑦ 向：我向小李借了本书。

⑧ 就：火车马上就开。

⑨ 朝：老张朝我点了点头。

⑩ 冲：不知道为什么，他突然冲我大喊大叫。

⑪ 对：我对这件事情不了解，你去问总经理吧。

⑫ 在：在我看来，这个消息不可靠。

⑬ 凭：看电影凭票入场。

⑭按：就按你说的做吧。

⑮关于：这些书都是关于心理健康的。

⑯对于：对于他的意见，大家一致赞成。

⑰当：他特别爱面子，不要当他的面批评他。

⑱为：阿拉伯数字为全世界人所用。

⑲到：到现在为止，我还没见过他。

⑳拿：拿他来说，最近学习就很努力。

㉑用：大部分人都用右手拿筷子。

㉒让：我的书让朋友借走了。

㉓受：他因为个子矮小，从小就受人欺负。

㉔被：小树被大风吹倒了。

㉕叫：我家的小狗叫邻居的大狗咬了一口。

3. 连词

① 则：完不成这项工作，则无法进行下一项。

② 若：你若同意，就请签字吧。

③ 以：你要好好学习，以报答父母的期望。

④ 而：他说了很多遍，而我还是不明白他的意思。

⑤ 不然：快吃吧，不然饭菜就凉了。

⑥ 否则：快点儿走吧，否则就迟到了。

⑦ 此外：这里主要做售后服务，此外也零售一些配件。

◆ 常考的介词搭配

1. 经……批准：经老板批准，所有员工休息两天。

2. 拿……来说：拿小明来说，他就不喜欢看电影。

3. 对……来讲：对这只小猫来说，睡觉是它唯一的兴趣。

4. 与……相比：与弟弟相比，哥哥显得很瘦。

5. 与/和……相符：实验的结果与预期相符。

6. 跟……有关：这次事故跟司机酒后驾车有关。

7. 据……报道：据媒体报道，昨天夜里的确发生了地震。

8. 以……速度：博尔特以闪电般的速度冲过了终点线。

9. 就……来看：就人员伤亡的情况来看，这次交通事故属于重大交通事故。

10. 依……来看：依我来看，他已经明白其中的道理了。

11. 按……来看：按目前的速度来看，这个工程能按时完工。
12. 由……来看：由这个脚印来看，凶手是个男人。
13. 以……的身份：我们都是以个人的身份加入这个组织的。
14. 以……为：妈妈爸爸都以孩子为骄傲。
15. 对……感兴趣：很多人都对足球感兴趣。
16. 根据……需要：这条路是根据业主的需要而修的。
17. 出自……之手：这幅画出自一位名画家之手。
18. 来自……的消息：这是来自奥运会现场的消息。

同步训练

◆ 请选出正确答案

第1-4题

奥地利一家保险公司近日因依据星座招聘员工而遭到国内舆论批评。_1_报道，奥地利的这家保险公司提出的条件是应聘者的所属星座是摩羯座、金牛座、水瓶座、白羊座和狮子座，公司发言人称他们青睐的这五个星座的人_2_优秀员工应有的条件。

"有统计数据显示，奥地利几乎所有的优秀员工都是这五个星座的。我们只是根据_3_雇佣最好的员工。"报道称，奥地利政府虽然认为根据星座雇佣员工不合法，但称这家公司的行为不涉嫌性别、年龄和种族_4_。

1. A. 对　　　　B. 据　　　　C. 从　　　　D. 于
2. A. 拥有　　　B. 备有　　　C. 固有　　　D. 具备
3. A. 规律　　　B. 规定　　　C. 规则　　　D. 规矩
4. A. 轻视　　　B. 忽视　　　C. 歧视　　　D. 仇视

第5-8题

有一天，我准备像往常一样从鼓楼坐公交车到北京大学，_5_到了中关村路口，公交车就向右拐了，没走原来的线路。不只这一路公交，好多公交车都改线了。_6_的时候就很容易上错车。后来想想，不如骑自行车痛快，_7_就把"尘封"多年的自行车拿出来了。你可别说，这种时候骑自行车还真不错，遇到堵车的时候，_8_。

5. A. 而且　　　　　　B. 但是　　　　　　C. 况且　　　　　　D. 虽然

6. A. 着急　　　　　　B. 高兴　　　　　　C. 气愤　　　　　　D. 后悔

7. A. 所以　　　　　　B. 并且　　　　　　C. 但是　　　　　　D. 于是

8. A. 等得非常无奈　　　　　　　　　　B. 交通还不算太好
   C. 根本不受影响　　　　　　　　　　D. 可惜速度太慢

第9-13题

美国某个州__9__了一件奇事：企图抢劫者戴着迪斯尼卡通人物面具，引得被劫者狂笑不已，竟把劫匪气跑了！__10__警方透露，一名戴着迪斯尼卡通人物面具的男子__11__了市里一家便利店。这名劫匪戴上面具，原意可能是怕被人认出来，或是想让人望而生畏。__12__那名便利店的店员一看到如此滑稽可笑的面具，__13__狂笑不止，根本不理会劫匪的威胁。结果，这名恼怒的劫匪只好跑出门去。

9. A. 产生　　　　　　B. 发展　　　　　　C. 发生　　　　　　D. 生成

10. A. 当　　　　　　　B. 据　　　　　　　C. 对　　　　　　　D. 以

11. A. 闯进　　　　　　B. 走进　　　　　　C. 跑进　　　　　　D. 开进

12. A. 于是　　　　　　B. 但是　　　　　　C. 并且　　　　　　D. 同时

13. A. 果然　　　　　　B. 既然　　　　　　C. 竟然　　　　　　D. 突然

第14-17题

三名歹徒抢劫了一个体育运动品商店。他们在逃跑__14__，竟在店里冒充售货员长达半小时，以等待光临的顾客离开。他们先是把一名店员锁在屋子里，并__15__店内另外一名店员把现金和体育用品交给他们。之后，来了几个顾客光临商店，__16__这三名歹徒丝毫没有感到惊慌，反而在店内冒充售货员长达半小时。__17__，他们还卖给光顾的顾客体育商品，随后一名开车的同伙将这三人接走。

14. A. 之后　　　　　　B. 过后　　　　　　C. 从前　　　　　　D. 之前

15. A. 强迫　　　　　　B. 叫喊　　　　　　C. 建议　　　　　　D. 请求

16. A. 于是　　　　　　B. 但是　　　　　　C. 并且　　　　　　D. 同时

17. A. 在此期间　　　　B. 从那以后　　　　C. 在那以前　　　　D. 那个时候

第18-20题

初中时，我一直暗恋着同桌。有次看见她在用纸折星星，便问她折给谁？她笑着说要送给喜欢的人。 18 那天，她送给我一个熊娃娃。我拿着 19 想：那些星星送给谁了呢？随着时间的推移，我娶妻生子。那只小熊我也丢给儿子玩了。后来某天，儿子不小心把熊扯烂了，里面满满的全是 20 ，都掉了出来。我傻傻地看着，泪流满面。

18. A. 毕业　　　　B. 结束　　　　C. 升学　　　　D. 开业
19. A. 但是　　　　B. 却　　　　　C. 就　　　　　D. 因此
20. A. 棉花　　　　B. 小熊　　　　C. 照片　　　　D. 星星

第21-24题

连续三年的情人节，他都会收到 21 同一个陌生号码的祝福短信，只有短短五个字：情人节快乐！他从来没有 22 过。第四年的情人节，那条短信没有出现。 23 ，终于对那个号码发了句"情人节快乐"。很快便有了答复：谢谢，你是哪位？爱情不会在 24 等谁，一不小心，它便被时间带走了。

21. A. 来自　　　　　B. 到达　　　　　C. 打给　　　　　D. 发出
22. A. 回想　　　　　B. 回复　　　　　C. 答应　　　　　D. 重复
23. A. 他毫不犹豫　　B. 他犹豫很久　　C. 他一如既往　　D. 他不假思索
24. A. 原地　　　　　B. 原先　　　　　C. 原来　　　　　D. 原本

第25-28题

乘坐电梯时，如果电梯突然停住了，也没有其他人发现电梯坏了，你应该怎么办？首先不要 25 ，确定电梯是不是真的无法正常运行。如果是，立刻按红色的电梯门铃，求救铃声一响，就可能会有 26 的救援人员来救你。同时，也可以大声地呼救，电梯外的人有可能会听到，帮助你脱离困境。千万不要 27 激动地用力拍打电梯门，那样的话，电梯很可能会不正常地上升或下降， 28 。

25. A. 委屈　　　　　　B. 慌张　　　　　C. 沉默　　　　　D. 犹豫
26. A. 完美　　　　　　B. 时髦　　　　　C. 成熟　　　　　D. 专业
27. A. 因为　　　　　　B. 心理　　　　　C. 情绪　　　　　D. 突然
28. A. 改变危险的状况　　　　　　　　　B. 威胁到他人安全
　　C. 造成不必要的危险　　　　　　　　D. 直到引起人们的注意

二、判断一致

本节重点：提示上下文关系的标志词

有些词语能够提示出上下文的语义关系或逻辑关系，我们可以通过它们准确地了解文章的中心意思和作者的态度。

例题解析与应试技巧

例题16 请选出与试题内容一致的一项（真题H51002第61题）

61. 很多父母在教育孩子时往往都有自己的许多主张，而且都非常有道理。但是在实际生活中，他们又往往不能按照那些主张去做，他们的理由很简单：工作太忙，实在没有时间。

A. 小孩子有很多想法　　　　　　　B. 教育孩子其实很简单
C. 许多家长没时间教育孩子　　　　D. 许多父母不知道该怎么教育孩子

题解16

原文第二句话中的转折词"但是"是一个标志性的词语，这类词语后面一般都是作者的观点或者文章的中心意思所在。根据"但是"后面的表述确定选C。

例题17 请选出与试题内容一致的一项

62. 双收入、无子女的"丁克"家庭主要集中在六七十年代出生的人群。近五六年来，丁克家庭在中国悄悄发展。事实上，有不少曾经的"丁克"，背叛了当初的时尚，走回到传统的轨道，也还有不少新婚夫妇，为"丁"还是"不丁"继续苦恼着。

A. 丁克家庭于六七十年代开始发展
B. 近来新婚夫妇越来越多而且很坚决
C. 近来很多新婚夫妇犹豫是否要做丁克
D. 近来丁克家庭一直在背叛传统的轨道

题解17

原文"有不少新婚夫妇，为丁还是不丁继续苦恼着"表示了一种犹豫的态度，故C对；文中"事实上"是一个标志性的词语，表示后面的内容更重要，因此B选项前面一半对后面一半错。A中的"六七十年代"是出生的时间，而不是"开始发展"，A错；原文"有不少背叛了当初的时尚"，不是背叛传统，D错。

◆ 应试技巧

1. 注意表示转折的词语。比如"但是""事实上"，这类词语前后的意思是不一样或者相反的，后面的意思一般是文章的真正意思所在。

2. 注意表示同时存在的词语。比如"同时""此外"，这类词语前后的意思都是文章作者所关注的。

阅读训练

◆ 请选出与试题内容一致的一项

第1-15题

1. 能源是人类活动的物质基础。从某种意义上讲，人类社会的发展离不开优质能源的开发和先进能源技术的应用。当今世界，能源的发展、能源和环境的关系是全世界、全人类共同关心的问题，也是国家社会经济发展的重要课题。

　　A. 煤炭是一种能源
　　B. 开发能源会破坏环境
　　C. 世界各国都关注能源问题
　　D. 发展经济是国家的重要课题

2. 据统计，北京有50万名年龄在25岁至50岁之间的"剩女"，即大龄单身女性，上海则达到100万。事实上数据显示，到2020年，达到结婚年龄的男性将比女性多出3000万到4000万，这样一来，意味着每5名男性中就有1人难以找到配偶。

　　A. 目前男性人口数量比女性多三四千万
　　B. 北京的"剩女"数量大约是上海的两倍
　　C. "剩女"是指那些不愿结婚的单身女性
　　D. 到2020年可能有五分之一的男性很难找到伴侣

3. 近年来,"婚龄"不超过一个月就因琐事要办理离婚的现象增多。专家称,现在结婚的年轻人大多是独生子女,过分以自我为中心,不懂得体谅和宽容。专家提醒,只有夫妻双方互相体谅,互相包容,才能获得真正的幸福。

   A. 夫妻之间体谅不够是造成离婚的一个原因
   B. 近年来,前来办理离婚的比办理结婚的人多
   C. 现在结婚之后马上离婚的都是独生子女
   D. 很多人因为在重大问题上出现争执而离婚

4. 有报告显示,高考状元大学毕业后,近四成选择了出国留学深造。另外从工作领域来看,选择在学界工作的状元最多,约占总数的两成,其次是选择在政府机关和事业单位工作。

   A. 绝大多数高考状元在毕业后选择在机关工作
   B. 超过40%的高考状元在大学毕业后出国留学
   C. 大概有占总数20%的高考状元选择在学界工作
   D. 政府机关和事业单位的工作最受高考状元欢迎

5. 中国大陆有个流浪汉,无家可归,但衣着搭配时尚,显得高大英俊,还很酷,很像国际明星。他在网络上很红,有自己的"粉丝团",几乎具备了明星地位。大家都不知道他的名字,因此给他取个绰号叫"犀利哥"。通过论坛和博客,"犀利哥"已经流行到香港、台湾和日本。

   A. "犀利哥"是流浪汉
   B. "犀利哥"是影视明星
   C. "犀利哥"在欧洲很红
   D. "犀利哥"是他的真名

6. 据《中国妇女》杂志日前开展的一项最新调查显示,中国近70%的女性对生活感到满意,约68.5%的女性说自己拥有一个"和谐家庭"。与之相反,只有6%的人对生活感到不满意。

   A. 大部分女性对生活不满
   B. 少数女性觉得家庭和谐
   C. 近七成女性对生活满意
   D. 多数人感到工作压力大

话题四 | 社会问题类

7. 近期电动车销量很不错，除了因为到了每年的销售旺季之外，有不少市民是为了避免堵车而购买的。原来，由于近段时间以来，我市实施道路管网改造工程，市民们为了避免交通拥堵，不少人放弃了私家车，而选择了轻巧的自行车和电动车出行。

   A. 我市道路很拥堵
   B. 市民不愿放弃私家车
   C. 市民不想骑自行车出行
   D. 现在是电动车销售淡季

8. 中国水资源总量丰富，但人均水资源占有量仅相当于世界人均水资源占有量的1/4，位列世界第121位，是联合国认定的"水资源紧缺"国家。专家预测，我国人口在2030年将进入高峰时期，届时人均水资源量大约只有1750立方米，中国将成为严重缺水的国家。

   A. 中国水资源总量很少
   B. 中国人均水资源缺乏
   C. 到2030年中国人口变少
   D. 到2030年水资源变丰富

9. 有四个家伙到处持枪抢劫。这伙贼盯上了一家数码商店，其中一个笨家伙对一部拍照手机发生了兴趣，于是他用这部手机拍下了他们整个的犯罪过程。但是，遗憾的是这部手机被警方得到了，警方根据手机中的录像和照片，很快抓住了这四个两个月来不断抢劫的团伙。

   A. 这伙贼很聪明
   B. 有个贼很喜欢拍照
   C. 手机最后被贼偷走了
   D. 警方好几个月才抓到他们

10. 有一个人晚上开着车，经过一个十字路口，这时黄灯已转成红灯，他心想反正没车，于是加速冲了过去，结果不巧被警察拦了下来，警察问他："你没看到红灯吗？""有啊！"他答。"那你怎么还闯经灯啊？"警察又问。他说："因为我没有看到你。"

A. 他没看到红灯

B. 他在白天开车

C. 他故意闯红灯

D. 他不怕警察

11. 他遇到了空难，全机一百多人就他一人活了下来。当救援队找到他时，医生非常惊讶，说他受了那样重的伤还能活着是一个奇迹。后来，她问他，他到底是怎样坚持下来的。他微笑："我当时一直在想，如果我不在了，谁来给你幸福。"

A. 医生说他受的伤不算严重

B. 他和她在空难中幸存下来

C. 他为了她顽强地活了下来

D. 他给不了她想要的幸福

12. 他单膝跪地，右手捧着她最爱的红玫瑰，左手拿着一个戒指盒。她一脸幸福，说："别闹了，这么多人。"他笑着说："那你答应我不？"她点点头，周围人掌声雷动。回家路上，她看着他微驼的背影，说："求了十几年的婚了，下一年的结婚纪念日，换个方式吧。"

A. 这是他的第一次求婚

B. 她没答应他的这次求婚

C. 他求婚十几次了她也没答应

D. 他和她已经结婚十几年了

13. 煤和石油目前仍然是人类最重要的能源，然而煤和石油的大量使用，也对地球环境造成了严重的破坏。为了改善我们的环境，寻找新的绿色能源已经成为我们面对的新问题。

A. 环境破坏得到缓解

B. 煤、石油对环境的影响不大

C. 人类已经找到了新的绿色能源

D. 煤、石油目前对人类仍然很重要

14. 2010年，中国共有196.1万对夫妻办理了离婚登记手续，平均每天5300多对。民政部报告指出，从近5年的情况看，离婚人数正呈逐年上升趋势，增幅高达7.65%。

而2010年的离婚人数，更是创下了历史新高。

A. 2010年中国每月有5300多对夫妻办理离婚手续
B. 2010年的离婚人数高于此前每年的离婚人数
C. 报告显示离婚人数未来可能会下降
D. 近5年的离婚人数增长速度不快

15. 男女初婚年龄的延迟是一个世界性的现象，有人认为这是文化差异所致，但其实世界各国初婚年龄提高的一个重要原因，是当今社会人们接受教育的时间普遍延长和竞争压力的加剧。

A. 教育时间和竞争压力影响了初婚年龄
B. 世界各国男女结婚年龄越来越早
C. 文化差异是初婚年龄延迟的最重要原因
D. 目前人们接受教育的时间越来越短

三、阅读理解

本节重点：把握作者的观点、态度、情绪

读文章不仅要读懂字面意思，而且要领会作者的主观态度，体会作者的情绪和想法。能否正确把握作者的观点和态度是体现考生阅读理解能力的一个重要方面。新HSK阅读理解题中有一些问题就是考查考生能否正确理解作者的观点、态度以及情绪的。

例题解析与应试技巧

例题18 请选出正确答案（真题H51002第83-86题）

电视带给我们许多快乐，使我们学到了很多知识，丰富了我们的文化生活，但电视也给我们带来了很多坏处。

第一，电视使我们的家庭缺少了感情，在家里，我们过多地看电视，忽视了家庭成员之间的交流，使家庭缺少了大家在一起聊天、欢乐的时间。第二，电视使我们花去了很多可以用来看书、学习的时间，那些特别喜欢看电视的孩子，会对学习失去兴趣，导致学习成绩下降。第三，电视会伤害我们的身体，许多人看电视看到很晚，每天睡眠时间严重不足，不但影响工作，而且影响身体健康，长时间地看电视还会对眼睛产生影响，很多人因为看电视而戴上了眼镜。第四，看电视使我们减少了社会活动，有了电视，我们不再喜欢到朋友那里去，很多人靠呆在家里安安稳稳地看电视来打发时间。

总之，电视带给我们知识和娱乐，它带给我们的快乐是主要的，但同时它也带来了一定的危害。因此，最重要的是我们怎样来充分利用电视，怎样来看电视。

83. 为什么看电视会影响家庭感情？
 A. 交流减少　　B. 睡眠减少　　C. 引起许多争论　　D. 占用了读书时间

84. 根据上文，下列哪项正确？
 A. 电视广告危害很大　　　　　B. 许多人反对看电视
 C. 看电视可以培养感情　　　　D. 电视给人们带来了快乐

85. 关于看电视，作者认为：
 A. 能提高学习成绩　　　　　　B. 小孩子不适合看电视
 C. 可以改善人们的情绪　　　　D. 可以丰富人们的知识

86. 上文主要介绍的是：
 A. 电视带来的问题　　　　　　B. 电视的娱乐价值
 C. 如何充分利用电视　　　　　D. 电视对身体造成的损害

题解18

第85题是一道观点态度题。原文第一段提到了电视带给人"快乐""知识"和"坏处"。最后一段"总之"后面又提到了"知识""快乐"和"危害"，尤其是最后一句"同时"作者认同这三种观点，所以D"丰富知识"正确。

◆ 应试技巧

1. 作者的观点常常蕴含在文章的首句或末句。尤其要注意末句中带有总结概括性的词语，这些词语的后面常常是作者的观点、看法。

2. 通过转折关系和并列关系区分作者和他人的观点。表示转折关系的词语前面一般是其他人的观点、看法，后面是作者的观点或中心内容；而表示并列关系的词语提示前后内容重要性一致。

3.注意文章中带有主观倾向的词或短语。

（1）预示事情后果，表示担忧的词句。例如：恶化、日益严重、难以生存、令人恐惧、难以想象、不复存在、让人讨厌、不利于……等。

（2）表示语气的副词和强调句。例如：语气副词"竟然、居然、索性、难道、毕竟、幸亏、简直、反正、偏偏、果然、原来"；反问句"不是……吗""难道……吗""怎么（能、会）……呢"。这些表示语气的词句常常能体现作者的主观倾向。

常见考点归纳

◆ 观点态度题常考的提问方式

1. 对……，作者的态度是：
2. 作者对……的观点是：
3. 读了这段文字，我们感到作者的态度是什么？
4. 作者的心情是怎样的？
5. 本文作者的口气是怎样的？

◆ 常考的提示上下文关系的词语

1.表示总结概括的词语

① 总的来说：总的来说，这是一本好书。
② 总之：总之，这是每个人都需要的一项技能。
③ 总而言之：总而言之，我们对于这样的结果还是比较满意的。
④ 简言之：简言之，这个问题还需要进一步研究。
⑤ 一句话：这个问题不是一句话能说清楚的，我们需要多一些时间来讨论。
⑥ 因此：这个地区的人们环保意识差，因此这里总是又脏又乱。
⑦ 看来：这片庄稼的长势很好，由此看来，今年秋天的收成应该会很不错。
⑧ 由此可见：他经常加班到很晚，由此可见，他工作效率不高。
⑨ 这样一来：事情有了新的变化，这样一来，我们原来的计划可能需要调整。
⑩ 当今：当今世界，各国都非常关注能源问题。
⑪ 如今：如今，环境污染已经成为了世界性问题。
⑫ 今后：今后，各国一定会在环保方面展开更多合作。

2. 表示转折关系的词语

① 但是：他会说汉语，但是不会写汉字。

② 可是：我们虽然失败了，可是并不气馁。

③ 然而：姐姐学习很努力，然而成绩却不理想。

④ 不过：前些天我头疼得很厉害，不过现在好多了。

⑤ 相反：丈夫很开朗，相反，妻子很内向。

⑥ 反之：树越多，空气越好。反之，车越多，空气越差。

⑦ 实际上：看起来是他错了，实际上是你错了。

⑧ 事实上：她看起来只有二十岁，事实上已经有三十多岁了。

3. 表示并列关系的词语

① 同时：帮助别人是付出，同时也是收获。

② 与此同时：公司领导充分肯定了我们一年来的成绩，与此同时，也指出了我们工作中的问题。

③ 另外：打赢这场官司，你可以拿回丢失的财物，另外还可以得到一笔赔偿金。

④ 此外：这个电脑性能很好，此外看起来也很漂亮。

⑤ 除此之外：买房最重要的是地段，除此之外，小区的环境、服务也要考虑。

⑥ 不仅如此：每到周末小红就去帮助邻居张奶奶，不仅如此，她还去养老院做义工。

同步训练

◆ 请选出正确答案

第1-4题

3秒钟，散步的人可以走出2米；8分钟，可以泡好一碗方便面然后吃完；13小时，乘飞机可以从纽约飞到北京……在如此有限的时间内，还能做什么？用"闪婚族"的话说就是：3秒钟，足以爱上一个人；8分钟，足以谈一场恋爱；13小时，足以确定结婚……

在一切都在飞速发展的时代，恋爱婚姻的程序也变得更加快捷。时下，"闪婚"成了年轻人的一种时尚，闪电般地相识，闪电般的爱情火花，闪电般地结婚。

"闪婚"的主要因素是"一见钟情"，但这往往是一种非理性的感情。而婚姻真正需要的是路过激情，带着爱情，背着责任。同时传统观念也认为"<u>不经历风雨怎能见彩虹</u>。"爱情牢固度，大多与时间长短成正比，如同酿酒，越陈越香，在此基础上的婚姻才更有价值。

但现代"闪婚族"认为，当今社会，来自各方面的压力越来越大，人们所要关注、顾及的层面也越来越多，花费大量时间和精力反复验证爱情，是人为地给自己的爱情设置坟墓。即使"闪婚"节约了大量的时间成本，但这种爱非常脆弱，经不起与传统观念的对立，同时带来的隐忧也不容忽视。

1. "闪婚"的主要原因是什么？
   A. 压力太大　　　　　　　B. 手续便捷
   C. 省时省力　　　　　　　D. 一见钟情

2. 下列关于"闪婚"的说法，哪项是错误的？
   A. "闪婚"节省了成本　　　B. "闪婚"成为了时尚
   C. "闪婚"非常理性　　　　D. "闪婚"会带来隐忧

3. 第3段中作者想用"不经历风雨怎能见彩虹"来说明什么？
   A. 不要人为地给自己的爱情设置坟墓
   B. 爱情需要经历困难和时间的考验
   C. 闪婚禁不住与传统观念的对立
   D. 过快开始的爱情没有价值

4. 本文作者对"闪婚"的态度是什么？
   A. 支持　　　　　　　　　B. 鼓励
   C. 批评　　　　　　　　　D. 忧虑

第5-9题

王思远离开了，一个勤奋学习、身体健康的高二学生永远地离开了这个世界。不少熟悉王思远的人百思不得其解。王思远的悲剧，再一次引发了人们对青少年心理健康问题的关注。心理专家认为，健康不仅是一种身心状态，也是一种生活态度和生活方式。是什么原因造成中学生心理问题高发呢？调查数据显示，学习压力是中学生心理健康的最大杀手。

压力并不全是坏事，但要适度，超越了限度，就会产生一系列的心理问题。在应试教育的模式下，学校、家长、学生都在追求分数，沉重的学习压力，影响了中学生成才观的正确形成，使中学生对自己缺少一个正确全面的评价，从而产生了逆反、厌学等不正确的价值观。其主要表现在，过分看重学习成绩的好坏，过分看重与同学的关系，过分注重外表的东西。如果设定的目标不能马上实现，就认为自己"一切都完了"，从而走极端，陷入崩溃的心态，这是中学生自杀的主要原因。

5. 王思远发生了什么事？
   A. 他自杀了　　B. 他学习不好　　C. 他身体有病　　D. 他离家出走了

6. 影响中学生心理健康的最主要因素是：
   A. 身体健康　　B. 教育模式　　C. 学习压力　　D. 学校家长

7. 作者对压力的态度是：
   A. 压力要适度　　　　　　　B. 压力越大越好
   C. 压力要超越限度　　　　　D. 不应该有压力

8. 以下哪项不是应试教育模式下的情况？
   A. 大家都看重分数　　　　　B. 学生学习压力大
   C. 影响学生成才观的正确形成　　D. 学生能正确全面地评价自己

9. 错误的价值观不表现在：
   A. 能承受一定挫折　　　　　B. 过分看重同学关系
   C. 过分注重外表的东西　　　D. 过分看重学习成绩的好坏

第10—13题

　　我是一个"空中飞人"，常常因为商务活动往返于中美等国家。飞机上究竟哪个位置是最安全的呢？这是一个仁者见仁、智者见智的问题。有说靠近安全出口的地方最安全，有说靠近机翼的地方，有说飞机后部，各种说法都有。但是，一般飞机失事会伴随爆炸、失火、浓烟等现象，就算坐在安全出口，如果逃脱能力不强，在事发的时候被吓呆了也会丧命。

　　正如我们的飞机设计师告诉我们的那样，飞机上哪个位置的安全系数都是一样的，没有所谓最安全的位置。所以说飞机哪个位置最安全，是由多方面的因素综合决定的，比如飞机的质量、飞行员的技术、飞行时的自然状况和乘客的应变能力。试想，要是从高空掉下来，无论坐在哪个位置，都足以让人粉身碎骨。

　　最安全的位置是自己选择的。当然，不是选择飞机上的座位，而是选择坐哪家公司的飞机，选择坐哪天的飞机。天气不好的时候，最好避免出行，声誉不好的航空公司自然也要谨慎考虑。另外，还要提高自己险中求生的能力。经常乘飞机的朋友可以多看一些关于飞机失事如何生存的书籍，或者接受相关的培训，以防万一。当你增强了自身的求生素质，其实在心里也就给自己找了一个最安全的位置。

10. 飞机上哪个位置最安全？
    A. 都一样　　B. 靠近机翼　　C. 飞机后部　　D. 靠近安全出口

11. 哪些因素决定飞机的安全性？

    A. 飞机的质量 B. 飞行员的技术

    C. 飞行时的自然状况 D. 以上都是

12. 根据文意，坐飞机尽量选：

    A. 大飞机 B. 大公司

    C. 机票贵的航空公司 D. 声誉好的航空公司

13. 增强了自身的求生素质，可以：

    A. 让自己有安全感 B. 变成空中飞人

    C. 避免飞行事故发生 D. 坐最安全的位置

第14-17题

人类的眼泪将成为世界上最后一滴水？多年来，我们对水资源匮乏的现状认识不足，而事实上，世界人民都面临着水缺乏问题，中国的情况更是如此。

我们通常用提高水价的办法，来阻止人们对水资源的浪费。水价上涨无疑将强制性地使人们改掉浪费水的坏习惯，从而节省水资源。然而，提升水价并不是解决水源危机的根本途径。只有从根本上提升人们对资源保护的重视程度，才能避免可能出现的各种能源危机，最有效地实现可持续发展。

同时，政府也必须转变以往那种过分追求短期利益的观念。在经济生产中，人们往往重视资源的开发和利用，对于保持资源的持续发展则重视不够，比如过度采伐使森林严重萎缩，石油供需矛盾也正在变得越来越尖锐。

资源是国家立足之本，是关乎国计民生的重大问题。面对水资源紧缺的问题，要提升的不仅仅是水的价格，更重要的是提升国民对资源保护的重视程度。每个人头脑里应该亮起一盏红灯，时时提醒自己，我们并没有取之不尽的百宝盆，资源是极其有限的，今天潇洒的"无所谓"将使子孙后代无以为生。

14. 我们的水资源：

    A. 丰富 B. 紧缺 C. 乐观 D. 受重视

15. 提升水价：

    A. 不是强制的 B. 不能阻止浪费

    C. 不能节省水资源 D. 不能解决水源危机

16. 森林过度采伐、石油供需矛盾是因为：

    A. 过分追求短期利益 B. 重视资源的持续发展

    C. 国内经济矛盾尖锐 D. 认为国家资源丰富

17. 作者认为，解决资源危机的根本途径是：
    A. 提升水价　　　　　　　　　　B. 实行保护政策
    C. 重视资源的开发和利用　　　　D. 重视资源保护

第18-21题

尽管方便快捷的"网络阅读"已经成为了一种生活时尚，但纸质阅读仍然发挥着很大的作用。日前，我们通过问卷调查、现场采访的方式对不同阶层的读者进行了调查，结果显示，市民电子阅读的兴趣日渐提高，但很多人仍在坚守传统的纸质阅读。

在为期三天的阅读习惯调查中，记者发现，经常上网浏览书籍的读者占被调查者的60%，而从不选择上网浏览的读者仅占25%；在喜欢的阅读方式调查中，喜爱纸质阅读的读者高达90%，占绝对优势，而喜欢网上阅读的人只占到8%，很明显，读者还是更喜爱传统的阅读方式。

许多读者表示传统图书提供了非常明了、有用的信息，阅读时没有广告等干扰，有效防止了时间的浪费。另外，多数读者认为长期对着屏幕阅读，也容易带来很多后遗症：眼干、肩膀疼、腰疼等。纸质阅读更有利于保护眼睛。采访中，很多读者认为纸质书带给我们的不仅仅是书中的文字，更是手捧文化的一种美妙感觉，这是任何形式的电子阅读器都无法做到的。

18. 被调查者的阅读习惯有：
    A. 少数人接受纸质阅读　　　　　B. 年轻人喜欢网络阅读
    C. 多数人经常上网阅读　　　　　D. 大部分记者习惯网上阅读

19. 这次调查的结论是什么？
    A. 人们的阅读量在减少　　　　　B. 人们还不熟悉网络阅读
    C. 传统阅读仍有很大市场　　　　D. 网络阅读将取代纸质阅读

20. 与网络阅读比起来，纸质阅读：
    A. 读者更少　　　　　　　　　　B. 更损害眼睛
    C. 比较浪费时间　　　　　　　　D. 不受广告影响

21. 根据上文，下列哪项正确？
    A. 调查对象是年轻人　　　　　　B. 许多人接受了电子阅读
    C. 阅读方式决定阅读质量　　　　D. 电子阅读器的技术发展较慢

四、话题归纳

在这一单元，我们学到了：

1. 六种话题：交通运输、能源危机、婚姻家庭、犯罪问题、求职就业、社会调查、社会热点。
2. 常考虚词（副词、介词、连词）。
3. 利用提示上下文关系的词判断文章中心和作者观点、态度。

本话题常用词汇

◆ 社会热点

1. 恋爱	2. 爱情	3. 传统
4. 观念	5. 闪婚	6. 单身
7. 一见钟情	8. 压力	9. 关注
10. 顾及	11. 隐忧	12. 丁克
13. 社会保障	14. 老龄化	15. 空巢老人
16. 孝敬	17. 关注	18. 思考
19. 性别失衡	20. 对立	21. 矛盾

◆ 婚姻家庭

1. 婚姻	2. 家庭	3. 责任
4. 民政部	5. 夫妻	6. 离婚
7. 结婚	8. 未婚	9. 手续
10. 登记	11. 离婚率	12. 慎重
13. 妥协	14. 体谅	15. 包容
16. 婚龄	17. 婚礼	18. 办理

◆ 求职就业

1. 高考状元	2. 职业规划	3. 毕业
4. 留学	5. 深造	6. 领域

7. 政府机关	8. 事业单位	9. 自主创业
10. 经营	11. 管理	12. 企业
13. 证券	14. 金融	15. 媒体
16. 主流	17. 招聘	18. 应聘
19. 员工	20. 青睐	21. 求职
22. 简历	23. 雇主	24. 竞争
25. 面试	26. 机会	27. 技能
28. 市场	29. 职位	30. 心仪

◆ 社会调查

1. 调查	2. 问卷	3. 最新
4. 百分比	5. 大约	6. 将近
7. 显示	8. 涉及	9. 参与
10. 受访者	11. 满意度	12. 高于
13. 低于	14. 稳定	15. 关系
16. 密切	17. 主要	18. 次要
19. 矛盾	20. 符合	21. N成

◆ 交通运输

1. 乘坐	2. 座位	3. 位置
4. 靠近	5. 安全	6. 危险
7. 事故	8. 求生	9. 措施
10. 避免	11. 入口	12. 出口
13. 座位	14. 污染	15. 排放
16. 低碳	17. 质量	18. 技术
19. 出行	20. 谨慎	21. 考虑
22. 声誉	23. 路口	24. 交通

◆ 生态环境

1. 低碳	2. 环保	3. 治理
4. 沙尘暴	5. 水土流失	6. 恶劣天气
7. 垃圾	8. 生态系统	9. 退化

10. 改善　　　　　　11. 核辐射　　　　　12. 危害
13. 气候变暖　　　　14. 水灾　　　　　　15. 台风
16. 火山爆发　　　　17. 生物　　　　　　18. 灭绝

◆ 能源危机

1. 清洁能源　　　　2. 持续发展　　　　3. 循环利用
4. 增长　　　　　　5. 潜力　　　　　　6. 核能
7. 风能　　　　　　8. 太阳能　　　　　9. 新型
10. 成本　　　　　11. 普及　　　　　　12. 规模
13. 能量　　　　　14. 控制　　　　　　15. 危机
16. 革新　　　　　17. 未来　　　　　　18. 战略

◆ 人口生育

1. 分布　　　　　　2. 增长　　　　　　3. 流动
4. 管理　　　　　　5. 转移　　　　　　6. 劳动力
7. 城镇　　　　　　8. 农村　　　　　　9. 基础设施
10. 社会保障　　　11. 医疗　　　　　　12. 卫生
13. 人口密度　　　14. 移民　　　　　　15. 政策
16. 独生子女　　　17. 健康成长　　　　18. 老龄化

◆ 犯罪问题

1. 犯罪　　　　　　2. 罪犯　　　　　　3. 法庭
4. 监狱　　　　　　5. 警察　　　　　　6. 抢劫
7. 匪徒　　　　　　8. 偷盗　　　　　　9. 小偷
10. 报警　　　　　11. 逃跑　　　　　　12. 开枪
13. 惊吓　　　　　14. 有动静　　　　　15. 监视
16. 跟踪　　　　　17. 追查　　　　　　18. 追究责任
19. 残暴　　　　　20. 凶狠　　　　　　21. 法律
22. 律师　　　　　23. 嫌疑人　　　　　24. 被告

话题五
传说故事类

传说故事类话题包括传统故事（如中外名人轶事、宗教故事等）、感人故事（如爱情故事、博爱故事）、哲理故事（如寓言、随想）等。这些故事，或教人励志，或感人至深，或发人深省，往往读后回味无穷，是人们平时最爱阅读的一类题材，也是新HSK常考的话题之一。

话题五 | 传说故事类

一、综合填空

本节重点：根据上下文语境选择词语

一个词只有在具体的语言环境中才有其确切的含义，只有根据上下文语境，才能把词义理解准确、透彻。因此，在上下文中选择恰当的词就成了新HSK阅读的重要考点之一。

例题解析与应试技巧

例题19 请选出正确答案（样题第46-48题）

在高速行驶的火车上，有一位老人不小心把刚买的新鞋从窗口掉下去一只，周围的人都觉得很 _46_ 。没想到老人把另一只鞋也从窗口扔了出去。他的行为让周围的人感到很吃惊。这时候，老人笑着 _47_ 说："剩下的那只鞋无论多么好，多么贵，多么适合我穿，可对我来说已经没有一点儿用处了。我把它扔了出去，就有人可能 _48_ 到一双鞋子，说不定他还可以穿呢。"

46. A. 浪费　　　B. 伤心　　　C. 可惜　　　D. 痛苦
47. A. 解释　　　B. 理解　　　C. 建议　　　D. 思考
48. A. 捡　　　　B. 选　　　　C. 买　　　　D. 换

题解19

第46题的四个选项填到句子中都是通顺的，语法都没有问题，需要我们根据上下文的语境来判断。根据上下文知道老人"不小心"丢了一只鞋，不存在故意"浪费"（A错）的问题；B和D通常和感情、受伤有关，语义太重了；C"可惜"适合丢东西的语境，选C。

例题20 请选出正确答案（真题H51001第49-52题）

一个姑娘和一个小伙子结婚了，他们结婚以后的生活十分幸福。小伙子非常喜欢足球，每次电视上有足球比赛的时候，他连饭都不吃也要看。对此，年轻的妻子一点儿 _49_ 也没有。一天，电视里又播放足球比赛，丈夫坐在电视机前一动也不动，妻子跟他说话他也 _50_ 没有听到。年轻的妻子非常 _51_ ，她哭着回到自己的妈妈家，可是回到家的时候却发现家里只有爸爸一个人,也坐在电视机前看足球比赛。"__52__?"她很奇怪。"回她的妈妈家了。"父亲头也不回地说。

49. A. 办法　　　B. 意思　　　C. 方式　　　D. 能力
50. A. 好像　　　B. 相似　　　C. 表示　　　D. 相同
51. A. 平静　　　B. 着急　　　C. 生气　　　D. 担心
52. A. 妈妈呢　　　　　　　　B. 爸爸,你累了吧
　　C. 妈妈也看足球比赛　　D. 您怎么不看电视呢

题解20

第52题要求选句子,通常需要根据上下文语境选择。根据后面的问号确定这里应该是问句,排除C;根据爸爸的答话"回她的妈妈家了"中的"她"可以知道问句应该是针对"妈妈"而不是"爸爸",排除B、D,选A。

◆ 应试技巧

1. 不要急于选择。很多题目的选项需要根据上下文语境选择,所以不要遇到题目就做,否则容易浪费时间。

2. 先通读全文。忽略空白处通读全文,了解文章大意,这样有些题很容易就能确定答案,或者排除跟文章语境没有关系的选项。

3. 分析上下文。根据空白处之前或之后的句子,比如问答形式、主语一致、关键词提示等,确定或排除选项。

同步训练

◆ 请选出正确答案

第1-3题

罗斯福身为总统,却__1__庇护孩子,不会让孩子享有特权。二战开始后,他把儿子全都送上了战场。罗斯福是美国历史上唯一__2__四届的总统。他不仅治国有略,__3__教子有方。他的四个儿子在二战中浴血战火,连立战功,之后又都跻身美国政坛。

1. A. 往往　　　B. 总是　　　C. 从不　　　D. 没有
2. A. 连任　　　B. 担任　　　C. 连续　　　D. 胜任
3. A. 还有　　　B. 而且　　　C. 还是　　　D. 再说

第4-8题

　　珍珍是个总爱低着头的小女孩，她一直觉得自己长得 4 漂亮。有一天，她到饰物店去买了只绿色蝴蝶结，店主不断 5 她戴上蝴蝶结很漂亮，珍珍虽不 6 ，但是挺高兴，不由抬起了头。因为急于让好朋友看看，她冲出门时跟别人撞了一下都没有在意。

　　珍珍走进教室，迎面碰上了她的老师，"珍珍，你抬起头来真美！"老师温柔地拍拍她的肩说。那一天，她得到了许多人的赞美。她想一定是 7 的功劳，可当她回到家，往镜前一照，头上根本就没有蝴蝶结！一定是 8 。人们赞美她只是因为她自信地抬起了头。自信原本就是一种美丽，很多人却因为太在意外表而失去了它。

4. A. 非常　　　　B. 很　　　　　C. 极为　　　　D. 不

5. A. 表扬　　　　B. 赞美　　　　C. 赞同　　　　D. 骗

6. A. 相信　　　　B. 同意　　　　C. 知道　　　　D. 明白

7. A. 自己　　　　B. 店主　　　　C. 蝴蝶结　　　D. 老师

8. A. 被别人偷走了　　　　　　　B. 放在店里忘记拿了
　　C. 放在教室忘记带了　　　　　D. 出店门和人相撞时碰掉了

第9-13题

　　牛顿大部分时间是在书房里度过的。一次，他一边思考问题一边煮 9 ，水沸腾后打开锅才知道煮的 10 是一块怀表。原来他考虑问题时随手把怀表当作鸡蛋放在锅里了。

　　还有一次，牛顿忘记自己邀请了一位朋友到他家吃午饭，所以他的佣人 11 只准备了牛顿一个人吃的午饭。客人来后看见牛顿正在埋头计算问题，就没有打扰他。见桌上摆着饭菜，以为是给自己准备的，便坐下吃了起来，吃完后就 12 地走了。当牛顿把题计算完了，准备吃午饭时，看见盘子里吃过的鸡骨头，自言自语道："我以为我没有吃饭呢， 13 。"

9. A. 怀表　　　　B. 鸡蛋　　　　C. 牛肉　　　　D. 饭菜

10. A. 果然　　　B. 必然　　　　C. 竟然　　　　D. 果真

11. A. 照例　　　B. 特例　　　　C. 例外　　　　D. 通常

12. A. 慢慢　　　B. 悄悄　　　　C. 高兴　　　　D. 伤心

13. A. 我果然没吃饭　　　　　　　B. 原来佣人忘记准备了
　　C. 原来客人吃了　　　　　　　D. 原来我吃过了

第14-18题

从1963年开始，维吾尔族妈妈阿帕先后 __14__ 了汉族、回族、维吾尔族、哈萨克族的10余个孤儿。为了不让孩子们饿肚子，阿帕的丈夫阿包每天下了班就去捡别人不要的蔬菜。虽然家里养了两头奶牛，但谁也不舍得喝奶，全部卖了换钱以支付孩子们的学费和购买生活 __15__ 品。

__16__ ，但每个孩子都享受着家的温暖。对于收养的孩子，阿帕待他们比亲生孩子还亲。2008年8月，操劳一生的阿包病逝。子女们争抢着 __17__ 阿帕老人。每到过年过节，孩子们都会回家团聚，让老人 __18__ 天伦之乐。

14. A. 培养　　　　B. 收养　　　　C. 教育　　　　D. 培育
15. A. 必需　　　　B. 必须　　　　C. 必要　　　　D. 需要
16. A. 虽然日子过得清贫　　　　B. 虽然孩子不多
　　C. 虽然冬天很冷　　　　　　D. 虽然经常受到批评
17. A. 抚养　　　　B. 收养　　　　C. 赡养　　　　D. 养育
18. A. 享福　　　　B. 享用　　　　C. 享有　　　　D. 享受

第19-22题

宋国有个农夫在田里翻土时，有一只野兔从旁边的草丛里窜出来，一头 __19__ 在田边的树桩上。农民走过去一看，兔子死了。因为它跑的速度太快，把脖子都撞折了。 __20__ ，他一点力气没花，就白捡了一只又肥又大的野兔。他心想： __21__ 天天都能捡到野兔，日子就好过了。

从此，他再也不肯出力气种地了，每天 __22__ 野兔自己撞到树上来。农民当然没有再捡到撞死的野兔，而他的田地却荒芜了。

19. A. 敲　　　　　B. 打　　　　　C. 撞　　　　　D. 倒
20. A. 农民觉得很奇怪　　　　B. 农民高兴极了
　　C. 农民告诉他的朋友　　　D. 农民非常伤心
21. A. 因为　　　　B. 要是　　　　C. 要不是　　　D. 除非
22. A. 看着　　　　B. 听着　　　　C. 觉着　　　　D. 等着

第23-26题

晏子拜见楚王，楚王想侮辱他，就 __23__ 地说："齐国没有人可派吗？竟派你做使臣。"晏子回答说："齐国的都城有七千五百户人家，怎么能说没有人呢？"楚王说：

"_24_这样，那么为什么会派你当使臣呢？"晏子回答说："齐国派遣使臣，要根据不同的_25_：贤能的人被派遣出使到贤能的国王那里去，无德的人被派遣出使到无德的国王那里去。_26_，所以只好出使到楚国来了。"楚王听后十分尴尬。

23. A. 傲慢　　　　B. 激动　　　　C. 生气　　　　D. 高兴
24. A. 虽然　　　　B. 因为　　　　C. 既然　　　　D. 何况
25. A. 方向　　　　B. 对象　　　　C. 方法　　　　D. 时间
26. A. 我是最优秀的人　　　　B. 我是最贤能的人
　　C. 我是最无德的人　　　　D. 我是最合适的人

第27—29题

有个楚国人乘船渡江，一不小心，把自己的剑掉进了江里。他_27_在船上刻了一个记号，说："我的剑就是从这儿掉下去的。"船靠_28_后，这个人顺着船上的记号下水去找剑，但找了半天也没有找到。船已经走了很远，而剑却还在原来的地方，根据那个记号怎么能找回丢失的剑呢？这个故事告诉我们，世界上的_29_，总是在不断地发展变化，人们想问题、办事情，都应当考虑到这种变化，适应这种变化。

27. A. 始终　　　　B. 陆续　　　　C. 未必　　　　D. 急忙
28. A. 弯　　　　　B. 岸　　　　　C. 田野　　　　D. 池子
29. A. 事物　　　　B. 状况　　　　C. 精力　　　　D. 业务

第30—33题

人的一生，就像乘坐一辆公交车。我们知道它有起点和终点，却无法预知沿途的经历。有的人行程长，有的人行程短。有的人很从容，可以_30_窗外的景色。有的人很窘迫，总处于拥挤之中。

要想获得舒适与优雅，_31_。有的人很_32_，一上车就有座。有的人很倒霉，即使全车的人都坐下了，他还站着。有时别处的座位不断空出来，唯独身边这个毫无动静。而当他下定决心走向别处，刚才那个座位上的人却正好下车。有的人用了种种的方式，经历了长长的_33_，终于可以坐下，但这时他已经到站了。

30. A. 旅游　　　　B. 追求　　　　C. 欣赏　　　　D. 想像
31. A. 需要好的心情　　　　B. 座位必不可少
　　C. 忘掉那些不愉快吧　　　　D. 应该自己买一辆车
32. A. 疲劳　　　　B. 兴奋　　　　C. 热情　　　　D. 幸运
33. A. 理解　　　　B. 等待　　　　C. 休息　　　　D. 交谈

二、判断一致

本节重点：推测言外之意

所谓"言外之意"就是说话人没有直接说出来的、隐含的真正的意思。在新HSK阅读题中经常会遇到这种情况，文章不是直接把意思说出来，而是需要考生对语句隐含的信息进行合理推断，猜测其言外之意，从而选出正确的答案。

例题解析与应试技巧

例题21 请选出与试题内容一致的一项（样题第69题）

69. 讲故事的人，往往在最吸引人的地方故意停下来。他这样做的目的，是为了引起大家的好奇心，让人有更大的兴趣听下去。讲故事的人，也可以利用这个机会观察一下大家的态度，以便接下来讲得更好。这种做法，中国人把它叫做"卖关子"。

　　A. 卖关子可以吸引听众　　　　B. 讲故事的人没有好奇心
　　C. 讲故事时不应该停下来　　　D. 听故事的人喜欢卖关子

题解21

这段话解释了一个汉语的惯用语"卖关子"，答案是A。原文并没有直接说A"卖关子可以吸引听众"，但是我们可以根据文中"在最吸引人的地方停下来""为了引起大家的好奇心……"推断出这个意思。

选项B"好奇心"是听故事的人的，D"喜欢卖关子"的是讲故事的人，B、D这种选项最有迷惑性，需要细心辨别；C与原文意思"故意停下来"相反。

◆ 应试技巧

1. 合理推测。字面意思不一定是答案，有些答案不能在原文中找到相同表述，需要根据原文推测或概括。

2. 掌握惯用语。惯用语通常含有言外之意，熟练掌握它们，对提高你的阅读和口语表达能力都很有好处。

常见考点归纳

◆ 常用惯用语

惯用语	解释	例句
1. 爱面子	怕当面被别人说自己不好	他这人特爱面子,你可别当面批评他。
2. 帮倒忙	想帮忙却添了麻烦	她不了解情况,结果帮了倒忙。
3. 抱佛脚	临时准备	我儿子平时学习不努力,总是到了考试前才临时抱佛脚。
4. 闭门羹	被拒绝	我找他帮忙,没想到被他拒绝,吃了个闭门羹。
5. 炒鱿鱼	解雇	小刘工作不认真,已经被老板炒鱿鱼了。
6. 吃不消	受不了	这么多工作我一个人做真是有点吃不消。
7. 吃醋	嫉妒	她特别爱吃醋,看见丈夫跟其他女性吃饭就生气。
8. 出岔子	出意外	开车时不要打电话,免得出岔子。
9. 出点子	出主意	老王遇到了点困难,你们快去给他出出点子吧。
10. 出风头	表现自己	宴会上他拿着自己的奖状到处宣传,大出风头。
11. 出毛病	有故障	我的电视机出毛病了,你帮我看看吧。
12. 出难题	为难	你这不是给我出难题嘛?
13. 出气筒	发泄对象	小丽生气时,经常拿她的男朋友当出气筒。
14. 出洋相	做错了事出丑	他喝醉了,在马路上又说又唱,大出洋相。
15. 吹牛皮	夸大自己	他经常吹牛皮,我们都不相信他。
16. 打交道	交往	无论跟什么样的人打交道,诚信是少不了的。
17. 打招呼	告诉、通知	我已经跟他打了招呼,他一定会关照你的。
18. 戴高帽	说恭维的话	你别奉承我,我不喜欢别人给我戴高帽。
19. 倒胃口	厌烦	他走路一扭一扭的,真让人倒胃口。
20. 顶梁柱	作用大的人	他是我们公司的顶梁柱,什么事情少了他都不行。
21. 定心丸	使人放心的话或行动	孩子拿到了大学的录取通知书,父母也好像吃了定心丸。
22. 兜圈子	说话不直接、不干脆	老张,你有话就直说吧,不要兜圈子啦!
23. 恶作剧	戏弄别人	四月一日是"愚人节",好多人在这一天搞恶作剧。
24. 耳旁风	听过但不放在心上的话	因为他经常把别人的话当做耳旁风,所以吃了很多亏。

惯用语	解释	例句
25. 回头客	再次光临的客人	这家饭馆的饭菜质量和服务态度都很好,所以有很多回头客。
26. 开绿灯	允许	新的政策,为农民工子女读书开了绿灯。
27. 开夜车	为了工作或学习而熬夜	很多学生都在考试前开夜车。
28. 老掉牙	非常过时	你说的都是老掉牙的事情,没几个人愿意听。
29. 露一手	显示自己的能力或手艺	家里来了很多客人,爸爸准备露一手,做几个拿手菜。
30. 马大哈	粗心大意的人	他是个马大哈,刚买的新衣服都丢了。
31. 拿手戏	擅长的事情	他是一位老中医,治疗头疼是他的拿手戏。
32. 拍马屁	奉承别人	他经常拍领导的马屁,大家都不喜欢他。
33. 碰钉子	被拒绝	他找工作已经碰了几次钉子了。
34. 伤脑筋	烦恼	他想在中国经商,但是不会说汉语,很伤脑筋。
35. 夜猫子	喜欢熬夜的人	他是个夜猫子,晚上一两点钟还在加班。
36. 两下子	较高的能力	你真有两下子,十几分钟就把电脑修好了。
37. 走后门	托关系办事	听说他现在的工作也是走后门找到的。
38. 走弯路	遇到挫折	他从小就很听话,所以一直很顺,没有走过弯路。

同步训练

◆ 请选出与试题内容一致的一项

第1-18题

1. 说到明白和糊涂,其实有两种,一种是真明白和真糊涂,一种是装明白和装糊涂。在生活中,由糊涂变聪明难,由聪明变糊涂更难。故意糊涂一点儿,其实不是真糊涂,而是真智慧,是聪明的最高水平。这就是人们常说的"大智若愚"。

  A. 人们最讨厌装明白的人
  B. 生活中糊涂一点是智慧
  C. 认识自己比认识别人更难
  D. 聪明的人容易受责备

2. 人们常说"祸从口出",意思是要少说多做,但是这对我们的嘴巴是不公平的。在关键时刻,比如商业谈判、法庭辩护或消除误会时,如果嘴巴不帮我们的忙,我们就要承受重大损失。至于嘴巴能帮到什么程度,那就要看我们口才如何了。

   A. 要正确评价自己
   B. 说起来容易做起来难
   C. 要对自己的行为负责
   D. 不能小看嘴巴的作用

3. 一位年轻人问苏格拉底怎样才能成功,苏格拉底突然把他推入河中,且拼命地把他往水底按,本能令年轻人拼尽全力爬上岸。苏格拉底回答:"我只想告诉你,做什么事都只有拿出求生那么大的决心,才能有真正的收获。"

   A. 只有先失败,才能成功
   B. 成功需要别人的帮助
   C. 成功需要用尽全力
   D. 只要下决心就能成功

4. 生活是一面镜子,你对它笑,它就对你笑;你对它哭,它也对你哭。各位朋友请记住:带着抱怨的心态,是永远无法找到自己的快乐的!而面对抱怨者的抱怨时,最有力的回击就是一笑而过。

   A. 在生活中遇到问题时不应该哭
   B. 应该用乐观正确的态度对待生活
   C. 对待抱怨者应该用抱怨回击
   D. 应该远离那些抱怨生活的人

5. 人生的起跑处,我们都差不多,没有背景,没有世故,只有梦想。我们要走的路很长,会碰钉子,吃闭门羹,于是我们学会了圆滑和逃避。梦想是不能丢的,坚守的时间越长,你才能走得越远。

   A. 我们要努力坚持自己的追求和梦想
   B. 在一开始人和人就有很大的差距
   C. 人生的长路是非常顺利和平坦的
   D. 为了成功必须学会圆滑和世故

6. 先苦后甜式的生活，是最佳的人生模式。出风头、被戴高帽只会让人骄傲而停滞不前。苦难是一种财富，能使人更理解生活，能使人更明白人生的真谛，于是越会珍惜人生，越会热爱生活，越会奋发向上。

   A. 人生不需要别人的夸奖和表扬
   B. 只要经历了苦难，就一定会成功
   C. 苦难过后一定会拥有甜蜜和幸福
   D. 苦难能让人更加了解生活的意义

7. 君子一言，驷马难追，说出来就要做得到。不要总是吹牛皮，否则人人瞧不起你。不要宣扬别人的隐私，不要津津乐道于传播别人的污点，谨慎言语什么时候都没有错。

   A. 如果做不到，不应该随便许诺
   B. 有些时候并不需要谨慎的言语
   C. 应该传播别人的污点让大家知道
   D. 很多人都羡慕那些会吹牛皮的人

8. 世上最艰难的事莫过于坦承过错，可是又没有一件事比认错更有助于解决问题。如果能勇敢承认自己错了，勇敢地出洋相，就能从这个错误中获益。不仅可赢得他人的尊敬，并且可以增加你的自尊。

   A. 很多人都愿意勇敢地承认错误
   B. 应该小心谨慎，尽量避免出洋相
   C. 承认错误可以让人从错误中得到好处
   D. 承认错误是一件非常简单的事情

9. 拎着尺子上街，光量别人不量自己的是傻子。生活的多样性及复杂性要求这个社会和生活在这个社会的人们必须容纳不同的思想、不同的性格。所有这些不同的东西都要求我们要有一颗包容的心，而不是拿着自己的尺子去量别人。

   A. 要严格要求别人
   B. 要学会包容别人
   C. 要善于找出不同
   D. 要学会快乐生活

10. 心脏是一座有两间卧室的房子，一个房间里面住着痛苦，一个房间里面住着快乐。人不能笑得太响，否则笑声就会吵醒隔壁的痛苦，也就是说，人在成功或胜利之后，也不能得意忘形，忘乎所以，否则痛苦就会找到你。

    A. 要冷静地对待成功
    B. 人要勇敢接受失败
    C. 人的一生充满挑战
    D. 一个人不能快乐生活

11. 人类要想不犯错误或尽量少犯错误，就要努力提高自己的思维水平，不要总是站在原地，应该把目光投射到宇宙的大屏幕上去，去全方位地定位、分析、解决自己遇到的问题，可能这样，人类犯错误的几率会少些。

    A. 人们可以不犯错误
    B. 犯错是难以避免的
    C. 要放远目光提升自己
    D. 要通过别人提醒自己

12. 古时候，有位老人年纪很大了，在去世前，他把两个儿子叫到床前，说："你们俩骑马到西山，然后回来，谁的马跑得慢，财产就归谁。"两个儿子骑马出去，缓缓而行。一个行人看到后，觉得很奇怪，问明原因后，对两人说了一句话："你们何不把马换过来骑？"二人听后，换过马，相互追赶了起来。

    A. 那个行人很聪明
    B. 老人在西山等儿子
    C. 两个儿子都不想要财产
    D. 老人去世前想要去西山

13. 沙漠中，两个迷路的人都只剩下半瓶水了。悲观者绝望地说："完了，只剩下半瓶水了！"乐观者却高兴地说："有半瓶水就有希望！"结果，悲观者倒在了离水源仅有百步的地方；乐观者却凭着半瓶水，终于走出了沙漠。很多时候，仅仅是换一种心情，换一个角度，便可以从困境中走出来。

    A. 沟通比努力更重要
    B. 悲观者剩的水少

C. 他们看问题的角度不同

D. 真理掌握在少数人手中

14. 曹操很聪明,有一次他带兵走到一个没有水的地方,士兵们口渴得厉害。为了激励士兵,曹操对士兵们说:"前面有一大片梅树林,梅子特别多,又甜又酸,到时我们吃个痛快。"士兵们听了,一个个都流出口水来,不再嚷渴了,走路的速度也加快了,按时到达了目的地。但其实前面根本没有梅树林。

    A. 士兵们讨厌战争

    B. 梅树林离他们很近

    C. 士兵们没有吃到梅子

    D. 曹操被士兵们说服了

15. 一位著名的作家在外旅游,来到一座城市,决定去参观这个城市最大的书店。听到这个消息,书店的老板想做点让这位作家高兴的事情。于是,他在所有的书架上全摆满了这位作家的著作。作家走进书店,见书架上全是自己的书,很吃惊。"其他人的书呢?"他迷惑不解地问。"其他人的书?"书店老板一时不知所措,信口说道:"全……全都卖完了。"

    A. 书店老板很聪明

    B. 作家的书被卖光了

    C. 这家书店规模不大

    D. 书店老板出了洋相

16. 昨晚我第一次请女朋友去吃饭,吃到一半时突然发现忘了带钱包。想了一下,实在没办法,只好向女友开口。因为实在不好意思,所以脸红了,说话也很慢:"我……"这时候想不到的事情发生了,她竟然理解错了,也红着脸说:"我也爱你。"

    A. 女朋友没脸红

    B. 女朋友很小气

    C. 他觉得自己运气好

    D. 女朋友误会他的意思了

17. 这是一本十分有趣的书，书中讲了12个关于胆小鬼的故事。它希望让孩子明白一个道理：要想干成事情，首先就得克服胆小的毛病。为了给孩子们的阅读带来更大的乐趣和方便，书中还配有大量插图和汉语拼音。

    A. 这本书配有录音
    B. 作者小时候胆子很小
    C. 这本书的读者是孩子
    D. 这本书里有12个人物

18. 古时候，某人想向一个财主借牛，于是派人给财主送去一封借牛的信。财主正陪着客人聊天，他怕客人知道自己不识字，便假装在看信。他一边看，一边不住地点头，然后抬头对来人说："知道了，过一会儿我自己去好了。"

    A. 财主家没牛
    B. 财主没看懂信
    C. 财主同意借牛
    D. 财主亲自把牛给送去了

三、阅读理解

本节重点：把握文章主旨大意

主旨大意是作者在文章中要表达的主要内容，文章大部分内容都是为了阐明主旨大意的。因此，把握主旨大意对于正确理解全文具有重要意义。这类题在新HSK阅读部分所占比例很大。

常考的提问方式有：
1. 这篇文章告诉我们什么道理？
2. 上文主要告诉我们……
3. 上文主要谈的是：
4. 这篇文章告诉我们什么？

5. 这段话介绍了什么内容？

6. 本文谈的主要问题是什么？

7. 这篇文章最合适的题目是：

8. 这段文字最可能选自：

例解解析与应试技巧

例题23 请选出正确答案（样题第87—90题）

大多数的人永远都嫌自己不够有钱。然而社会学家发现，当人们真正有钱之后，又会抱怨自己没有足够的时间。从很多例子可以看出，越是有钱的人越没有时间，而穷人和那些失业的人，每天闲得难受。

人们追求财富，目的是为了让生活过得更好，可奇怪的是，人们一旦有了钱，反而更忙碌，更无法舒舒服服地过日子。

当生活不富裕的时候，很多人都想过"等我有了钱以后就可以怎么样怎么样"。在人们的想像中，"有钱"代表自由、独立、随心所欲——夏天可以到海边度假；冬天可以到山上去滑雪。

然而，当人们果真富有了，却发现自己根本无法去实现这些梦想——理由永远只有一个："没时间！"不少高收入的人，几乎都是工作狂。

看来，"有钱"和"有闲"永远难以两全。难怪有人说："当你年轻、没钱时，希望能用时间去换金钱；当你有钱后，却很难再用金钱买回时间。"

90. 上文主要谈什么？

　　A.穷人和富人　　B.时间和金钱　　C.理想和现实　　D.闲人和忙人

题解24

这是一道主旨大意题。文章开头说"大多数的人永远都嫌自己不够有钱"，接下来用"然而"表示转折说"……当人们真正有钱之后，又会抱怨自己没有足够的时间"，这两句话就是文章中心意思所在。"有钱"和"没有时间"是关键词。

第二段中也有一个转折词"可"，前后的"财富"和"忙碌"是关键词语。

文章最后一段的"看来"是一个总结性的词语，它后面的句子"'有钱'和'有闲'永远难以两全"是一个总结句。

从文章的几个段落我们可以看出，文章主要谈的是"时间和金钱"的关系，应选B。

◆ 应试技巧

1. 快速浏览主题句。文章的主题句往往在文章或者段落的开头和结尾，阅读时可以用笔划出主题句中的关键词语，方便答题。

2. 要特别注意转折句和概括句。如："但是"、"不过"、"然而"等转折句。"可见"、"总之"、"总而言之"这些概括性的词语。

常见考点归纳

◆ 常见的文章结构与主题句位置

中文常见的文章结构类型主要有三类：

1. 分总式：先说一些细节，然后作出总结。文章的主题句在最后。

> 从2003年开始，中国大陆的手机用户发送的春节祝福短信数量逐年增加。据统计，2009年春节假期，全国手机短信发送量已超过180亿条，而在2008年、2007年，这一数字分别为170亿条、152亿条。短信已经成为人们运用最为广泛的新春祝福方式。（样题第67题）

前两句用数字说明近年来短信在春节时的广泛应用，第三句是文章的中心。

2. 总分式：先总说文章的主旨大意，然后再分说理由或细节。文章的主题句在开头。

> 天安门不仅是中华民族的象征，而且是世界著名的古建筑。它的设计者是明代著名的建筑师蒯祥。
>
> 蒯祥出生于江苏吴县的鱼帆村。1421年，年仅二十一岁的蒯祥设计并建筑了一座木构牌楼，这就是最早的天安门，原名承天门。1457年7月，承天门被大火烧毁。八年后，明英宗命令白圭主持重建。白圭请蒯祥出谋划策，建成了现在的样子。明朝末年，承天门又被烧毁。1651年重建，并改为天安门。
>
> ……

文章开头指出了天安门及其设计者，是文章的中心；后面是对设计者设计天安门的详细介绍。

3. 总分总式：先提出文章的主旨大意，然后分说理由或细节，最后再总结文章的主旨。这是一种综合性的文章结构，主题句在开头和结尾，形成首尾呼应，而结尾的观点和态度则更加鲜明。

> 世界上有三种丈夫：
>
> 第一种是不闻不问的丈夫。在你把一件衣服穿了两年之后，他总算注意到了："亲爱的，这是件新衣服吧？"讨论这种丈夫没有什么意义，我们就随便他吧。至少他有一个优点：能够让你自由地打扮。
>
> 第二种是理想的丈夫。对你穿的衣服真正地感兴趣，并会提出建议。他能理解时尚，领会时尚，喜欢谈论时尚，知道什么最适合你，以及你最需要什么，他赞美你胜过赞美其他女人。如果你碰到这样一个男人，一定要把他抓住——他可是极为稀有的，很难遇到。
>
> 第三种是管得太多的丈夫。他比你自己还清楚你适合穿什么，他决定你现在穿的衣服样式是好还是不好，他决定你应该去哪家商店买衣服。有时候，这种男人的选择会跟上目前的时代，不过大多数时候，他都受他母亲衣着的影响，所以他的眼光——说得客气一点——至少停留在20年以前。（样题第74-77题）

这篇文章的后三段都用了总分总结构。开头结尾划线的句子概括了各类丈夫的特点，是段落的主题句；中间的部分说理由和细节。

同步训练

◆ 请选出正确答案

第1-4题

一位年老的印度大师身边有个总是喜欢抱怨的弟子。有一天，他派他的弟子去买盐。弟子回来后，大师吩咐这个不快活的年轻人抓一把盐放在一杯水中，然后喝了它。

"味道如何？"大师问。

"咸。"弟子吐了口吐沫。

大师又吩咐年轻人抓一把盐放进附近的湖里，弟子照做了。大师说："再尝尝湖水。"年轻人捧了一口湖水尝了尝。

大师问道："味道如何？"

"很好喝。"弟子答道。

"你尝到咸味了吗？"大师问。

"没有。"年轻人答道。

这时大师对弟子说道："生命中的痛苦就像是盐：不多，也不少。我们在生活中遇到的痛苦就这么多。但是，我们体验到的痛苦却取决于我们将它盛放在多大的容器中。"所以，当你处于痛苦时，你要开阔自己的胸怀。不要做一只杯子，而要做一个湖泊。

1. 根据文章内容，文中的"盐"代表着什么？
    A. 人的情绪和心境　　　　　　B. 生活中的快乐
    C. 生活中的苦难　　　　　　　D. 人们所处的环境
2. 为什么大师派他的弟子去买盐？
    A. 因为他不喜欢他的弟子　　　B. 因为他想讲一个道理
    C. 因为他此时需要得到盐　　　D. 因为他的弟子不快活
3. 为什么弟子会觉得水有不同的味道？
    A. 因为尝盐的时间不同　　　　B. 因为是几种不同的盐
    C. 因为盐的数量不同　　　　　D. 因为放盐的地点不同
4. 文中的"杯子"和"湖泊"实际上象征着什么？
    A. 事发地点　　B. 人的心情　　C. 人的胸怀　　D. 人的道德

第5-8题

在缓慢行驶的火车上，一位老人不小心把他的一只皮手套从窗口掉了下去。周围的人都觉得很可惜，不料老人立即把第二只手套也从窗口扔了下去。这举动让人大吃一惊。人们问老人原因，老人解释道："这一只手套无论多么昂贵，对我而言都没有用了。但是，如果有谁能捡到一双手套，手套就能派上用场。"

我们都有过失去心爱的东西的经历，这些经历大都在我们的心理上投下了阴影。究其原因，就是我们并没有调整心态去面对失去，没有从心理上承认失去，总是沉湎于已经不存在的东西，没想到去创造新的东西。

"舍得"、"舍得"，只有"舍"才有"得"。与其抱残守缺，不如就地放弃。事物的价值不在于谁占有，而在于如何占有。失去不一定是损失，也可能是获得。

5. 老人扔掉第二只手套以后，火车上其他乘客有什么反应？
    A. 觉得可惜　　B. 觉得奇怪　　C. 非常吃惊　　D. 非常愤怒
6. 作者认为一般人为什么在失去心爱的东西时，会觉得伤心？
    A. 因为丢掉的东西大都十分贵重　　B. 因为在心理上承认了失去
    C. 因为没有能力创造新的东西　　　D. 因为没有调整好自己的心态

7. 文中被老人扔掉的"手套"代表着什么？

   A. 自己很不喜欢的东西　　　　　　B. 对社会没有价值的东西

   C. 自己没用、别人有用的东西　　　D. 自己真正想得到的东西

8. 根据文章内容，下列对于"舍得"的理解哪项是错误的？

   A. 只要"舍"，就一定"得"　　　　B. 敢于"舍"，才可能"得"

   C. 在必要的时候要敢于放弃　　　　D. 失去有的时候并不是损失

第9-12题

　　有一个人，他很有钱，却非常不快乐，他想：既然我有钱，我一定可以找到快乐，只要我愿意花钱。

　　于是他玩遍、吃遍、享受遍了所有认为可以令他快乐的事物，可是事后他还是很不快乐。当他看到周围的朋友高兴地笑时，他问："你快乐吗？"笑着的朋友回答："快乐啊！我现在很快乐！"他又问："那么明天呢？后天呢？你还是一样快乐吗？"朋友回答："明天……后天……我不知道是否能一样快乐。"他询问了很多笑的人，得到的答案都一样。

　　有一天，有人跟他说："只要穿上了世界上最快乐的人的衣服，你便可以成为世界上最快乐的人。"于是他开始很不快乐地找寻"世界上最快乐的人"。十年后，有人跟他说世界上最快乐的人居住在某某小镇里，他立刻赶到那个小镇。

　　到了镇上他问镇里的人："请问世界上最快乐的人住在这里吗？"镇里的人指着山上回答："对啊！不过他住在山上的山洞里。"他爬上山，走进黑黑的山洞，看到一个人，他问："先生，请问世界上最快乐的人是不是住在这里？"那个人回答："对啊！我就是！"他又兴奋又颤抖地说："先生！我听人家说，穿上了您的衣服后，就可以成为世界上最快乐的人，我可以借您的衣服穿吗？"那个人大笑道："你没看见吗？我是从来不穿衣服的！"

　　有时候衣服只是内在世界的束缚，脱掉了内心的绳索，你便拥有了顿悟和快乐的人生。

9. 对于文章中寻找快乐的这个人，下列哪项说法是正确的？

   A. 他不算太有钱但他很快乐　　　　B. 他的朋友每天都非常快乐

   C. 他觉得有钱就能找到快乐　　　　D. 他得到了世上最快乐的人的衣服

10. 关于文章中的那个"世界上最快乐的人"，下列哪项说法是错误的？

    A. 他住在一个小镇里　　　　　　　B. 他住在一个山洞里

    C. 他穿着有魔力的衣服　　　　　　D. 他知道怎样才可以快乐

11. 根据文章内容，为什么这个人在借衣服的时候会"颤抖"？

   A. 他太害怕了　　　　　　　　B. 他太激动了

   C. 山洞里太冷了　　　　　　　D. 他笑得太厉害了

12. 文章中的"衣服"可能代表什么意思？

   A. 真正的快乐　　　　　　　　B. 外界的压力

   C. 别人的看法　　　　　　　　D. 不自由的内心

第13—16题

　　有位孤独的老人，无儿无女，又体弱多病，他决定搬到养老院去。老人宣布出售他漂亮的住宅。购买者闻讯蜂拥而至。住宅底价8万英镑，但人们很快就将它炒到了10万英镑。人们用各种方法竞争，价钱不断攀升。老人深陷在沙发里，目光忧郁。要不是健康情形不好，他是不会卖掉这栋陪他度过大半生的住宅的。

　　一个衣着朴素的青年来到老人眼前，弯下腰，低声说："先生，我也好想买这栋住宅，可我只有1万英镑。但是，如果您把住宅卖给我，我保证会让您依旧生活在这里，和我一起喝茶，读报，散步，天天都快快乐乐的——相信我，我会用整颗心来照顾您！"

　　老人颔首微笑，把住宅以1万英镑的价钱卖给了他。

　　完成梦想，不一定非得要冷酷地厮杀和欺诈，有时，只要你拥有一颗爱人之心就可以了。

13. 老人为什么要出售他的住宅？

   A. 因为他现在身体不好　　　　B. 因为他要买新的住宅

   C. 因为他需要钱治病　　　　　D. 因为他在考验年轻人

14. 关于老人的住宅，下面哪一项是错误的？

   A. 老人的住宅非常漂亮　　　　B. 没有太多人对住宅感兴趣

   C. 老人对他的住宅充满感情　　D. 这处住宅陪伴老人很多年

15. 为什么老人最后把住宅卖给了年轻人？

   A. 因为年轻人的出价是最高的　B. 因为年轻人会去养老院照顾他

   C. 因为年轻人懂得经商之道　　D. 因为年轻人的爱心打动了他

16. 这个故事主要告诉我们，人们应该如何完成梦想？

   A. 坚定不移永不放弃　　　　　B. 必要的时候要冷酷

   C. 保持一颗善良的爱心　　　　D. 要讲究方法和策略

第17-20题

　　毛泽东少年时代和同伴放牛时，经常在山坡上玩耍。大家一玩起来往往就误了放牛，要么是到了时间牛还没有吃饱，要么是牛跑到田里去啃庄稼。怎样才能既放好牛，又让大家玩得痛快？

　　毛泽东和大家商量了一个办法。他把同伴们组织起来分成三班：一班看牛，一班割草，一班去采野果子；每天轮班：今天看牛的，明天割草，后天去采野果子。这样，各人都有自己的工作。快到晌午的时候，大家都回到了原来聚会的地方。看牛的孩子们，让牛吃得滚圆滚圆的；割草的孩子们，都装满了一大篓子；采野果子的孩子们，从山里带回来大堆大堆美味的野果……这时候，毛泽东就把草和果子拿来，合理地分给每个人。有时不够分了，他就少分一点。而有剩余的草，他就用绳拴起吊在树枝上，谁能跳起来抓着就归谁。

　　和毛泽东一起，不仅能放好牛，而且玩得痛快，因此，小伙伴都乐意同毛泽东一起放牛，称他为"牛司令"。

17. 小伙伴们分成三班，各班的任务中没有：

　　A. 看牛　　　B. 割草　　　C. 玩耍　　　D. 采野果

18. 谁得到剩余的草？

　　A. 毛泽东　　　　　　　　B. 最高的孩子

　　C. 少分野果的孩子　　　　D. 跳起来能抓到草的人

19. 小伙伴为什么喜欢跟毛泽东一起放牛？

　　A. 牛能够吃饱　　　　　　B. 毛泽东脾气好

　　C. 牛不会去啃庄稼　　　　D. 能放好牛而且玩得痛快

20. 本文主要讲的是：

　　A. 少年毛泽东放牛的故事　　B. 毛泽东怎样当上司令的

　　C. 少年毛泽东贪玩的故事　　D. 毛泽东怎样分配的野果

第21-24题

　　圣诞节前，小罗的哥哥送他一辆新车。圣诞节当天，小罗离开办公室时，一个男孩绕着那辆闪闪发亮的新车，十分赞叹地问："先生，这是你的车？"

　　小罗点点头："这是我哥哥送给我的圣诞节礼物。"男孩满脸惊讶，支支吾吾地说："你是说这是你哥哥送的礼物？我也好希望能——"当然小罗以为他是希望能有个送他车子的哥哥，但那男孩的话却让小罗十分震撼。

　　"——我也好希望能成为送车给弟弟的哥哥啊！"

小罗惊愕地看着那男孩，脱口而出："你要不要坐我的车去兜风？"于是男孩兴高采烈地坐上了车。绕了一小段路之后，那孩子眼中充满兴奋地说："先生，你能不能把车子开到我家门前？"小罗微笑，他心想那男孩必定是要向邻居炫耀，让大家知道他坐了一部大车子回家。没想到小罗这次又猜错了。"你能不能把车子停在那两个阶梯前？"男孩要求。男孩跑上了阶梯，过了一会儿小罗听到他回来的声音，但动作似乎有些缓慢。原来他带着跛脚的弟弟出来，紧紧地抱着他，指着那辆新车说："你看，这就是我刚才说的那辆新车。这是小罗哥哥送给他的哦！将来我也会送给你一辆像这样的车，到那时候你便能去看看那些挂在窗口的圣诞节饰品了。"

小罗走下车子，将跛脚男孩抱到车子的前座。满眼闪亮的大男孩也爬上车子。就这样他们三人开始了一次令人难忘的假日兜风。那一次的圣诞夜，小罗感受到了比收到任何礼物都要大的快乐。

21. 关于小罗的车，哪一项是错误的？
    A. 这是他送给哥哥的礼物　　　B. 这是一个圣诞节的礼物
    C. 这是一辆闪亮的新车　　　　D. 一个男孩很喜欢这辆车

22. 男孩为什么请小罗把车子开到他家门前？
    A. 想向邻居炫耀　　　　　　　B. 想让同学知道
    C. 他和小罗顺路　　　　　　　D. 想让自己的弟弟看

23. 关于男孩儿的弟弟，哪一项是正确的？
    A. 他希望哥哥送给他一辆车　　B. 他和哥哥一起发现了小罗的车
    C. 他的脚有残疾，行动不太方便　D. 他想送给自己的哥哥一辆车

24. 这篇文章告诉我们什么道理？
    A. 付出比得到更快乐　　　　　B. 亲人间要互相帮助
    C. 不能嘲笑有残疾的人　　　　D. 要学会分享成功

第25-28题

从前，有一个商人要从魏国到楚国去。他带了很多钱，雇了好车，驾上快马，请了很优秀的车夫，就上路了。楚国在魏国的南面，可这个人却让车夫赶着马车一直向北走。

路上有人问他要往哪儿去，他回答说："去楚国。"路人告诉他说："到楚国应往南方走，你这是在往北走，方向不对。"商人满不在乎地说："没关系，我的马快着呢。"路人替他着急，拉住他的马，阻止他说："方向错了，你的马再快，也到不了楚国呀！"商人依然不以为然："不要紧，我带的路费多着呢。"路人又劝阻他说："虽说

你的路费多,可是你走的不是那个方向,你路费再多也只能是白花呀。"商人有些不耐烦地说:"这有什么难的,我的车夫驾车技术高着呢。"路人无奈,只好看着他走了。

那个魏国人,觉得自己的马快、钱多、车夫好,就朝着相反方向<u>一意孤行</u>。那么,他条件越好,他就只会离他要去的地方越远,因为他的方向是错的。无论做什么事,都首先要找到正确的方向,才能充分发挥自己的有利条件;如果方向错了,那么有利条件只会起到相反的作用。

25. 这个商人认为:
   A. 楚国人很善良   B. 自己到不了楚国
   C. 自己带了足够的钱   D. 自己的驾驶技术很高

26. 根据上文,可以知道什么?
   A. 魏国在楚国的北边   B. 商人的方向是正确的
   C. 路人不让商人去楚国   D. 商人要去楚国做生意

27. 与第3段中画线词语意思相近的是:
   A. 没有目标地乱走   B. 不听取别人的意见
   C. 一个人孤单地旅行   D. 只靠一个人的力量来做事

28. 这篇文章主要告诉我们什么道理?
   A. 做事要创造最好的条件   B. 条件好也不一定能做好事
   C. 做事要选对方向   D. 要听取别人的意见

第29-32题

每天上午11点,都会有一辆高级小汽车穿过市中心的公园。车里除了司机,还有一位主人——无人不知的百万富翁。

这位百万富翁发现:每天上午都有一位衣着破烂的人坐在公园的凳子上,一动不动地看着他住的酒店。有一天,百万富翁对这个人产生了兴趣,他让司机停下车,走到那人面前说:"请问,你为什么每天上午都在这儿看我住的酒店。"

"先生,"穷人说,"我没钱,没家,没房子,只得睡在这条长凳上,不过,每天晚上我都梦到住进了这家酒店。"

百万富翁觉得很有趣,于是对那人说:"今天晚上我就让你如愿以偿。我为你在酒店订一间最好的房间,并支付一个月房费。"

几天后,百万富翁想去问那人是否觉得满意。然而,他发现那人已搬出了酒店,重新回到公园的凳子上了。

百万富翁来到公园,问穷人为什么要这样做,穷人回答道:"我睡在凳子上,我就梦见自己睡在那座豪华的酒店里，真是妙不可言；可一旦我睡在酒店里，我就梦见自己又回到了冷冰冰的凳子上，这梦真是可怕极了，完全影响了我的睡眠！"

29. 百万富翁为什么对那个穷人感兴趣？
    A. 穿着很奇怪　　　　　　　B. 每天睡在长凳上
    C. 每天看着那个酒店　　　　D. 和一个朋友长得像
30. 富翁为那个穷人做什么了？
    A. 买了一座房子　B. 雇了一个司机　C. 送给他一辆车　D. 付了一个月房费
31. 穷人觉得住酒店怎么样？
    A. 妙不可言　　　B. 比想像更好　　C. 不如睡长凳　　D. 像做梦一样
32. 穷人离开了酒店，是因为：
    A. 冷冰冰的　　　B. 睡眠不好　　　C. 经常做梦　　　D. 一个月到期了

四、话题归纳

在这一单元，我们学到了：

1. 三种类型的故事：传统故事、哲理故事、感人故事。这三类故事常常出现在阅读理解的第三部分。
2. 常用惯用语。
3. 常见文章结构与主题句位置。

本话题常用词汇

◆ 传统故事

1. 大师　　　　　2. 弟子　　　　　3. 师傅
4. 徒弟　　　　　5. 老者　　　　　6. 年轻人
7. 生命　　　　　8. 体验　　　　　9. 痛苦
10. 胸怀　　　　11. 抱怨　　　　12. 和尚
13. 禅房　　　　14. 化缘　　　　15. 不解

16. 困惑　　17. 惊讶　　18. 感恩
19. 仁义　　20. 心灵　　21. 高尚

◆ 哲理故事

1. 惋惜　　2. 解释　　3. 阴影
4. 放弃　　5. 开朗　　6. 乐观
7. 正面　　8. 负面　　9. 人生观
10. 心境　　11. 束缚　　12. 顿悟
13. 内心　　14. 快乐　　15. 伤痛
16. 承受　　17. 赞美　　18. 自信
19. 美丽　　20. 失去　　21. 获得

◆ 感人故事

1. 孤独　　2. 忧郁　　3. 照顾
4. 爱心　　5. 沮丧　　6. 挚爱
7. 心疼　　8. 心爱　　9. 善良
10. 孝顺　　11. 遗憾　　12. 开心
13. 母爱　　14. 父爱　　15. 姻缘
16. 注定　　17. 上帝　　18. 天使

阅读模拟测试
（新HSK五级）

模拟题（一）

二、阅读

第一部分

第46-60题：请选出正确答案

第46-48题

中西方的饮食方式有很大不同，这种差异 46 民族性格也有影响。差异最为明显的是西方流行的自助餐。自助餐将所有食物一一陈列出来，大家走动自由，各取所需，不必 47 在位子上吃，这种方式便于个人之间的情感交流，不必将所有的话摆在桌面上，也表现了西方人对个性、对自我的尊重。 48 各吃各的，互不相扰，缺少了一些中国人互相交谈、其乐融融的气氛。

46. A. 对　　　　B. 和　　　　C. 跟　　　　D. 与
47. A. 稳定　　　B. 安定　　　C. 固定　　　D. 确定
48. A. 并且　　　B. 但是　　　C. 而且　　　D. 除了

第49-52题

藏族人好客。用青稞酒 49 客人时，主人要在酒杯中倒满酒，端到客人面前。这时，客人要用双手 50 过酒杯，然后一手拿杯，另一手的中指和拇指伸进杯子，轻点一下，朝天一弹，意思是敬天神，接下来，再弹第二下、第三下， 51 敬地、敬佛。这种传统习惯是提醒人们青稞酒的来历与天、地、佛的大方恩赐 52 ，所以在喝酒之前，要先敬神灵。

49. A. 欢迎　　　　B. 呼唤　　　　C. 招呼　　　　D. 招待
50. A. 拿　　　　　B. 接　　　　　C. 取　　　　　D. 放
51. A. 分别　　　　B. 同时　　　　C. 区别　　　　D. 区分
52. A. 相联系　　　B. 分不开　　　C. 有关系　　　D. 没关系

第53-56题

从前，有一只乌龟和一只兔子在互相争辩谁跑得快。他们选定了路线，决定来一 53 比赛分高下。起跑后，兔子首先冲了出去，它奔驰了一阵子，马上就已经遥遥 54 乌龟。这时它心想，它可以在树下坐一会儿，放松一下，然后再继续比赛，反正乌龟离它还远着呢。一会儿，兔子就在树下睡着了。而一路上一步一步慢慢爬来的乌龟则超过了兔子。 55 ，才发觉它输了。这个故事告诉我们，永远不要骄傲，更不要 56 你的对手。

53. A. 场　　　　　B. 回　　　　　C. 届　　　　　D. 阵
54. A. 落后　　　　B. 快于　　　　C. 领先　　　　D. 慢于
55. A. 等到别人叫醒兔子　　　　　B. 等到兔子睡醒
　　C. 等到太阳落山了　　　　　　D. 等到它看到乌龟
56. A. 笑话　　　　B. 敌视　　　　C. 轻视　　　　D. 漠视

第57-60题

有一天，乘电梯的时候，我和 57 一样，抬头看着屏幕上显示的楼层数，突然意识到：为什么我们每次乘电梯的时候都会抬着头往上看楼层数呢？

实际上，乘电梯往上看的行为与我们的"私人空间"有着很大的关系。在拥挤的电车中我们会感觉不自在， 58 是因为有人进入了自己的私人空间。

电梯是一个非常狭小的空间。在电梯中，人与人的私人空间出现了交集，也就是说互相感觉到对方进入了自己的私人空间， 59 ，都想尽早离开电梯这个狭窄的空间。向上看 60 想尽快"逃离"这个狭小空间的心理表现。

57. A. 往往　　　　B. 常常　　　　C. 往常　　　　D. 常往
58. A. 才　　　　　B. 就　　　　　C. 于　　　　　D. 不
59. A. 所以会感到不舒服　　　　　B. 大家变得喜欢聊天
　　C. 电梯感觉宽敞起来　　　　　D. 互相感到更加亲近
60. A. 正好　　　　B. 正如　　　　C. 正巧　　　　D. 正是

第二部分

第61-70题：请选出与试题内容一致的一项

61. 办公室里，有一名员工竟然在上班时间喝酒。经理看到了，生气地问他："你为什么在上班时间喝酒？"这名员工回答道："对不起，经理，我这是在纪念最后一次加薪10周年。"

　　A. 员工平时不喝酒
　　B. 经理要对员工罚款
　　C. 员工有十年没加工资了
　　D. 上班时间喝酒也没关系

62. "空巢老人"指子女离家后的中老年夫妇。2010年，城市老年家庭中的"空巢率"达到80%以上。空巢老人因疏于照顾发生的问题是家庭照顾、社区联系与政府救济三者同时缺位所造成的，应该引起关注和思考。

　　A. 空巢老人是指自己离家独自居住的老人
　　B. 空巢老人已经成为了不容忽视的社会问题
　　C. 空巢老人的问题完全是由于家庭照顾缺位
　　D. 2010年全国老年家庭中的空巢率将近八成

63. 世界上每一个国家都能吃到烤牛肉。在巴西，烤牛肉是上层宴客的一道国菜，也是民间最受欢迎的一道菜。烤牛肉不加调料，只在牛肉表面撒点食盐，表层油脂渗出，外面焦黄，里面鲜嫩，有一种特有的香味。

　　A. 只有在巴西才能吃到烤牛肉
　　B. 烤牛肉是巴西的国菜
　　C. 烤牛肉要不停撒食盐
　　D. 烤牛肉只在巴西民间受欢迎

64. 人们常用人体的各个器官来做比喻，显得生动有趣。例如：用"首脑"来比喻国家领导人，用"手足"来比喻亲兄弟，用"骨肉"比喻亲生儿女，用"肝胆"比喻真诚的心、勇气、血性，用"手腕"比喻办事的能耐、本领和手段。

    A. 可以说，儿女亲如手足
    B. 可以说，首脑亲如骨肉
    C. 可以说，朋友要肝胆相照
    D. 可以说，做兄弟要有手腕

65. 美国医学会指出，虽然美国市场上近50%的肥皂都含有抗菌成分，但是没有充分科学证据表明抗菌肥皂比一般肥皂抗感染效果更好。而事实上，抗菌肥皂弊多利少，会使细菌更强壮，更具耐药性。

    A. 我们该多使用一般肥皂
    B. 专家建议多使用抗菌肥皂
    C. 一般肥皂会使细菌产生耐药性
    D. 抗菌肥皂会使细菌变弱甚至消失

66. 一个非常有钱的大老板，突然想他的旧情人了，就想给她打个电话。刚拨号码没多久，就听到从手机里传来了一个语音："您拨打的用户已结婚，请下辈子再拨。"

    A. 老板在给他老婆打电话
    B. 这个电话最后没有打通
    C. 语音告诉我们下辈子就能打通
    D. 老板没有找到要拨打的电话号码

67. 美国目前正在"中原快铁"线路上试运行一种牛肉动力火车，该线路20%的燃料是生物燃料，而不是排碳较多的柴油燃料。使用生物燃料更为节省，并减少对空气的污染，不过该火车在不养牛的地区无法大范围推广。

    A. 美国目前正式全范围运行牛肉动力火车
    B. 牛肉动力火车在推广范围上有所限制
    C. "中原快线"铁路全部使用生物燃料
    D. 和柴油燃料相比，生物燃料排碳更多

68. 美国人的幽默是人所共知的。驾车时,他们怕后面的车撞上自己,别出心裁地用五颜六色的彩纸剪成字母贴在车尾,十分有趣。例如:"千万别吻我,那很可怕。""不要让我们相撞而相识。""公路上不要玩碰碰车游戏。""撞上来吧,我正需要钱。"

A. 车尾的警示语反映了美国人的幽默
B. 美国法律规定车尾一定要贴警示语
C. 美国人都喜欢通过撞车认识新朋友
D. 美国人喜欢在马路上玩碰碰车游戏

69. 艺术品拍卖屡创天价,明星书画作品也水涨船高。日前赵本山一幅四字书法"龙腾凤舞"拍了92万元。5年前,同样是赵本山的四字书法"天道酬勤"在杭州拍出3.4万元,身价涨了27倍,增速超过徐悲鸿等大师。明星书画创新高引来热议:他们是卖字还是卖脸?

A. 艺术品拍卖市场萧条
B. 赵本山的作品涨价过快
C. 徐悲鸿的作品艺术价值低
D. 赵本山的作品值更高的价钱

70. 老鼠兴致勃勃地去参加模特大赛,可是意想不到的是,第一轮就被刷了下来。老鼠怒气冲冲,四处抱怨评委歧视老鼠。旁人问原因,老鼠答:"我刚上场,评委就说,先走个猫步看看。"

A. 猫在模特大赛中当评委
B. 老鼠比赛失利后很生气
C. 评委对老鼠有种族歧视
D. 大家都为老鼠打抱不平

第三部分

第71-90题：请选出正确答案

第71-73题

有个小村庄里有位中年邮差，他从刚满二十岁起便开始每天往返五十公里的路程，日复一日地将忧欢悲喜的故事送到居民的家中。就这样二十年一晃而过，人、事、物几番变迁，唯独从邮局到村庄的这条道路，从过去到现在，始终没有一枝半叶，触目所及，唯有飞扬的尘土罢了。

"这样荒凉的路还要走多久呢？"他一想到必须在这无花无树充满尘土的路上，踩着脚踏车度过他的人生时，心中总是有些遗憾。

有一天当他送完信，心事重重准备回去时，刚好经过了一家花店。"对了，就是这个！"他走进花店，买了一把野花的种子，并且从第二天开始，带着这些种子撒在往来的路上。就这样，经过一天，两天，一个月，两个月……他坚持散播着野花种子。没多久，那条已经来回走了二十年的荒凉道路，开起了许多红色、黄色的小花；夏天开夏天的花，秋天开秋天的花，四季盛开，永不停歇。

在不是充满尘土而是充满花瓣的道路上，吹着口哨，踩着脚踏车的邮差，不再是孤独的邮差，不再是愁苦的邮差。那美丽的花朵和阵阵花香，对村里的人来说，比邮差送达的任何一封邮件，都更令他们开心。

71. 关于从邮局到村庄的这条道路，下面哪一项是错误的？
   A. 这条道路几十年来几番变迁　　B. 这条路已经荒凉了很长时间
   C. 邮差在这条路上往返了很多年　D. 邮差想给这条路带来一些改变

72. 根据文章内容，为什么这位邮差要在路上种花？
   A. 因为他希望大家感谢他　　　　B. 因为他想改变这条路
   C. 因为他自己很喜欢花　　　　　D. 因为这是村里人的要求

73. 关于后来路上的花，下面哪一项是错误的？
   A. 这些花是邮差播种而盛开的　　B. 这些花给邮差带来了快乐
   C. 一年四季路上都有鲜花盛开　　D. 只有这些花给村民带来了快乐

第74-77题

　　一天，阿凡提在头上戴了一顶非常华丽而庄重的帽子进了王宫。他心想国王肯定会羡慕他这顶帽子，没准儿还会出大价钱买下。

　　"阿凡提你花了多少钱买的这顶帽子？"国王果然很感兴趣地问道。

　　"陛下，我用了一千枚金币买下了这顶高贵的帽子。"阿凡提回答。

　　国王的宰相看出了阿凡提的企图，悄声对国王说："只有傻瓜才会用一千枚金币买这顶帽子。"

　　"阿凡提，我从未听说过一顶帽子值一千枚金币，你为什么出这么大笔钱买它呢？"

　　"尊贵的陛下，因为我知道全世界只有一位国王知道它的价值，并且会把它买下来。"阿凡提神秘地说道。

　　国王为显示自己高贵，果然花了一千枚金币买下这顶帽子，并沉醉于赞美和恭维之中。

　　阿凡提拿上这一千枚金币后，来到那位宰相跟前，悄悄地对他说道："您确实知道这顶帽子的价值，但我却懂得国王的弱点。"

74. 阿凡提的帽子：

　　A. 值一千枚金币　　　　　　　B. 国王不太想要

　　C. 不值那么多钱　　　　　　　D. 是他花大价钱买的

75. 阿凡提打算让国王：

　　A. 开心　　　B. 丢面子　　　C. 看看帽子　　　D. 买下帽子

76. 下面正确的是：

　　A. 国王很聪明　　　　　　　　B. 国王没听宰相的话

　　C. 阿凡提最后没得到钱　　　　D. 宰相没看出阿凡提的企图

77. 阿凡提成功是因为他：

　　A. 宰相了解帽子的价值　　　　B. 跟国王关系很好

　　C. 懂得国王的弱点　　　　　　D. 想要一千枚金币

第78-81题

　　三伏天，寺院里的草地被晒枯了一大片，很难看。小和尚看不过去，对师傅说："师傅，快撒点种子吧！"

　　师傅说："不着急，随时。"

　　种子到手了，师傅对小和尚说："去种吧。"不料，一阵风起，撒下去不少，也吹走不少。小和尚着急地对师傅说:"师傅,好多种子都被吹飞了。"

师傅说:"没关系,吹走的净是空的,撒下去也发不了芽,随性。"

刚撒完种子,这时飞来几只小鸟,在土里一阵刨食。小和尚急着对小鸟连轰带赶,但是没有用,急忙向师傅报告说:"糟了,种子都被鸟吃了。"

师傅说:"急什么,种子多着呢,吃不完,随遇。"

半夜,一阵狂风暴雨。小和尚来到师傅房间带着哭腔对师傅说:"这下全完了,种子都被雨水冲走了。"

师傅答:"冲就冲吧,冲到哪儿都是发芽,随缘。"

几天过去了,昔日光秃秃的地上长出了许多新绿,连没有播种到的地方也有小苗探出了头。小和尚高兴地说:"师傅,快来看呐,都长出来了。"

师傅却依然平静如常地说:"应该是这样吧,随喜。"

78. 面对前来刨食的小鸟,小和尚做了什么?

　　A. 连忙把鸟轰走　　　　　　B. 马上告诉师傅

　　C. 撒下更多种子　　　　　　D. 没有理会小鸟

79. 在一场狂风暴雨后,小和尚有怎样的心情?

　　A. 无可奈何　　B. 非常烦躁　　C. 非常乐观　　D. 非常悲观

80. 最后种子为什么会发芽?

　　A. 因为播种和收割得非常及时　　B. 因为赶走了吃种子的小鸟

　　C. 因为在下雨时保护了种子　　　D. 因为顺应了自然的发展

81. 你觉得文中师傅说的"随时""随性""随遇""随缘"是想说明什么道理?

　　A. 要根据客观情况马上做出主观改变

　　B. 要顺其自然,不要强行改变规律

　　C. 应该通过自己的努力改变命运

　　D. 凡事应该征求别人的意见再做决定

第82-85题

墨西·孟德尔颂是德国知名作曲家的祖父。他的外貌极其平凡,除了身材五短之外,还是个驼子。

一天,他到汉堡去拜访一个商人。这个商人有个心爱的女儿名叫弗西,墨西无可救药地爱上了她,但弗西却因他的畸形外貌而拒绝他。

到了必须离开的时候,墨西鼓起了所有的勇气,上楼到弗西的房间,把握最后和她说话的机会。她有着天使般的脸孔,但让他十分沮丧的是,弗西始终拒绝正眼看他。经过多次尝试性的沟通，他害羞地问："你相信姻缘天注定吗？"

她眼睛盯着地板答了一句："相信。"然后反问他："你相信吗？"

他回答："我听说，每个男孩出生之前，上帝便会告诉他，将来要娶的是哪一个女孩。我出生的时候，未来的新娘便已许配给我了，上帝还告诉我，我的新娘是个驼子。

"我当时向上帝恳求：'上帝啊！一个驼背的妇女将是个悲剧，求你把驼背赐给我，再将美貌留给我的新娘。'"

当时弗西看着墨西的眼睛，并被内心深处的某些记忆所搅乱了。她把手伸向他，之后成了他最挚爱的妻子，也成为墨西生命中最优美的乐曲。

82. 根据文章内容，下列关于墨西·孟德尔颂的外形的描述，哪一项是错误的？
    A. 他身材十分矮小　　　　　　　B. 他心理上有缺陷
    C. 他外貌非常普通　　　　　　　D. 他生理上有缺陷

83. 根据文章内容，第二段中划线词语"无可救药"在这里最有可能是什么意思？
    A. 病得非常严重，没有药可以治　　B. 造成严重不良后果，无法挽回
    C. 形容程度很高，无法控制和阻止　D. 形容事情的发展让人无可奈何

84. 为什么商人的女儿弗西一直拒绝墨西？
    A. 因为没有共同的爱好和话题　　　B. 因为她觉得墨西性格古怪
    C. 因为墨西外貌丑陋，身有残疾　　D. 因为她不相信姻缘天注定

85. 为什么弗西最后接受了墨西并成为了他的妻子？
    A. 因为她被墨西的爱和他的话打动了
    B. 因为墨西为他谱写了一首优美的乐曲
    C. 因为她的爸爸坚持把她许配给墨西
    D. 因为墨西是一个作曲家

第86-90题

有一个孩子在同学中的人缘很不好，没有人愿意和他一起玩，因为他经常说谎。有一次，他在泥地里捡到了一枚硬币，便拿给他的姐姐，神秘地说："这是一枚古罗马硬币。"姐姐拿过一看，发现这是十分普通的旧币，只是由于受潮生锈，显得有些古旧罢了。孩子的姐姐便把这件事告诉了父亲，希望父亲好好惩罚他，让他改掉令人讨厌的习惯。可是父亲却叫过孩子说："我怎么可以责备你呢？你的想象力真伟大。"

对于孩子父亲的纵容行为，许多人不以为然，认为这势必害了孩子，他长大以后会变成一个满口假话的人。但是，谁也没有料到，这个孩子长大以后却成了著名的科

学家,他的名字叫达尔文。现在,所有人都知道,他的进化论,就是建立在超乎常人的想象和为此收集的大量实物证明之上的。没有想象,就没有今天的进化论。

如果你是家长,你会如何做呢?

86. 第一句划线部分是说,那个孩子:
   A. 不听话　　　B. 朋友很少　　　C. 是坏孩子　　　D. 经常说谎

87. 那枚硬币:
   A. 非常神秘　　B. 没有受潮生锈　　C. 是普通的旧币　　D. 是古罗马硬币

88. 关于硬币的事,父亲:
   A. 责备了孩子　　　　　　　　B. 好好惩罚了孩子
   C. 不让孩子再说谎　　　　　　D. 没有责备孩子

89. 父亲的行为,让孩子长大后:
   A. 经常说谎　　B. 令人讨厌　　C. 成为科学家　　D. 没有什么成就

90. 这个故事告诉我们:
   A. 做人要诚实　　　　　　　　B. 不要纵容孩子撒谎
   C. 不要轻易扼杀孩子的特点　　D. 父母应该是孩子的榜样

模拟题（二）

二、阅读

第一部分

第46-60题：请选出正确答案

第46-48题

按照习俗，每到感恩节，美国人一定要吃肥嫩的火鸡，这是感恩节的 _46_ 主菜。火鸡原来是栖息在北美洲的野禽，后来经过人们大批饲养，成为美味家禽，每只可重达四五十磅。现在仍然有些地方设有猎场，专供人们在感恩节前打猎，有兴趣的人到猎场花些钱，就能 _47_ 打上几只野火鸡回家。这样一来， _48_ 。

46. A. 传统　　　B. 统一　　　C. 历史　　　D. 时尚
46. A. 亲切　　　B. 亲自　　　C. 亲身　　　D. 亲口
47. A. 火鸡越来越少了　　　　B. 人们更喜欢打猎了
　　C. 过节就更有意思了　　　D. 过节就不用吃火鸡了

第49-52题

有一名老人，名叫愚公，快九十岁了。他家的门口有两座大山，挡住了路，人们出行很不方便。

一天，愚公召集全家人说："这两座大山，挡在了咱们家的门口，咱们移走这两座大山，大家看怎么样？"全家人都很赞成，只有他的妻子 _49_ 。她说："咱们 _50_ 已经在这里生活了这么多年，为什么不能这样继续生活下去呢？而且山上的石头要搬到哪里去呢？"愚公说："可以运送到海里去。"这样，愚公一家开始搬山，好心的邻居都来帮助他们，只有一个叫智叟的老人 _51_ 愚公太傻。愚公却说："我死了还有我的儿子，儿子还有孙子，我们的人越来越多，山上的石头越来越少， _52_ ？"

49. A. 同意　　　B. 支持　　　C. 反对　　　D. 允许
50. A. 虽然　　　B. 竟然　　　C. 果然　　　D. 既然
51. A. 嘲笑　　　B. 怀疑　　　C. 相信　　　D. 确定

52. A. 这不是好事吗　　　　　　B. 你不相信吗
　　C. 为什么不能成功呢　　　　D. 怎么会这样呢

第53-56题

人的一生大约有1/3的时间在睡觉，有1/5的时间在做梦。假如一个人生活75年，那么他就有15年是在 53 。

俗话说："日有所思，夜有所梦。"做梦的内容往往跟 54 所受到的刺激有关。白天对某一件事想得太多，夜晚睡觉时就会梦见这样的事，或者虽然没有发生某事，但是由于以前曾经 55 过，晚上睡觉时部分大脑神经细胞会"回忆"往事，所以也会梦见这件事。如果你最近一直在想念一个朋友，他或她就很有可能 56 。

53. A. 睡觉　　　　B. 工作　　　　C. 学习　　　　D. 做梦
54. A. 白天　　　　B. 晚上　　　　C. 下午　　　　D. 中午
55. A. 经验　　　　B. 经历　　　　C. 体会　　　　D. 亲身
56. A. 打电话给你　B. 发邮件给你　C. 出现在你的梦里　D. 也在想念你

第57-60题

海水循环有自己的周期变化。每经过20-30年，海洋就会 57 一次"冷化"与"暖化"模式的逆转。学者们通过数据分析发现，在1980-2000年这20年间，全球多达50%的暖化现象都是由于海水循环的周期 58 的。

因此，2010年全球，特别是亚洲、欧洲和北美遭受的严冬， 59 。而且，夏季气温也有可能因此比常年更低。2007年以来，全球夏季海冰增加了49.7万平方英里（约合128.7平方公里），升幅为26%，这也是海洋在向"冷化模式"迈进的一个有力 60 。

57. A. 经过　　　　B. 经历　　　　C. 经验　　　　D. 经由
58. A. 发起　　　　B. 勾起　　　　C. 引起　　　　D. 做起
59. A. 其实正在规律之中　　　　　B. 都超乎规律之外
　　C. 跟海洋变冷没有关系　　　　D. 是跟科学预测不一致的
60. A. 观点　　　　B. 命题　　　　C. 证据　　　　D. 论点

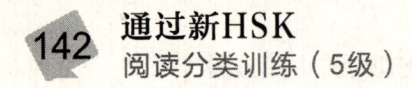

第二部分

第61-70题：请选出与试题内容一致的一项。

61. 数据显示，西方微博用户的年龄和心智与中国使用者相比更加成熟。与西方用户关注政治、经济、社会等讯息不同，中国的微博用户们大多集中于娱乐性信息和个人琐事。专家认为，微博在中国仍然还只是一个年轻人的新奇事物。

   A. 中国的微博使用者比西方更为成熟
   B. 中西方微博用户的关注点有所不同
   C. 微博在中国已经是相当成熟的事物
   D. 在中国只有年轻人才会使用微博

62. 有人问一位智者："我觉得自己很有能力，可为什么没人欣赏我呢？"智者随手捡起一块石头向远处扔去，接着叫他去捡回来，他说做不到。智者于是又扔出一块黄金，然后再叫他捡回来，结果很快他就回来了，同时也找到了答案。当一个人总是抱怨为什么自己未被发现时，何不反过来想一下自己在别人眼中是否只是一块石头？假如自己真是一块石头，就应该使自己变成一块黄金。

   A. 他不喜欢捡石头
   B. 他抱怨自己不是黄金
   C. 他很高兴别人欣赏自己了
   D. 他在捡黄金的时候找到了答案

63. 大部分高考状元的职业发展与社会期望相差甚远，在目前我国主流行业的职场状元群体中难觅高考状元的身影，一个重要原因是他们在选大学时多看牌子、少关注发展环境，挑专业时多随大流、奔热门，减缓了他们在职场中脱颖而出的速度。

   A. 很多高考状元在挑选专业时会受到所谓热门的影响
   B. 高考状元的职业发展状况大大超过了社会对其的期望
   C. 高考状元在选择大学的时候不应该考虑大学的牌子
   D. 当前职场状元精英群体中有不少人是当时的高考状元

64. 近期，严冬席卷北半球大部分地区。一批气象学家表示，这很可能只是气候变冷趋势的开端，这一趋势可能持续20-30年之久。这批气象学家们对"全球气候变暖"这一理论发起挑战，他们认为全球将经历一个迷你型"冰河世纪"。

   A. 近期，北半球的大部分地区天气很炎热
   B. 气象学家认为全球气温今后将会持续上升
   C. 目前北半球地区的寒冷天气会很快结束
   D. 气象学家对全球气候变暖理论提出了质疑

65. 一个倒霉鬼为了偷价值仅有10美元的铜盖，非法闯进垃圾站，结果被困在恶臭的环境下12小时。当垃圾站工作人员看见他伸在外边的腿时，他才被发现。此人将以非法侵入和轻盗窃罪被指控。

   A. 这个倒霉鬼很快就被发现了
   B. 警察发现并逮捕了他
   C. 这个倒霉鬼将会被指控
   D. 他想偷很值钱的东西

66. 中式宴会和西式宴会结交朋友、建立友谊的目的都很明显，只不过中式宴会更多地体现在全席的交流，而西式宴会多体现于相邻宾客之间的交流。西式宴会上，食品和酒实际上是作为陪衬的，宴会的核心在于结交朋友。

   A. 吃饭喝酒不是西式饮食宴请的核心
   B. 中式宴会结交朋友的目的并不明显
   C. 西式宴会交友的形式主要是全体交流
   D. 吃饭和喝酒是中西式宴会的目的

67. 私人空间，是指我们身体周围一定的空间。一旦有人闯入我们的私人空间，我们就会感觉不舒服、不自在。私人空间的大小因人而异，据调查数据显示，女性的私人空间比男性的大，具有攻击性格的人的私人空间更大。

   A. 每个人私人空间的大小都是一样的
   B. 男性的私人空间比女性的私人空间大
   C. 女性的私人空间比具有攻击性格的人大
   D. 人们在私人空间被侵犯时会感到不适

68. 据中国银联2月发布的统计数据显示，春节七天长假期间，银联卡境外交易金额同比增幅近80%。中国人一改多年来出国旅游时的谨慎与节省，出国消费日渐平常。

    A. 当年春节期间银联卡境内消费比去年大幅降低
    B. 中国人出国旅游时消费一向出手阔绰不加考虑
    C. 对于现在的中国人来说，出国消费没有什么稀奇的
    D. 春节期间银联卡境外交易金额比上个月增长了80%

69. 在中国20个主要城市的近2000名受访女性中，52%的人满意自己的婚姻，近30%的人认为生活"不够浪漫"。女性对于生活的满意度与生活稳定及收入有密切的关系。在那些"快乐"女性中，77%的人已婚，43%的人有大学文凭。

    A. 女性是否对生活满意和收入有密切的关系
    B. 本次受访人群包括中国2000名男性和女性
    C. 近半数的受访者对自己的婚姻是满意的
    D. 未婚者比已婚者更容易感受到生活的快乐

70. 2011年的统计数据显示，日本女性平均寿命为86岁，超过西班牙和法国等国的85岁，高居第一位。而日本男性平均寿命为80岁，低于圣马力诺的82岁，与瑞士、冰岛、以色列等国并列第二。

    A. 西班牙女性的平均寿命最高
    B. 日本男性的平均寿命最高
    C. 圣马力诺的女性平均寿命最高
    D. 以色列男性平均寿命为80岁

第三部分

第71-90题：请选出正确答案

第71-74题

　　一个小和尚化缘回来，在禅房门口见师父端坐在太阳下大汗淋漓，泪流满面。小和尚非常不解。

他问师父："师父，您怎么了？"

"没怎么，我在沐浴呢！"师父心平气和地说。

小和尚更加迷惑了，他转了几个圈后，又凑过去问师父："师父，我没看见您沐浴、洗涤啊？"

"我是在沐浴、洗涤自己的心灵，你当然看不到了。"师父静静地说。

小和尚更好奇了，他想探个究竟，长点见识，又<u>打破砂锅</u>地问道："怎么才能为自己的心灵沐浴和洗涤呢？师父可否开导开导弟子？"

师父说："点燃一颗感恩戴德之心，在自己的心底煮沸半腔开水，再加入仁义、孝悌，甚至反思、忏悔等几味名贵的药材，便可以为心灵药浴了。"

哪个人若经常为自己蒙垢的心灵沐浴和洗涤，这个人的心地就会亮丽如初、圣洁高尚的。

71. 根据文章的意思，你觉得师父为什么会泪流满面？
    A. 沐浴时心灵有所触动　　　　B. 天气太热了，他很不舒服
    C. 弟子一直无法体会自己的心　　D. 他不知道如何沐浴自己的心

72. 根据这篇文章，如何为自己的心灵沐浴？
    A. 需要用反思自省　　　　B. 需要艰苦的环境
    C. 需要经历痛苦　　　　　D. 需要别人帮助

73. 沐浴心灵时需要什么样的"药材"？
    A. 极为名贵的　　B. 非常稀少的　　C. 不易获得的　　D. 有益心灵的

74. 根据文章内容，文章中划线词语"打破砂锅"最有可能是什么意思？
    A. 放下身份，放下面子　　B. 丢掉自己原有的看法
    C. 一直追问不明白的事　　D. 放弃自己本来的态度

第75-78题

有一个男孩脾气很坏，于是他的父亲就给了他一袋钉子，并且要求他，每当他发脾气的时候就钉一根钉子在后院的围墙上。

第一天，男孩就钉下了37根钉子。慢慢地，他每天钉下的钉子数量越来越少。他发现，控制自己的脾气要比钉下那些钉子更容易。终于有一天这个男孩再也不会失去耐性乱发脾气了。他告诉父亲这件事时，父亲跟他说，现在开始，每当你能控制自己的脾气的时候，就拔出一根钉子。

一天天地过去了，最后男孩告诉父亲，他终于把所有钉子都拔出来了。父亲握着他的手来到后院，说："你做得很好，我的好孩子。但是看看那些围墙上的洞，这些围

墙将永远不能恢复成从前。你生气的时候说的话,将像这些钉子一样留下疤痕。如果你拿刀子捅别人一刀,不管你说了多少次对不起,那个伤口将永远存在。话语的伤痛就像真实的伤痛一样令人无法承受。"

75. 为什么第一天男孩钉下37根钉子?
    A. 他的爸爸需要他钉钉子　　　　B. 后院的围墙需要固定
    C. 他这一天发了很多次脾气　　　D. 他对爸爸发了很大脾气

76. 为什么男孩钉的钉子越来越少了?
    A. 因为钉子越来越少了　　　　　B. 因为他慢慢会控制脾气了
    C. 因为他没有耐心钉钉子了　　　D. 因为他明白了一个道理

77. 为什么男孩后来拔光了钉子?
    A. 他在生他爸爸的气　　　　　　B. 他控制住了自己的情绪
    C. 他知道自己做错了　　　　　　D. 他已经失去了耐性

78. 根据文章内容,父亲带男孩去看围墙上的洞是想告诉他什么道理?
    A. 有些伤害可能是无法弥补的　　B. 做错事以后就应该马上道歉
    C. 话语的伤痛不是真实的伤痛　　D. 所有伤口到最后都会愈合

第79-81题

　　一天傍晚,一个男人把车停在了花店门口,准备到店里去买一束花,寄给自己的母亲。当这个男人正要走进花店时,发现店门口蹲着一个小女孩,在那里很伤心地哭着。男人觉得小女孩十分可怜,就走到她面前问道:"小姑娘,你为什么坐在这里哭啊?"小女孩哽咽着说:"我想买一朵玫瑰花送给妈妈,可是我没有那么多的钱。"男人一下子感到非常心疼:"多么善良和孝顺的小姑娘啊!"于是,他擦干了小女孩的眼泪,和她一起走进花店,先给她买了一朵玫瑰花,然后才买了准备送给自己母亲的花。

　　走出花店时,男人问小女孩家住在哪里,他想开车送她回家。小女孩高兴坏了:"您真的要送我回家吗?"得到肯定回答后,小女孩十分兴奋地说:"那你干脆送我到我妈妈那里去好了!不过,叔叔,我妈妈住得很远。"小女孩太可爱了,于是男人答应了她。

　　在小女孩的带领下,男人开着车出了城。没一会,竟然还上了弯弯曲曲的山路,最后车停在了一片墓地前。

　　这时男人明白了,小女孩的妈妈已经去世了。小女孩正是为了死去的妈妈,才跑那么远去买花的。小女孩把手上的鲜花轻轻地放在了妈妈的墓地上。看到这一幕,男人做了一个决定：等待会把小女孩送回家，自己还要去买一束鲜花，然后立即开车回家送给母亲。因为，他的母亲，就住在离他只有三个小时车程的家乡。

79. 小女孩为什么哭？
    A. 因为她没有钱买吃的东西 B. 因为她一个人非常得害怕
    C. 因为她没有钱给妈妈买花 D. 因为她找不到回家的路了

80. 根据文章内容，下列哪项说法是错误的？
    A. 男人被小女孩感动了   B. 男人想要开车送小女孩回家
    C. 小女孩的妈妈住得很远   D. 小女孩的妈妈已经去世了

81. 男人在把小女孩送回家以后，会先去哪里？
    A. 花店   B. 他的家   C. 墓地   D. 他妈妈的家

第82-85题

楼上新买了一架钢琴，我们家便多了一些不安静，尤其在休息的时候，再好听的钢琴声也只能是噪音。太太的精神一直不太好，现在睡觉时间更少了。两个月后，看着太太黄黄的脸，我决定到楼上说说这件事。

那天晚上，刚看完足球比赛，我就按响了楼上邻居的门铃。我知道楼上的男主人很喜欢足球，就说是来聊聊足球。男主人很兴奋，和我讲了一大串足球明星。我说："看足球只是我的第三爱好，听钢琴才是我的第二爱好。"接下来，话题就转到钢琴上来了。原来，是他的妻子和女儿喜欢弹钢琴。我说了几首钢琴名曲，最后特别强调："只要听到钢琴的声音，电视里再好看的足球比赛，我也不会看。第三爱好必须让位给第二爱好。"男主人问："那你的第一爱好是什么？"我笑着说："真不好意思，我的第一爱好是睡觉，所以当我享受第一爱好时，<u>第二爱好就……</u>"

"不必说了，不必说了。"男主人连忙说，"以后，我让她们弹琴时一定关窗户，休息时间不要弹琴。"

82. 为什么太太睡觉的时间越来越少了？
    A. 楼上不安静   B. 她喜欢听钢琴曲
    C. 她的精神不太好   D. 她弹琴的时间很长

83. 我上楼去的主要目的是什么？
    A. 批评楼上的主人   B. 和主人谈我的爱好
    C. 和主人谈足球比赛   D. 请主人休息时别弹琴

84. 第2段中画线句子的意思是：
    A. 不想看足球   B. 不想睡觉   C. 不想听钢琴   D. 不想聊天

85. 根据上文，可以知道楼上的男主人：

　　A. 很友好　　　B. 很糊涂　　　C. 很激动　　　D. 很失望

第86-90题

　　"对，儿子，我不是总统，只是父亲。"罗斯福的这句话曾在美国人心中产生过不小的震撼，这也是他一贯遵循的教子原则。

　　罗斯福十分注重培养孩子的独立人格，甚至认为孩子在思想上也应该是独立的。当二战正愈加激烈时，儿子问他该怎么办。他说："要我告诉你该怎么做，那你应该首先认清我是一个怎样的父亲。你们的事是你们自己的事，我从不干预。"

　　罗斯福还竭力反对孩子依赖父母过寄生的生活。他从不给儿子任何资助，让他们凭着自己的能力去开辟事业，赚他们该赚的钱。但在钱财的支配上，他绝不让孩子放任自流。儿子在一次旅行中买了匹好马，却没有了回程的路费，便打电话要求父亲帮助。他回答说："你和你的马游泳回来吧！"儿子只能卖掉马，买票回家。从此他懂得了不能无计划用钱的道理。

86. 根据本文，关于罗斯福的说法正确的是：

　　A. 非常溺爱他的孩子　　　　　B. 在经济上资助他的孩子
　　C. 不懂得怎样教育孩子　　　　D. 教子的理念影响了美国人

87. 罗斯福注重培养孩子的：

　　A. 事业心　　B. 赚钱能力　　C. 独立人格　　D. 有计划用钱

88. 罗斯福对孩子的事情：

　　A. 从不干预　　B. 从不关心　　C. 从不考虑　　D. 从不在意

89. 最后一段，罗斯福的儿子最后：

　　A. 骑马回家　　B. 卖马买票回家　　C. 没钱买票回家　　D. 得到了父亲的资助

90. 下列对于罗斯福的教育观点，哪一项是错误的：

　　A. 只要是孩子自己赚的钱，任由其支配

　　B. 他反对家长在经济上帮助孩子

　　C. 孩子在生活和思想上都应独立

　　D. 家长不应干涉子女自己的决定

模拟题（三）

二、阅读

第一部分

第46-60题：请选出正确答案

第46-48题

色彩会影响到人们对温度的感觉。一家公司的行政经理经常接到同事的投诉， 46 办公室太冷。而经理将办公室的蓝色墙面漆成了浅黄色，并增加了一些暖色的油画等摆设后，便没有人抱怨温度低了， 47 。这是由于人类接触最多的色彩来自于自然，因此一种色彩很容易使人联想到与之相似的场景，蓝色容易使人联想到冰冷的海水，因此产生 48 的感觉。

46. A. 怨言　　　　B. 抱怨　　　　C. 满意　　　　D. 觉得
47. A. 同时提高了空调的温度　　　　B. 天气也慢慢暖和了
　　C. 但其实空调的温度并没有改变　　D. 同事们的关系越来越好了
48. A. 寒冷　　　　B. 温暖　　　　C. 自然　　　　D. 炎热

第49-52题

有一天，天气很好，阳光灿烂。这个时候，一只蚌张开自己的壳在沙滩上 49 太阳，一只鹬出来找东西吃。鹬看见了在沙滩上打开壳的蚌，就悄悄走过去，突然用它长长的嘴啄蚌的肉。蚌突然受到攻击，马上合上自己的壳，紧紧 50 住了鹬的嘴。鹬不肯松开自己的嘴，蚌不肯松开自己的壳，就这样 51 。这个时候一个渔翁发现了它们，就把它们一起捉走了。这个故事经常用来比喻两方争斗，结果让第三方 52 了便宜。

49. A. 看　　　　B. 晒　　　　C. 等　　　　D. 赏
50. A. 吃　　　　B. 咬　　　　C. 夹　　　　D. 关
51. A. 双方谁都不肯相让　　　　B. 双方都很累了
　　C. 双方都很生气　　　　　　D. 双方都觉得很疼
52. A. 有　　　　B. 占　　　　C. 享　　　　D. 拿

第53-56题

西方人在介绍自己国家的 53 特点时，觉得西方比中国更重视营养的合理搭配。西方有较为 54 的食品工业，如罐头、快餐等，虽然口味千篇一律，但是节省时间，而且营养充足。 55 ：高个、长腿、宽大的肩、发达的肌肉；而中国人则显得身材瘦小、肩窄腿短。 56 中西方饮食对象的明显差异这一特点，有人把中国人称为植物性格，把西方人称为动物性格。

53. A. 文化　　　　B. 身材　　　　C. 饮食　　　　D. 工业
54. A. 发展　　　　B. 发达　　　　C. 落后　　　　D. 退步
55. A. 所以西方人普遍比中国人健壮　　B. 所以西方食品通常很贵
　　C. 所以西方人吃的东西没有营养　　D. 所以中国人不喜欢吃西餐
56. A. 据说　　　　B. 根据　　　　C. 根源　　　　D. 根本

第57-60题

据美国《侨报》消息，随着中国经济的繁荣，中国的大城市越来越国际化， 57 了不少外国留学生到当地大学学习，不少人甚至想留在中国工作。 58 外国留学生要和中国毕业生一起竞争，加上文化 59 问题，他们很难融入中国职场和体制。大部分人只能找到像英语教师这样的工作， 60 ，但却和他们的期待相距甚远。

57. A. 引发　　　　B. 导致　　　　C. 吸引　　　　D. 引起
58. A. 虽然　　　　B. 然后　　　　C. 尽管　　　　D. 然而
59. A. 适合　　　　B. 合适　　　　C. 适应　　　　D. 适当
60. A. 虽然工作环境不好　　　　B. 虽然薪水不错
　　C. 虽然机会不多　　　　　　D. 虽然困难很大

第二部分

第61-70题：请选出与试题内容一致的一项

61. 人的第一感觉是视觉，而色彩对视觉的影响最大。科学家发现当色彩作用于大脑时，人的心理和生理都会产生变化。心理学家进一步发现，一些色彩会让人感到激动，另一些色彩则会使人感到烦躁。

    A. 人的第一感觉是色彩
    B. 色彩影响着人们的视觉
    C. 色彩对人的心理没有影响
    D. 色彩对人的生理没有影响

62. 据西方植物学学者调查，中国人吃的蔬菜有600多种，比西方多六倍。实际上，在中国人的菜肴里，素菜是平常食品，荤菜只有在生活水平提高以后，才进入平常的饮食结构中。

    A. 中国人非常不喜欢肉的味道
    B. 中国人吃的蔬菜种类比西方多
    C. 肉菜是中国人的平常食品
    D. 中国人从来不吃荤菜

63. 民政部统计报告显示，中国离婚人数正呈逐年上升趋势，而2010年的离婚人数，更是创下了历史新高。虽然许多发达国家的离婚率高于中国，但是中国离婚率逐年上升，还是需要认真对待。

    A. 2009年中国离婚人数高于2010年
    B. 中国每年离婚人数有所减少
    C. 中国离婚率高于发达国家
    D. 中国离婚率上升需要重视

64. 外国留学生想在中国找工作是比较困难的，因为中国公司更愿意聘请资深的外籍管理人士，而不是刚毕业的留学生。中国大城市的很多外国留学生只能找到实习类的工作机会。

    A. 外国留学生在中国找工作很容易
    B. 外国留学生不可能在中国找到工作
    C. 有经验的外籍人士比留学生有优势
    D. 外国留学生不想在中国找工作

65. 中医强调"药疗不如食疗"，因为食疗不会产生毒副作用，而长期使用药物往往会产生各种副作用和依赖性，而且还可能对人体的某些健康造成影响；另外，这些食物都是我们日常生活中的平凡之物，价格低廉。

    A. 中医认为食疗比药疗更好
    B. 长期食疗会产生依赖性
    C. 食疗会对健康产生影响
    D. 食疗材料价格十分高昂

66. 成名以来，韩寒引发的争论也从未停止过，但当他的博客点击量超过4亿后，最古板的人也意识到这不是个胡闹的年轻人，那么多点击量的背后，无论是赞誉还是批评，都代表了他的影响力。

    A. 大家都觉得韩寒是个胡闹的年轻人
    B. 韩寒的博客点击量是中国最多的
    C. 韩寒一直是个有争议的人物
    D. 韩寒在中国的影响力不大

67. 人与人之间需要保持一定的空间距离，当空间距离被人触犯就会感到不舒服。这种距离不是固定不变的，它具有一定的伸缩性，这依赖于具体情境，如：交谈双方的关系、社会地位、文化背景、性格特征等。

    A. 人与人的空间距离是不会改变的
    B. 对话双方的关系会影响空间距离
    C. 人的空间距离被侵犯时不会有不适感
    D. 不同文化背景的人有相同的空间距离

68. 暗示，作为一种心理疗法，有科学的基础和功效，对一些心因性疾病有一定的疗效。在众多的暗示疗法中，语言暗示是第一重要的，暗示疗法的运用无不借助语言而起着强化作用。

   A. 暗示作为心理疗法是有科学依据的
   B. 暗示疗法的运用不需要借助语言
   C. 暗示疗法没有疗效
   D. 语言暗示的作用并不重要

69. 牛肉的营养价值仅次于兔肉。蛋白质需求量越大，饮食中所应该增加的维生素B6就越多。牛肉含有足够的维生素B6，可帮你增强免疫力，促进蛋白质的新陈代谢和合成，从而有助于紧张训练后身体的恢复。

   A. 牛肉的营养价值比兔肉差很多
   B. 牛肉是最有营养的一种肉
   C. 兔肉的营养价值比不上牛肉
   D. 维生素B6对增强免疫力有好处

70. 剑桥大学开展的有关欧洲人快乐感的调查表明，虽然总是生活在漫长而黑暗的冬季，但丹麦、芬兰等北欧国家的快乐感最高；而阳光充足的南欧国家意大利、葡萄牙和希腊的快乐感却最低。

   A. 丹麦、芬兰等国阳光充足
   B. 因为缺少阳光，意大利人快乐感很低
   C. 葡萄牙人比芬兰人更加快乐
   D. 丹麦人比意大利人更快乐

第三部分

第71-90题：请选出正确答案

第71-74题

阿德和阿诺同时受雇于一家店铺，但是薪水却有<u>天壤之别</u>。阿诺拿的薪水比阿德少很多，他觉得老板不公平，希望得到老板的解释。

"阿诺，"老板说，"你现在到集市上去一下，看看今天早上有什么卖的。"阿诺从集市上回来说，今早集市上只有一个农民拉了一车土豆在卖。"有多少？"老板问。阿诺又跑到集上，然后回来告诉老板一共40袋土豆。"价格是多少？"阿诺又第三次跑到集上问来了价格。"好吧，"老板对他说，"现在你看看阿德是怎么做的。"

阿德很快就从集市上回来了，向老板汇报说只有一个农民在卖土豆，一共40口袋，价格是多少多少；土豆质量很不错，他带回来一个让老板看看。这个农民一个钟头以后还会弄来几箱西红柿，据他看价格非常公道。他想这么便宜的西红柿老板肯定会要进一些的，所以他不仅带回了一个西红柿做样品，而且把那个农民也带来了，他现在正在外面等回话呢。

此时老板转向了阿诺，说："现在你知道为什么阿德的薪水比你高了吧？"

71. 根据文章的意思，第一段中"天壤之别"是什么意思？

　　A. 没有区别　　B. 区别很大　　C. 区别很小　　D. 完全一样

72. 阿诺想从老板那里得到什么解释？

　　A. 为什么他的薪水低　　B. 为什么老板不公平

　　C. 为什么工作时间长　　D. 为什么阿德受欢迎

73. 阿诺一共去了集市几次？

　　A. 一次　　B. 两次　　C. 三次　　D. 四次

74. 根据文章内容，为什么阿德比阿诺的薪水高？

　　A. 因为老板更喜欢阿德　　B. 因为阿德工作更有效率

　　C. 因为老板讨厌阿诺　　D. 因为老板没有公平对待二人

第75-78题

汽车上的马达最早是在的英国发明出来的。马达发明之前，汽车发动机启动是要人来摇的，很不方便。英国一位发明者认识到了启动马达的重要性及广阔的市场，借了很多钱终于发明了启动马达。但当时装上马达的新型汽车却无人问津，于是他破产了。尔后他从英国辗转到了美国。让他没有想到的是，美国人非常喜欢这项发明，从此他发财了。

他在英国的失败，并不是因为他的发明不好，也不是技术上不成熟，而是它不适合英国当时的国情。当时英国的有钱人多为贵族，他们讲究的是面子。汽车是他们身份的标志，他们自己并不开车，而且让司机或仆人去摇车对他们而言是一种享受。而美国不同，这是一个移民国家，讲的是平等。汽车是代步的工具，是他们提高效率的手段。

因此，有时候一项好的发明不能得到真正实践或者发挥重大作用，并不完全在于其好不好，也不是在于其技术上是否成熟，关键在于其是不是适合当时的社会环境和需求。

75. 哪个国家最早广泛应用了汽车马达？
   A. 英国   B. 美国   C. 韩国   D. 日本

76. 关于马达，哪项是正确的？
   A. 发明马达的人一开始就非常富有   B. 汽车装上马达后马上受到了欢迎
   C. 英国人当时很喜欢马达这个发明   D. 英国人和美国人对马达的反应不一样

77. 为什么英国人对马达的反应比较冷淡？
   A. 技术不成熟   B. 不适合英国人的需求
   C. 汽车销量小   D. 这项发明不好

78. 根据文章内容，这篇文章想告诉人们什么道理？
   A. 人们要勇敢尝试新事物   B. 不要惧怕失败和困难
   C. 发明和创造要结合社会需求 D. 失败是成功之母

第79-82题

　　一天夜里，已经很晚了，一对年老的夫妻走进一家旅馆，他们想要一个房间。服务员回答说："对不起，我们旅馆已经客满了，一间空房也没有剩下。"看着这对老人很累的样子，服务员又说："让我来想想办法。"好心的服务员将这对老人带到一个房间，说："也许它不是最好的，但现在我只能做到这样了。"老人见眼前是一间又干净又整齐的屋子，就愉快地住了下来。

　　第二天，当他们来交钱的时候，服务员却对他们说："不用了，因为我只不过是把自己的屋子借给你们住了一晚。祝你们旅途愉快！"原来服务员自己一晚没睡。两位老人十分感动，丈夫说："孩子，你是我见到过的最好的旅店经营者，我们会感谢你的。"服务员笑了笑说："这算不了什么。"他送老人出了门，转身接着忙自己的事，把这件事忘得一干二净。没想到过了几天，服务员接到了一封信，里面有一张去另一个城市的机票并有一段简单的留言，请他去做另一份工作。

　　他到了那个城市，按信中所说的路线来到一个地方，抬头一看，一座高级大酒店出现在他的眼前。原来，几个月前的那个深夜，他接待的是这家大酒店的老板和他的妻子，老人请他来做这个大酒店的经理。

79. 那对年老的夫妻住的房间是怎样的？
   A. 非常豪华   B. 不太干净   C. 非常贵   D. 很整洁

80. 关于服务员，下面哪项是错误的？
    A. 他非常热情　　　　　　　　B. 他十分善良
    C. 一直等着老夫妻感谢他　　　D. 他的服务态度很好

81. 关于两位老人，下面哪项是错误的？
    A. 他们很穷，付不起房费　　　B. 他们十分感谢服务员
    C. 他们到酒店的那天很累　　　D. 他们被服务员感动了

82. 两位老人是如何感谢服务员的？
    A. 请他管理自己的酒店　　　　B. 请他去别的城市旅行
    C. 给了他很多的钱　　　　　　D. 送给他一个酒店

第83-86题

"人"这种高级动物有时非常复杂，有时却又单纯极了。互相不认识的两个人在得知彼此是同乡后，会马上感到非常亲切。两位陌生人即使只是共同处理了一件小事，两人的关系也会因此而亲密起来。

父母与子女之间也是这样。虽然亲情是天生的，但是假如父母与子女相处的时间过少，彼此兴趣不同，缺少共同话题，那么即使相对而坐也会感觉相隔甚远。相反，若是每天能多一个小时的时间相处，增加一两件一起做的事情，父母与子女自然就能逐渐拥有共同话题，彼此的关系也会不知不觉地更加亲密起来。

即使某些活动在父母看来是幼稚的，但是为了维持与孩子的亲密关系，父母也应该陪同孩子参与。不一定要如何正式、成功，即便做得不好也没有关系。仅仅是同孩子一起叠彩纸或开心地聊天这类简单的事情，同样不可忽视。因为对孩子而言，与父母相处的时间本身就是爱，就是鼓励，就是美好的回忆。

83. 第一段中举了两个例子，主要是为了说明：
    A. 动物也有感情　　　　　　　B. 人是高级动物
    C. 人有时很单纯　　　　　　　D. 人很复杂

84. 根据第二段，可以知道亲情：
    A. 也需要维护　　　　　　　　B. 与兴趣爱好无关
    C. 存在于陌生人之间　　　　　D. 不会随时间的变化而变化

85. 父母陪孩子参与各种活动：
    A. 应该穿得正式一些　　　　　B. 能使孩子变得更聪明
    C. 能增加与孩子间的感情　　　D. 要提前做好充分的准备

86. 上文主要谈的是：

    A. 游戏的作用　　　　　　　　B. 如何与子女相处

    C. 人要有竞争观念　　　　　　D. 怎样获得好的人际关系

第87-90题

某大学做了一个非常著名的关于目标对人生影响的跟踪调查。该项调查的对象是一群智力、学历、环境等条件都差不多的年轻人。调查显示：调查对象中27%的人没有目标；60%的人目标模糊；10%的人有比较清楚的短期目标；3%的人有十分清楚的长期目标。

25年的跟踪调查发现，他们的生活状况十分有意思：那3%的人，25年来几乎都不曾更改过自己的目标，他们始终朝着同一个方向不懈地努力。25年后，他们几乎都成了社会各界非常成功的人士。那10%的人，大多生活在社会中上层。他们的共同特点是，那些短期目标不断地被达到，生活质量稳步上升。他们成为各行各业不可缺少的专业人士，如医生、律师、工程师、高级主管等等。那60%的人，几乎都生活在社会中下层。他们能安稳地生活与工作，但都没有什么特别的成绩。剩下那27%的人，他们几乎都生活在社会最底层，常常失业，并且常常在怨恨他人、怨恨社会。

调查者因此得出结论：目标对人生有巨大的导向作用。成功在一开始仅仅是一个选择。你选择什么样的目标，就会在什么方向上努力，就容易有什么样的成就，就会有什么样的人生。

87. 关于那个调查，下列哪项是正确的？

    A. 调查对象是大学生　　　　　B. 被调查者条件相似

    C. 持续进行了30年　　　　　　D. 大部分被调查者目标明确

88. 有短期目标的人25年后：

    A. 经常换工作　　　　　　　　B. 变得非常有名

    C. 生活质量一般　　　　　　　D. 取得了一定的成就

89. 最后一段中的"导向"最可能是什么意思？

    A. 指出方向　　B. 导致结果　　C. 增加效果　　D. 完全决定

90. 上文主要谈的是：

    A. 怎样提高生活质量　　　　　B. 怎么实现自己的目标

    C. 目标不同，人生不同　　　　D. 理想和现实之间存在距离

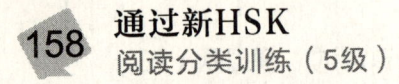

模拟题(四)

二、阅读

第一部分

第46-60题：请选出正确答案

第46-48题

容易发怒的人喜欢吃有韧性的食物，比如肉类；情绪低落的人喜欢吃富含糖和咖啡因的食物；妒忌成性的人则看到什么食物都会堆在盘子里……专家们发现，__46__。心理学家辛西娅·博尔女士已经对这个问题进行了30年的研究。她参考了500多份病例资料，首次围绕食物与精神状态之间的关系展开了__47__的观察。研究显示，就餐者也许可以通过改变饮食来控制自己的__48__。

46. A. 食物可以反映人的性格和情绪　　B. 食物与人的性格有关系
　　C. 这是一种奇怪的自然现象　　　　D. 这个问题没有什么科学价值
47. A. 细心　　　B. 悉心　　　C. 细小　　　D. 细致
48. A. 身材　　　B. 情绪　　　C. 身高　　　D. 样貌

第49-52题

朋友买了一辆新车。周末，我和他一起去试车。为了测试车的__49__，我们把车开得很快。"我这辆车虽然不怎么有名，但速度和那些好车差不多吧。"朋友__50__地说。这时，前面的车突然停了，朋友急忙__51__，可是车滑行了好长的一段路才停下来，差一点儿撞到那辆车。我和朋友都吓出了一身冷汗。"现在，__52__！"朋友说。其实，人生不也是这样吗？优秀的人不仅工作起来很有效率，他们也更懂得如何迅速地停下来。

49. A. 性质　　　B. 功能　　　C. 性能　　　D. 质量
50. A. 高兴　　　B. 伤心　　　C. 怀疑　　　D. 忧虑
51. A. 加油　　　B. 左转　　　C. 右转　　　D. 刹车
52. A. 我终于明白为什么有人不开车了　　B. 我终于明白为什么车便宜了
　　C. 我终于明白普通车和好车的区别了　　D. 我终于明白为什么会撞车了

第53—56题

　　压力并不全是坏事，但要适度，超越了限度，就会产生一系列的 53 问题。在应试教育的模式下，学校、家长、学生都在追求分数， 54 ，使中学生对自己缺少一个全面的评价，从而产生了逆反、厌学等心理反应。心理反应主要表现在，只看重 55 的好坏。如果没有考到想要的分数，就认为自己"一切都完了"，从而 56 极端、陷入崩溃的心态。

53. A. 生理　　　　B. 心理　　　　C. 家庭　　　　D. 经济
54. A. 沉重的学习压力　　　　B. 家长和学生的关系
　　 C. 学校和家长的关系　　　D. 同学之间的影响
55. A. 同学关系　　B. 经济条件　　C. 成绩　　　　D. 学校
56. A. 走　　　　　B. 有　　　　　C. 做　　　　　D. 说

第57—60题

　　北半球和南半球的季节正好相反，当北半球是夏季时，南半球则是 57 。1月可以代表北半球最冷和南半球最热的时期，7月可以代表北半球最热和南半球最冷的时期。一般来说，接受的热量相同，反映在温度上也应该相同。但实际上北半球1月和南半球7月，北半球7月和南半球1月， 58 。这是因为太阳 59 的热量虽然是空气中热量的来源， 60 直接影响到空气冷热变化的是地面放射热量的多少。

57. A. 春季　　　　B. 夏季　　　　C. 秋季　　　　D. 冬季
58. A. 温度是一样的　　　　　　B. 季节是一样的
　　 C. 温度是很不一样的　　　　D. 热量是相同的
59. A. 放射　　　　B. 辐射　　　　C. 出来　　　　D. 出去
60. A. 却　　　　　B. 但是　　　　C. 因为　　　　D. 所以

第二部分

第61-70题：请选出与试题内容一致的一项

61. 虽然很多动物每天的睡眠时间都超过12个小时，但这并不意味着它们非常懒惰。实际上，它们在清醒时非常活跃。睡眠时，一些动物处于半睡半醒的状态，还有一些动物在休息时也时刻保持神智清醒。

A. 所有动物的睡眠时间都超过12小时
B. 动物睡得多说明它们非常懒惰
C. 有的动物在睡眠时神智清醒
D. 动物在休息的时候睡得很熟

62. 体育现场广告，有赛场地面广告，如篮球场开球区、摩托车赛车跑道等地面广告；还有赛场场地广告，如足球场四周的挡板广告、田径场跑道两边的广告牌。随着运动员的移动，作为背景的广告牌也不断展现在观众眼前，赞助商标识、广告语也就能对观众形成重复、长时间的刺激。

A. 广告会刺激观众，让他们感到很不耐烦
B. 广告应该被设计成移动的
C. 在比赛现场做广告效果不错
D. 广告会令运动员注意力不集中

63. 世界首架无污染的太阳能飞机5月13日进行了第一次跨国界飞行，这是该飞机的第五次飞行，之前的四次都没有飞离瑞士国界。该机曾完成了连续26小时的飞行，这是太阳能飞机的最高飞行时间记录。

A. 该太阳能飞机一共进行了五次跨国界飞行
B. 该飞机创下了太阳能飞机的最高飞行时间记录
C. 该飞机这次跨国界飞行一共飞了26个小时
D. 该太阳能飞机会造成污染

64. 并非每一种颜色都让我们心情舒畅，同一种颜色在不同的场合也给我们带来完全不同的感受，而且相同的颜色对不同的人的影响也是不同的。造成这种现象的原因在于色彩对人的情绪的巨大影响。

   A. 所有的颜色都让我们心情愉快
   B. 同样的颜色带给人们同样的感受
   C. 同样的颜色对不同的人影响相同
   D. 色彩会对人的情绪产生很大影响

65. 据记者调查，多数企业表示一般情况下都不敢尝试招聘情侣。一是由于除了急招的工作岗位，公司较难提供适合两人的岗位；二是公司认为情侣共同在一家公司工作，若感情处理不好，会导致双方更加不稳定。

   A. 情侣在一起工作可能不利于工作的稳定
   B. 公司不可能为情侣提供合适的岗位
   C. 多数企业愿意招聘情侣一起工作
   D. 情侣在一起工作感情会更加深厚

66. 先苦后甜式的生活，是最佳的人生模式。出风头、被戴高帽只会让人骄傲而停滞不前。苦难是种财富，能使人更理解生活，能使人更明白人生的真谛，于是越会珍惜人生，越会热爱生活，越会奋发向上。

   A. 人生不需要别人的夸奖和表扬
   B. 只要经历了苦难，就一定会成功
   C. 苦难过后一定会拥有甜蜜和幸福
   D. 苦难能让人更加了解生活的意义

67. 美国加利福尼亚大学科学家近日宣称，他们找到一种可能从脑海中删除创伤的方法，这种方法让忘记痛苦回忆成为一种可能。因为科学家们已经找到了一种被称为PKM的蛋白质与烦恼回忆之间的联系。

   A. 人类目前已经可以从脑海删除创伤
   B. 人类目前已经可以忘记痛苦回忆
   C. 烦恼回忆与一种蛋白质有所联系
   D. 从脑海中删除痛苦回忆是无法实现的

68. 据联合国统计，近年来，世界许多国家的离婚率都有迅速上升的趋势。美国和欧洲许多国家的离婚率长期居高不下。亚洲许多国家的离婚率已有接近欧美国家的趋势，如韩国的离婚率已经飚升至世界第三。

    A. 美国的离婚率一直很高
    B. 亚洲许多国家的离婚率很低
    C. 大多数国家离婚率有所下降
    D. 韩国的离婚率降低为世界第三

69. 《孙子兵法》是中国古代流传下来的最早、最完整的军事著作，在中国军事史上有着特别重要的地位，已被译成日、英、法、德、俄等几十种文字，在世界各地广为流传，享有"兵学圣典"的美誉。

    A. 《孙子兵法》是中国最完整的军事著作
    B. 《孙子兵法》被翻译成了十几种外文
    C. 《孙子兵法》被拍成了电影广泛流传
    D. 《孙子兵法》是中国现存最早的兵书

70. 心理学家对颜色与人的情绪之间的关系进行了研究。一般情况下，红色表示乐观、热情，能使人情绪热烈、饱满；黄色表示快乐、明亮，能使人充满喜悦；绿色表示和平，能使人的心情平静。不同颜色会给人的情绪带来不同影响。

    A. 喜欢绿色的人都很热情
    B. 红色能使人心情平静
    C. 颜色对人的心理有影响
    D. 黄色可以提高睡眠质量

第三部分

第71-90题：请选出正确答案

第71-74题

两个旅行中的天使到一个富有的家庭借宿。这家人对他们并不友好，并且拒绝让他们在舒适的客房过夜，而是在冰冷的地下室给他们找了一个角落。当他们铺床时，较老的天使发现墙上有一个洞，就顺手把它修补好了。年轻的天使问为什么，老天使答到："有些事并不像表面看上去那样。"

第二晚，两人又到了一个非常贫穷的农家借宿。主人是一对年老的夫妇，夫妇俩对他们非常热情，把仅有的一点点食物拿出来，然后又让出自己的床铺给两个天使。第二天一早，两个天使发现农夫和他的妻子在哭泣，他们唯一的生活来源——一头奶牛死了。年轻的天使非常愤怒，他质问老天使为什么会这样，第一个家庭什么都有，老天使还帮助他们修补墙洞，第二个家庭尽管如此贫穷还是热情款待客人，而老天使却没有阻止奶牛的死亡。

"有些事并不像表面看上去那样。"老天使答道，"当我们在地下室过夜时，我从墙洞看到墙里面堆满了金块。因为主人被贪欲所迷惑，不愿意分享他的财富，所以我把墙洞填上了。昨天晚上，死亡之神来召唤农夫的妻子，我让奶牛代替了她。所以有些事并不像表面看上去那样。"

71. 两个天使第一次住宿的家庭是什么样的？
    A. 是一个非常富有的家庭　　　　B. 主人的态度很热情
    C. 主人对他们十分友好　　　　　D. 让他们住在舒适的卧室

72. 两个天使第二次住宿的家庭是什么样的？
    A. 他家的墙上破了一个洞　　　　B. 他家的奶牛第二天死了
    C. 这家人不让他们在家里住　　　D. 房子主人是一对年轻的夫妇

73. 为什么老天使修补第一家的墙壁？
    A. 那对夫妇请他帮忙　　　　　　B. 小天使请他修
    C. 为了感谢那对夫妇　　　　　　D. 为了惩罚那对夫妇

74. 这篇文章想要说明什么道理？
    A. 应该帮助所有的人　　　　　　B. 应该真诚地对待别人
    C. 恶人也可能得到好的结果　　　D. 表面看到的不一定是真实的情况

第75–78题

互联网把世界变成了地球村,这个比喻在美国教师妮科尔的三年级社会课上体现得最明显。他们每天收到成千上万封来自世界各地的电子邮件,妮科尔老师让孩子们把地图册拿出来,地球村的概念就化成了地图上五颜六色的标记。她们每星期在班上读两次电子邮件。"格陵兰终于有信来了,信上说:我叫莱拉,我从格陵兰给你们写信,我现在在丹麦皇家海军驻格陵兰南部的一个地方,我是无线电操作员,要在这里驻扎两年。"

还有被北冰洋坚冰围困的澳大利亚儿童作家从船上寄来的,信上说:"冰很美丽,我们看见了鲸鱼、企鹅和海豹,我窗外的一块浮冰上就有一只企鹅,企鹅粪是粉红色的。"

妮科尔说,她的灵感来自密歇根州的一封邮件。从那以后,学生们向父母电子邮件通讯录里的地址发送最初的邮件,询问他们的生活,以了解世界各地发生的事情。去年1月美联社报道了他们的故事后,邮件就如雪片般飘了过来,现在她们还得请人来帮忙分拣电子邮件呢。妮科尔说:"我想让孩子们热爱世界,不要成为只注意身边事情的传统美国人,孩子会认识到世界各地有什么,认识到我们如何影响别人,别人如何影响我们。我希望能借助这项活动在每一个孩子心里都种下一颗探寻奇妙的种子。"

75. 妮科尔教什么课?
A. 地理课　　B. 社会课　　C. 文学课　　D. 哲学课

76. 从格陵兰发来的信件里说了什么?
A. 发信人说他看见了企鹅　　B. 发信人被困在海里
C. 发信人是无线电操作员　　D. 发信人已经在那里住了两年

77. 关于他们收到的来信哪项是正确的?
A. 他们只收到美国的来信　　B. 他们收到的信不多
C. 他们收到世界各地的信　　D. 他们每天课上都会读来信

78. 妮科尔这么做的目的是什么?
A. 为了让孩子更好地了解世界　　B. 为了让孩子注意自身的问题
C. 为了让她的课和她的学校出名　　D. 为了教孩子怎么播种子

第79–90题

近年来的一些调查发现,那些"女主外、男主内"的家庭形式虽然大多是基于经济状况的无奈选择,却不一定不幸福。从某种角度来说,这种形式能更好地维护婚姻稳定。但过去很多人认为这给家庭稳定带来不好的影响:女性经济越来越独立甚至代替男人成为养家者，就容易给丈夫造成压力，婚姻更容易出现问题。但事实也许并非如此。调查显示，家庭经济中男女地位交换实际上对婚姻起了稳定作用，使离婚率更低，婚姻更幸福。

一位社会学教授研究发现，在很多家庭中，夫妻双方同时工作并分担家务，比主要由丈夫养家的婚姻更稳定，离婚率更低。她以自己为例子，说："在我的婚姻中，我比丈夫的学历高，现在他退休了，我的收入相对更高。当初我选择他因为他尊重我，也乐意和我分担日常生活中的各种责任。现在越来越多的女人有能力做相似的选择。"

79．"女主外，男主内"的家庭形式：
　　A. 现在越来越少　　　　　　B. 对婚姻有好处
　　C. 很受男性的欢迎　　　　　D. 适合年龄大的夫妇

80．过去，人们认为女性代替丈夫养家：
　　A. 会感觉很疲劳　　　　　　B. 会使丈夫很有压力
　　C. 不利于孩子的成长　　　　D. 婚姻的幸福感更强

81．那位社会学教授有什么发现？
　　A. 离婚率越来越高　　　　　B. 人们追求完美婚姻
　　C. 丈夫养家的家庭更幸福　　D. 夫妻同时工作的婚姻更稳定

82．关于那位社会学教授，错误的是：
　　A. 会做家务　　B. 已经退休了　　C. 收入比丈夫高　　D. 有研究生学历

第83-86题

有一个大家都非常熟悉的营销故事，说的是有一个很大的鞋厂，考虑到国内市场已经饱和，决定在海外开辟市场。一天，鞋厂老板找来营销总管，指示他们派出两批市场调查组到非洲寻找市场。去后不久，两个市场调查组都打来电话。甲组说："这里的土著人都不穿鞋，即使生产出鞋来，在这里也会卖不出去，还是赶快给我们寄来返回的机票吧！"而另一调查组乙组却与甲组结论完全相反，乙组十分兴奋地告诉老板："这里人人没有鞋穿，鞋子市场很大，亟待我们开辟。请汇款5万元，我们要在这里筹建工厂，设计适合当地土著人穿的鞋。"

大多数人在讲述这个故事时基本倾向于后者，用后者的创新思维方式来启发和激励别人。其实，这样解读片面强调人的主观能动作用，而忽略了一个关键的客观事实，那就是非洲土著人根本就没有穿鞋的习惯，他们也不需要穿鞋。要想把鞋子卖给土著人，除非先改变他们的生活方式，而改变一个种族千百年来养成的传统习惯，并不是可以一蹴而就的。所以，好的想法、好的创意也许并不能完全达到自己所预定的目标，必须要切合实际。

83. 为什么鞋厂要到海外开辟市场？
   A. 产品在本国不受欢迎　　　　B. 海外主动联系合作
   C. 国内可用市场不够大　　　　D. 产品不适合本土需求

84. 关于非洲市场，哪项说法是错误的？
   A. 两组调查组得到的结论相同　　B. 非洲土著人不穿鞋
   C. 有两批市场调查组进行调查　　D. 两组调查组都想在当地建厂

85. 关于调查组的调查，大多数人的态度是怎样的？
   A. 认为两组调查组的结论都不够全面
   B. 认为第二个调查组不合实际
   C. 比较赞成第二个调查组的思维方式
   D. 认为第一个调查组的想法有创新性

86. 关于调查组的调查，作者的态度是怎样的？
   A. 认为第一个调查组的调查是错误的
   B. 认为第二个调查组的方案很容易完成
   C. 认为第二个调查组的调查十分客观
   D. 认为第二个调查组的调查过于强调主观

第87-90题

　　一位研究者做过这样一个实验。在一个刚刚开门的大阅览室里，当里面只有一位读者时，研究者就进去坐在他或她的旁边。试验进行了整整80人次。结果显示，在一个只有两位读者的空旷阅览室里，没有一个被试者能够忍受一个陌生人紧挨自己坐下。在研究者坐在他们身边后，被试验者不知道这是在做实验，多数人很快就默默地到别处坐下，有人则干脆质问："你想干什么？"这个实验说明人与人之间需要保持一定的空间距离。而当这个自我空间被人触犯时就会感到不舒服，不安全，甚至恼怒起来。

　　人际交往的空间距离不是固定不变的，它具有一定的伸缩性，这依赖于具体情境、交谈双方的关系、社会地位、文化背景、性格特征、心境等。不同国家、不同民族，文化背景不同，其交往距离也不同。这种差距是由于人们对"自我"的理解不同造成的。例如，北美人理解"自我"包括皮肤、衣服以及体外几十厘米的空间，而阿拉伯人的"自我"则仅限于心灵，他们甚至把皮肤当成身外之物，因此，交往时，往往出现阿拉伯人步步逼近，总嫌对方过于冷淡，而北美人却连连后退，接受不了对方的过度亲热。同是欧洲人，交往时，法国人喜欢保持近距离，乃至呼吸也能喷到对方脸上，而英国人会感到很不习惯，步步退让，维持适合于自己的空间范围。

87. 研究者做的实验说明了什么？
    A. 图书馆的环境影响读者的心情　　B. 被试者的脾气都非常不好
    C. 人们不喜欢接近陌生人　　　　　D. 人们需要一定的空间距离

88. 关于研究者所做的实验，哪项是正确的？
    A. 这个实验在一个拥挤的阅览室里进行
    B. 被试者知道他们正在进行一次实验
    C. 当研究者坐在被试者旁边时多数人离开
    D. 被试者很愿意和研究者坐在一起

89. 为什么不同国家的人他们的交往距离是不同的？
    A. 对空间概念的理解不同　　　　　B. 对自我的定义范围不同
    C. 成长背景不一样　　　　　　　　D. 受到的教育不同

90. 英国人的空间距离是怎样的？
    A. 他们谈话时喜欢步步逼近　　　　B. 与法国人的空间距离相同
    C. 喜欢保持非常近的距离　　　　　D. 谈话时需要一定的空间距离

模拟题（五）

二、阅读

第一部分

第46-60题：请选出正确答案

第46-48题

现代人工作压力大，生活节奏快，很多人都存在睡眠不足的问题。__46__，有些动物就没有这个问题。考拉每天的睡眠时间达到22个小时左右，堪称动物世界的睡神。与此相反，长颈鹿每天只需要睡几分钟。海豚和鲸鱼在出生后的第一个月更是在"睁眼"中度过的。不管动物们怎么样，__47__人类而言，保证充足的睡眠非常重要。充足的睡眠能够帮助我们__48__疲劳和压力，消除忧虑情绪，以饱满的精神状态投入到工作和生活中。

46. A. 和人类一样　　B. 相比之下　　C. 与此同时　　D. 如何保证睡眠
47. A. 关于　　　　　B. 至于　　　　C. 对于　　　　D. 就于
48. A. 缓慢　　　　　B. 缓解　　　　C. 解决　　　　D. 好转

第49-52题

警察站在一个新的路口，准备__49__第一辆通过的汽车。市政府规定，第一辆汽车的驾驶者，可获得1000元的奖金。

一辆汽车飞快地开到这里，警察向驾驶者宣布了这个决定后，顺便问了一句："先生，您得到了这笔钱，__50__？"

驾驶者不假思索地答道："首先，我要去领一个驾驶__51__。"坐在旁边的妻子一听，连忙向警察解释说："警官先生，我丈夫今天酒喝多了，说话总是语无伦次的。"坐在后座上的、耳朵有问题的妈妈生气地补充道："你看，我早就知道，你偷了汽车是__52__不了多远的……"

49. A. 掌握　　　　　B. 阻止　　　　C. 迎接　　　　D. 控制
50. A. 最想感谢谁　　　　　　　　　B. 一定十分激动吧

C. 准备用它来做什么　　　　　D. 是否考虑换一辆车

51. A. 执照　　　B. 文件　　　C. 支票　　　D. 合同
52. A. 抢　　　　B. 逃　　　　C. 瞧　　　　D. 滚

第53-56题

积极的心理暗示对一些心因性疾病有一定的疗效。对这类患者进行暗示，可能取得良好的治疗 53 。有一位少女因惊吓而站立不起，经检查，她躯体没有任何问题。于是， 54 对她说："我们这里有一种特效方法能治你的病。" 55 给她服用和注射了一些安慰剂。过了几天这位医生告诉患者："你的腿完全好了，你可以站起来走路了。"这时， 56 ！

53. A. 后果　　　B. 结果　　　C. 结局　　　D. 效果
54. A. 父母　　　B. 护士　　　C. 医生　　　D. 朋友
55. A. 然后　　　B. 最后　　　C. 以前　　　D. 以后
56. A. 少女还是不能走路　　　　B. 少女高兴极了
    C. 少女果然站起来了　　　　D. 少女一点也不相信医生的话

第57-60题

很多人都喜欢打篮球，但很少有人会想，为什么篮球架是现在的 57 ——3.05米。普通人向上伸手的高度一般可以达到两米以上，3.05米正是人们奋力 58 能够够得着的高度。如果篮球架太低，普通人伸手就能够到，那么这项运动就会因为太容易而失去吸引力； 59 ，人们也会因为它太难而失去对它的兴趣。正是因为现在的高度给了人们努力的机会和成功的希望，才使得篮球成为一 60 世界性的体育运动。

57. A. 高度　　　B. 长度　　　C. 宽度　　　D. 角度
58. A. 走起来　　B. 跑起来　　C. 跳起来　　D. 动起来
59. A. 如果篮球场太大　　　　　B. 如果篮球架太高
    C. 如果比赛时间太短　　　　D. 如果运动强度太高
60. A. 场　　　　B. 个　　　　C. 项　　　　D. 届

第二部分

第61-70题：请选出与试题内容一致的一项

61. 据中国银联的统计数据显示，春节期间，境内银行卡跨行交易达569亿元、近1亿笔，比去年春节分别增长47%和25%；银联卡境外交易金额更是同比增幅近80%。

    A. 中国人出国消费是非常少见的一件事
    B. 春节期间境内交易比去年增长80%
    C. 今年春节境内、境外交易都有所增长
    D. 银联卡境外交易金额同比增幅不大

62. 马克·安东尼·里科波诺是一位盲人，也是全美盲人联合会杰尼根研究所的执行理事，该研究所专门研究适合盲人的新科技。他们近期研发出了盲人能够驾驶的汽车，而且未来改进的技术还可以让正常人的驾车更加简单和安全。

    A. 杰尼根研究所的服务对象主要为聋哑人
    B. 他们此次研发出来的汽车是为年轻人设计的
    C. 此技术今后也有利于正常人的驾车安全
    D. 盲人能够驾驶的汽车目前尚未研发出来

63. 握手是一种沟通思想、交流感情、增进友谊的重要方式。与别人握手时，要看着对方，保持微笑，集中注意力。不可以戴着帽子或手套与人握手。在正常情况下，握手的时间不应该超过3秒，必须站立握手，表示对别人的尊重和礼貌。

    A. 握手时不要看着对方
    B. 握手时应保持微笑
    C. 冬天握手时可以戴手套
    D. 长时间握手可以增进感情

64. 做什么事有了计划就容易取得好结果。想取得好的学习效果，制定计划是很有必要的。计划要留出一点空余的时间，因为现实不会完美地跟着计划走。给计划留有一定的余地，这样完成计划的可能性就增加了。

    A. 只要有了计划就能取得好结果

B. 定计划时不需要留出空余时间

C. 定计划时需要留出大量余地

D. 制定计划有助于取得好的学习效果

65. 中国是世界上河流最多的国家之一。中国有许多源远流长的大江大河，其中流域面积超过1000平方千米的河流就有1500多条。长江是中国第一大河，也是亚洲最长的河流，世界第三大河，全长6300公里。

A. 中国的河流不算多

B. 长江长1500多公里

C. 长江是亚洲第三大河

D. 中国河流流域面积很广

66. 任何一个市场，都会有正反两方的存在。这才产生博弈行为，才能达到平衡。如果只有一方，那就不成为市场了。比如股票市场，如果大家一致看空或看涨，那么股票就会跌起来或涨起来没完，这样的市场其下场一定是走向崩溃。

A. 股票会涨起来没完没了

B. 股票会下跌，所以不要炒股

C. 正反任何一方都可以决定市场

D. 博弈是正反两方相互作用的过程

67. 发电子邮件时，如果对方不认识你，首先应当向对方说明自己的身份——姓名或你代表的企业名，以示对对方的尊重。点明自己身份的主要目的是使收件人顺利理解邮件来意。正文应简明地说清楚事情，如果具体内容确实很多，正文应只做简要介绍，然后单独写个文件作为附件进行详细描述。

A. 电子邮件一定要有个性

B. 垃圾邮件影响工作效率

C. 表明身份是对对方的尊重

D. 电子邮件的正文应尽量详细

68. 竹子四季常青，最适合生长在湿润、温暖的环境中。竹子的用途非常广泛，可以食用，可以制作成各种农具，还可以种植在房屋周围和公园中，供人们观赏。大多数品种的竹子一生只开一次花，开花后竹子就会死去，严重缺水、营养不足的恶劣环境更容易导致竹子提前开花。

   A. 多数竹子一年开一次花
   B. 多数竹子的花可以食用
   C. 多数竹子开花代表生命的结束
   D. 暖湿的环境可以促使竹子开花

69. 放弃是一种人生态度，懂得放弃的人往往会得到更多。有时候，放弃了一棵小树，你可以得到整个森林；放弃一滴水，你可以得到整个海洋。所以，不要害怕失去，失去之后，也许你会得到更多。

   A. 不要浪费水资源
   B. 我们要懂得珍惜树木
   C. 不要随便放弃一滴水
   D. 放弃不一定是坏事

70. 就事论事，往往很容易被限制在一个小的圈子里，这就是我们常说的"惯性思维"。跳不出来时，就找不到处理事情的正确方法；相反，当我们换个角度，跳出原有惯性思维的框框时，我们就走上了一条新路。

   A. 不要被限制在小圈子里
   B. 跳一跳可以找到正确方法
   C. 做事情要打破惯性思维
   D. 要养成良好的生活习惯

第三部分

第71-90题：请选出正确答案

第71-74题

一位社会学博士在做毕业论文时糊涂了，因为他在归纳两份相同性质的材料时，发现结论相互矛盾。一份是杂志社提供的4800份抽样调查报告，问的是：什么在维护婚姻中起着决定作用？90%的人答是爱情。可是从法院提供的资料看，真正因感情彻底破裂而离婚的占不到10%。看来真正维持婚姻的并不是爱情。

于是他就到社区去做调查，调查的结果令他很失望。在被访问者身上他也没找出爱情与婚姻的辩证关系。不过在比较中，他有一个小小的发现，那就是：那些在婚姻上失败的人，并不是找错了对象，而是没有将家庭责任放在心上。所以，无论从哪个角度来看，婚姻仅仅拥有爱情那是不足够的。一段美满的婚姻，它不仅需要爱情来滋润，更需要彼此的尊重、理解、忍让与信任。还有更重要的就是责任。

有一位作家对此作了一个很好的比喻，她说："如果说婚姻是河流的话，那么责任感便是这条河流的堤坝。没有责任的婚姻，必然如没有堤坝的河流一样，迟早会干涸甚至死亡。"

71. 为什么这位社会学博士在做毕业论文的时候糊涂了？
 A. 因为他不懂毕业论文的内容　　B. 因为他的导师不喜欢他的论文
 C. 因为类似的材料有不同的结论　　D. 因为论文的内容太复杂难写

72. 关于法院提供的资料，下列哪项是正确的？
 A. 因为感情破裂而离婚的人数并不多
 B. 真正维持婚姻的是双方的爱情
 C. 90%的人因为感情破裂而离婚
 D. 离婚的人数远远超过结婚的人数

73. 在做社区调查时，这位博士有什么发现？
 A. 婚姻和爱情存在着辩证关系　　B. 只要拥有爱情，婚姻就不会有问题
 C. 婚姻失败的人是因为找错了对象　　D. 责任对于婚姻十分重要

74. 为什么作家把婚姻和责任感比喻为"河流"和"堤坝"？
 A. 婚姻更加具有流动性和随意性　　B. 婚姻像河流一定会干涸死亡
 C. 拥有责任感可以更好地维系婚姻　　D. 只要有责任感就是成功的婚姻

第75-78题

有三个孩子在树林里玩儿,都不小心让树枝挂破了裤子。面对裤腿上的破洞和孩子不安的脸,三位母亲用不同的态度处理了这件事情。

第一位母亲大声教训了孩子之后,用一根线绳像系麻袋一样把那个破洞扎紧,整条裤腿因此显得皱皱巴巴。破洞是没有了,取而代之的那个结却像孩子撅起的小嘴。孩子也因此受到严厉的警告:"今后再也不准到树林里玩儿。"第二位母亲不打也不骂,默默地把那个破洞一针一线缝补好,裤子上留下了针线的痕迹。第三位母亲面对孩子裤腿上的破洞,安慰孩子:"不要紧,哪个小孩子不贪玩儿?她用彩线在破洞上绣了朵漂亮的小红花,好像原本那里就有一朵花一样。孩子笑得好开心。

同样的问题,因为用了三种不同的解决办法,就导致了不同的结果:第一位母亲让孩子感到恐惧和失望,那皱巴巴的裤腿就如同母亲脸上写满的愤怒,孩子不得不活在母亲强制的意愿中;第二位母亲平平常常,孩子得到的是一个顺其自然的生活环境;第三位母亲是最优秀的教育家,她用裤子上的花朵启发了孩子美好的想象,她脸上灿若朝阳的微笑给了孩子更多的宽容,让孩子在成长的路上充满自信并富有创造力。在我们现实生活中,第一种母亲不少,第二种母亲不多,我们缺少的是第三种母亲。

75. 是什么弄破了裤子?

　　A. 孩子　　B. 母亲　　C. 针　　D. 树枝

76. 关于第二位母亲,下列哪项正确?

　　A. 很平静　　B. 批评了孩子　　C. 对孩子很严格　　D. 给孩子买了新裤子

77. 第三位母亲让孩子:

　　A. 充满自信　　B. 更加独立　　C. 懂得珍惜　　D. 学会服从

78. 最适合做上文标题的是:

　　A. 我的母亲　　B. 成长的教训　　C. 家庭的温暖　　D. 裤腿上的小红花

第79-82题

从前,有一位诗人到郊外采风,走累了,便去树荫下休息。他身后是一棵高大的核桃树,浓密的树冠上结满了果子。趁着纳凉的机会,诗人饶有兴致地打量着农家的菜园,忽然发现,敦敦实实的大南瓜竟结在细细的藤蔓上。

诗人连连摇头,在心里嘀咕:自然界中的一些现象<u>荒谬至极</u>,大南瓜长在细藤上,小核桃挂在大树上,真是岂有此理!

诗人越想越生气,发誓说:"如果我是造物主,如果让我来改变这个世界,我会让万物回归到最合理的状态上。大南瓜长在结实的大树上,而核桃应该结在细藤上面。"

话音刚落，一颗核桃坠落，正好打在他的脑袋上。诗人跳了起来，摸着肿痛的脑袋仰望，惊恐万状道："老天爷，原谅我的无知和自大吧！假如从树上掉下来的是一个大南瓜，我会被活活砸死的。"

79. 划线词"荒谬至极"的意思是：

  A. 荒芜废弃、长时间不利用 B. 恐惧、不沉着而急切忙乱

  C. 极端错误，非常不合情理 D. 心神不定，内心非常胆怯

80. 诗人因为什么事情生气？

  A. 农夫不让他进园纳凉 B. 核桃树太高，核桃太小

  C. 南瓜今年的收成不好 D. 核桃和南瓜的生长方式

81. 什么事让诗人的看法发生了改变？

  A. 他踩烂了园中的一个南瓜 B. 一颗核桃砸中了他的脑袋

  C. 农夫取笑诗人的想法很愚蠢 D. 造物主出现给诗人讲了个故事

82. 这个故事主要告诉我们什么道理？

  A. 诗人一定要多出门采风，增长自身的见识

  B. 看事物要看本质，不要被表面所蒙骗，不然会取舍不当

  C. 不经过努力是不能轻易成功的，不要抱着偷懒的侥幸心理

  D. 万物存在皆有因，看起来不合适的或许正是最合理的

第83-86题

  肢体语言也称体态语言，是人类借助自己的面部表情、手势动作、身体姿态的变化来表达思想感情的方式。运用肢体语言来表情达意几乎是人类自身的一种本能，因为它简便、迅捷、直观，在现实生活中的使用极其广泛。然而，同样的肢体语言，在不同文化中的意思有时却是<u>大相径庭</u>。

  一名撒丁女子问一名英国男子，在机场是否容易找到出租车。由于女子的英文不太好，英国男子没有用英语回答她，而是微笑着给她来了一个肯定的回答——令人振奋的英国式的翘大拇指。谁知道这名撒丁女子甩起手提包，狠狠地揍了这位周到的英国男子，因为在撒丁人看来，这一个非常下流的暗示。

  可见在跨文化交际中，肢体语言有时会产生误解，甚至引发矛盾。因此，在学习外语的时候，也要同时学习说这种语言的人们使用肢体语言的习惯。

83. 下列哪项不是文中提到的肢体语言的好处？

  A. 简便   B. 直观   C. 客观   D. 快捷

84. 翘大拇指的手势在英国表示什么

　　A. 微笑　　　　B. 肯定　　　　C. 振奋　　　　D. 下流

85. 根据文章,"大相径庭"可能是什么意思？

　　A. 有很大差别　B. 没有什么不同　C. 有很大变化　D. 空间距离很远

86. 文章用英国男子与撒丁女子的故事,想要说明什么？

　　A. 女子不会用肢体语言沟通

　　B. 男子用了错误的肢体语言

　　C. 同样的肢体语言在不同文化里有不同意思

　　D. 因为会发生误会,所以不应该使用肢体语言

第87-90题

　　在一座寺庙中有一个小和尚,他从小就在这里出家了。每天做过早课后,他都要去寺庙后面的镇子上购买寺中一天所需的日常用品。

　　有一天,小和尚稍有闲暇,和其他小和尚一起聊天,才知道别人过得都很清闲,只有他一人整天忙忙碌碌。他发现,虽然别的小和尚偶尔也会被派下山去购物,但他们去的是山前的镇子,路途平坦,距离也近,买的东西也大多是些比较轻便的。而十年来方丈一直让他去寺后的镇子,要翻越两座山,道路崎岖难行,回来时肩上还多了很重的物品。于是,小和尚带着诸多不解去找方丈,问:"为什么别人都比我自在呢？"

　　方丈微笑不语。

　　第二天,小和尚发现方丈站在寺庙后门旁等着他。日已偏西,前面山路上出现了另外几个小和尚的身影。方丈问那几个小和尚:"我一大早让你们去买盐,路这么近,又这么平坦,怎么回来得这么晚呢？"几个小和尚说:"方丈,我们说说笑笑,看看风景,就到这个时候了。十年了,每天都是这样的啊！"方丈又问身旁的小和尚:"寺后的市镇那么远,山路崎岖,你又扛了那么重的东西,为什么回来得还要早些呢？"小和尚说:"我每天在路上都想着早去早回,由于肩上的东西重,我必须小心走,所以反而走得又稳又快。十年了,我已养成了习惯,心里只有目标,没有道路了。"

　　方丈听后大笑,说:"道路平坦了,心反而不在目标上了。只有在坎坷的路上行走,才能磨炼一个人的心志啊！"

87. 小和尚为什么去问方丈？

　　A. 因为下山买东西太辛苦　　　B. 因为每天要翻过两座山
　　C. 因为肩上的物品太重　　　　D. 因为别的小和尚很自在

88. 为什么其他小和尚回来得很晚?
    A. 因为他们去了很远的集市　　B. 因为他们在说笑中耽误了时间
    C. 因为他们走的山路很崎岖　　D. 因为他们扛了很重的东西

89. 为什么这个小和尚回寺庙的时间比其他人早?
    A. 因为他去的地方很近　　B. 因为他没有买东西
    C. 因为他心里有目标　　　D. 因为他走的路很平坦

90. 这篇文章想要说明什么道理?
    A. 困难可以锻炼一个人的心志　　B. 人们的生活不能轻松
    C. 老和尚对小和尚是公平的　　　D. 走平坦的路更容易达到目标

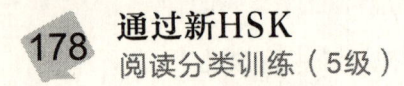

模拟题（六）

二、阅读

第一部分

第46-60题：请选出正确答案

第46-48题

  雨后，一只蜘蛛艰难地向墙上已经支离破碎的网爬去。由于墙壁 __46__ ，它爬到一定的高度，就会掉下来。它一次次地向上爬，一次次地又掉下来。一个人看到后，叹了口气，自言自语道："我的一生不正如这只蜘蛛吗？忙忙碌碌而无所得。"于是，他日渐消沉。第二个人看到后说："这只蜘蛛真愚蠢，为什么不从旁边干燥的地方绕一下爬上去？我以后可不能像它那样愚蠢。"于是，他变得 __47__ 起来。第三个人看到后，立刻被蜘蛛屡败屡战的精神感动了。于是，他忘记了战争失败的痛苦，变得坚强起来，最后打了大胜仗。由此可见， __48__ ，处处都能发觉成功的力量。

46. A. 光滑　　　　B. 潮湿　　　　C. 太高　　　　D. 很陡

47. A. 愉快　　　　B. 悲伤　　　　C. 聪明　　　　D. 愚蠢

48. A. 只要有成功心态　　　　　　B. 要是能持之以恒
　　C. 无论外界条件怎样　　　　　D. 如果头脑足够聪明

第49-52题

  在一次讨论会上，一位著名的演说家上台后，没讲一句开场白，就举起一张100元的钞票。面对会议室里的200个人，他问："谁要这100元？"一只只手举了起来。他接着说："我 __49__ 把这100元送给你们中的一位，但在这之前，请允许我做一件事。"说着他将钞票揉成一团，然后问："谁还要？"仍有人举起手来。他又说："那么，假如我这样做又会怎么样呢？"他把钞票扔到地上，踏上一只脚，并且用脚使劲踩它。然后他拾起钞票，钞票已变得又脏又皱。" __50__ ？"还是有人举起手来。

  "朋友们，你们已经上了一堂很有意义的课。无论我如何对待那张钞票，你们还是想要它， __51__ 它并没贬值，它依旧值100元。人生路上，我们会无数次被逆境击倒，甚至粉身碎骨，我们觉得自己似乎一文不值了。但无论发生什么，或将要发生什么，只要不放弃，你们永远不会丧失 __52__ 。"

49. A. 打扮　　　　B. 打听　　　　C. 打算　　　　D. 打击
50. A. 我说得对吗　B. 现在谁还要　C. 谁赞同我　　D. 谁想放弃
51. A. 因为　　　　B. 所以　　　　C. 虽然　　　　D. 但是
52. A. 价格　　　　B. 价位　　　　C. 价钱　　　　D. 价值

第53–56题

有一位七十高龄的老婆婆，她年轻的时候经营美容院， 53 了一辈子，退休后没有躺在家里无所事事，仍然闲不下来，不但学电脑、学英文，还学摄影。最后她对鸟类摄影产生了浓厚的兴趣， 54 年纪很大了，还每天扛着二十几公斤的器材，上山下海地拍鸟。她还免费提供自己的照片，让学校当教材使用。她对我说："人生在世，不能糊里糊涂走一回。因为我很忙，所以我很快乐。"

从前有人问圣严法师："师父您这么忙，不但要打理寺院里的事，还要四处演讲，甚至还一直在写书，您为什么会有这么多 55 ？"圣严法师回答得很妙："因为忙人时间最多。"找出自己的生活目标，对目前的忙碌感恩，我们就会发现， 56 。

53. A. 辛苦　　　　B. 美丽　　　　C. 忙碌　　　　D. 成功
54. A. 无论　　　　B. 只要　　　　C. 不管　　　　D. 尽管
55. A. 空闲　　　　B. 机会　　　　C. 时间　　　　D. 兴趣
56. A. 活到老学到老　　　　　　　　B. 人生充满了希望
　　C. 把握好现在才有将来　　　　　D. 自己其实忙得非常幸福

第57–60题

有位老木匠告诉老板，他要退休，回家与妻子儿女享受天伦之乐。老板舍不得他的好工人走，问他是否能再帮忙 57 ，老木匠说可以。但是大家后来都看得出来，他的心已不在工作上，他用的是软料，出的是粗活。房子建好的时候，老板把 58 递给他。"这是你的房子，"他说，"我送给你的礼物。"他震惊得目瞪口呆，羞愧得无地自容。我们又何尝不是这样？我们漫不经心地建造自己的生活，不是积极行动，而是消极应付。等我们发现自己的处境，早已深困在自己建造的房子里了。 59 ！想想你的房子，每天你敲进一颗钉，加上一块板，或者竖起一面墙，用你的智慧好好 60 它吧！

57. A. 工作一年　　B. 建一座房子　　C. 培养别的工人　　D. 接受老板的礼物
58. A. 木头　　　　B. 软料　　　　C. 把手　　　　　　D. 钥匙
59. A. 把握好最后机会吧　　　　　　B. 好好认清楚自己吧
　　C. 把你当成那个木匠吧　　　　　D. 承认人性的弱点吧
60. A. 思考　　　　B. 创造　　　　C. 建造　　　　　　D. 选择

第二部分

第61-70题：请选出与试题内容一致的一项

61. 现在，出国生孩子正在成为一种富人圈内越来越流行的做法。据不完全统计，每年大概有5000位孕妇要到美国生孩子，至于赴港生子、赴加拿大生子的情况还未进行统计。

   A. 出国生孩子的大多是有钱人
   B. 5000位中包括去香港生子的孕妇
   C. 出国生孩子的孕妇越来越少
   D. 近年来去美国生子的有5000位

62. 周代是我国奴隶社会由鼎盛不断走向衰亡的时代。这时，音乐已成为奴隶主阶级进行统治的工具，其特点是等级森严。周代的中国可以说是当时世界上奴隶制国家中最强盛的文明大国，其音乐水平也达到了相当的高度。

   A. 周代以后奴隶社会繁荣
   B. 周代的中国不算强盛
   C. 周代的音乐等级森严
   D. 周代的音乐水平不高

63. 在纽约有一种很方便的出租服务车，叫"电召车"。电召车，顾名思义就是电话召唤车。而且这种电召出租车，真的是只能"电召"，在街边是叫不到的。其一，即使你招手了，他也不会停；其二，他若是停了，被查到是会被罚款的。因为按规定，他不能抢普通出租车的生意，不能在街边随意载客。

   A. 坐电召车要先打电话
   B. 向电召车招手它就会停
   C. 电召车能在街边载客
   D. 电召车实在不方便

64. 有人说郭德纲是"三俗人物"的代表。对此，郭德纲在多个场合通过相声作出了肯定的回答，让全国人民听后都觉得他很幽默。事实上就是那么回事，可能有人冒充高雅，有人愿意低俗。不管你是否高雅，你都得低俗地生活。你看，五谷杂粮哪一天离得开？不管外界如何定义郭德纲，相声爱好者还是一如既往地支持他。

A. 郭德纲实际上很高雅
B. 郭德纲是相声演员
C. 郭德纲失去了他的支持者
D. 郭德纲离得开五谷杂粮

65. 《清明上河图》是中国十大传世名画之一，画宽24.8厘米，长528.7厘米，是北宋画家张择端的画作，现存于北京故宫博物院。作品以长卷形式将复杂的景物纳入到统一的画卷中，记录了北宋都城汴京清明时节的日常社会生活，具有极高的历史价值。

A. 这幅画有500多米长
B. 这幅画是世界上最长的画
C. 这幅画画的是北宋京城的景象
D. 这幅画记录了皇帝的生活

66. 诗人和诗歌是否"边缘化"的问题，其实不太重要。据说中国现在写诗的人有两百万，这是一个很大的数字，可以构成一个小国家的人口。如果中国的诗歌界真能建立比较正常的诗歌判断标准的话，就这200万写诗的人，已经比盛唐时代热闹好几倍了。所以数量不是问题，重要的是质量，这是诗歌最大的问题。

A. 现在写诗的人很少
B. 现代人都不爱写诗
C. 诗歌质量是大问题
D. 诗歌正在"边缘化"

67. 有一位国王想出一千两黄金买千里马。然而时间过去了三年，始终没有买到。好不容易发现了一匹千里马，马却已经死了。可被派出去买马的人却用五百两黄金买下了这匹死了的千里马。国王很生气，可是买马的人说，国王你舍得花五百两黄金买死马，更何况活马呢？这一举动必然会引来天下人为你提供活着的千里马。果然，没过几天，就有人送来了三匹千里马。

A. 国王最后不肯给钱

B. 买死马没有什么作用

C. 买死马的人很聪明

D. 世界上没有千里马

68. 一般说来，父母智商高，孩子的智商也不会低。但数据表明，父母同是本地人，孩子平均智商为102；而隔省结婚的父母所生的孩子智商达109；父母是表亲，低智商的孩子明显增加。科学证明，远血缘婚配的话，生育的孩子比近血缘生育的孩子智商要高。远近可以指地域上的，也可以指血缘上的。

A. 表亲结婚的孩子会非常聪明

B. 高智商父母的孩子智商一般很低

C. 本地结婚的孩子比隔省结婚的孩子智商高

D. 异地通婚可提高下一代的智商水平

69. 京剧艺术具有极高的艺术价值与审美价值。但是，在清末民初的一段时期，正当京剧迅猛发展、走向繁荣之际，却有一些留学归来的知识分子，对京剧艺术的内容与形式相当不满、横加指责、坚决反对。他们推崇西方流行的写实的话剧，认为那才是进步、文明的；而中国的戏曲则是缺乏"真实性"，是愚昧、落后的。

A. 大多数中国人对京剧不满

B. 留学归来的人都喜欢京剧

C. 京剧在清末民初发展迅速

D. 京剧在西方很流行

70. 花花草草有两大类。一类是栽上以后每年春天都欢天喜地地自己活过来，给点阳光就灿烂的花，如樱花、郁金香和玫瑰，但是这类花草花期一般都比较短。另一类是从春天怒放到夏天，甚至到秋天的花，如万寿菊、马齿苋和鸡冠花，这类花草一般得年年种。以园艺的观点来说，一年生花卉不仅花期长，通常还会比多年生植物开出更多的花朵，因此很适合用于为花园装点缤纷的色彩。

A. 玫瑰需要每年重新栽种

B. 马齿苋花期很短

C. 多年生植物开花更多

D. 一年生植物适合装点花园

第三部分

第71-90题：请选出正确答案

第71-73题

　　一个人被湍急的河水冲走了，如同一片树叶一样顺流而下。这个人多么希望能抓住一样东西啊！哪怕是一根芦苇、一根水草！然而四面都是水，他什么也抓不住。

　　他心想，这下可完了，死就死吧！这个念头一出，他感到身上马上就没有力气挣扎了，整个身子开始往下沉。这时，他忽然想起去年夏天在这条河边玩时，离这儿不远的河岸上有一棵老树，老树的一根粗大的树枝正好贴在水面上。想到这里，他心里顿时有了希望，心不慌了，力气也有了，便拼命挣扎、坚持，终于游到了那棵老树的树枝那里。

　　可没想到，那树枝早已经枯死，当他拉住那树枝时，"咔嚓"一声，树枝折了！虽然没有马上断，但情况十分危险。这个人非常沮丧，不愿意再奋斗了，心想就随着树枝被水冲走算了。他心里产生了必死的念头，身体又变得沉重起来。这时，他脑子里又忽然想起，去年在那棵老树下玩时，看到过一个流浪汉在离树不远的地方躺着。说不定现在也在那儿呢！这样一想，生的希望又燃烧起来，他大呼救命。很幸运，那个流浪汉真的在附近，把他救上岸来了。

　　回忆这段经历时，他说："要是早知道河面上的树枝是枯的，我不可能坚持到那里；如果不是突然记起那个流浪汉，我不会有力气喊救命。"

71. 说是什么让这个人有力气在水里挣扎？
    A. 枯的树枝　　　　　　　　B. 流浪汉
    C. 活的希望　　　　　　　　D. 去年的记忆

72. 这个人是怎么得救的？
    A. 渔船发现了他　　　　　　B. 他奋力游上岸
    C. 他抓住了树枝　　　　　　D. 流浪汉救了他

73. 我们从这个故事里可以明白什么道理？
    A. 平常要对身边人善意一些　　B. 希望能带给人巨大的力量
    C. 一个人不要轻易去河边游泳　D. 危险时想抓住任何救命的东西

第74-77题

　　周四下午开始，小强的QQ就闪个不停，同学、老友不断有人跳出来，询问他周五下班和周末有什么安排。边聊边工作，半天的时间很快就过去了。下班的时候，还有几个文件没有看，顺理成章地被推到周五。可周五刚走进办公室的大门，就接到任务被派往郊区处理一个紧急事故……周日，小强在家待了一天，一边听着音乐、煮着汤，一边很不情愿地做着本周没做完的工作。等到下周一上班的时候，满脸倦容。这是小强习以为常的工作节奏，一年下来，他的工作业绩排名很靠后，收入也大受影响。

　　很多人都会出现类似的现象。珍惜时间，今日事今日毕，这些小学老师就开始讲的道理，很多职场人到退休的时候也做不到。同一个部门的同事，能力相当，工作环境相同，都是每天上班，朝九晚五，但时间一长，彼此之间的业绩会相差很大。

　　上班的时候不闲聊；点滴时间整合起来用；制定明确的日计划、周计划，知道每个时间段的工作重点，以及重要事情的截止时间；主动推进工作，让工作在自己手中按部就班地进行，而不是被工作牵着鼻子走……这些都应该成为上班族的必修课。与其抱怨工作辛苦、赚钱少，不如从提升效率开始吧。

74. 从故事中得知，小强周五上班的时候，大部分时间在什么地方？
　　A. 办公室　　　B. 郊区　　　C. 家里　　　D. 朋友家

75. 对于小强的工作情况，哪项说法正确？
　　A. 他工作态度非常积极　　　B. 他工作太多做不完
　　C. 他工作效率非常低　　　　D. 他工作做起来非常轻松

76. 第三段划线词"牵着鼻子走"最接近的理解是：
　　A. 很被动　　　B. 很辛苦　　　C. 很疼　　　D. 很累

77. 小强是下面哪一个群体的代表？
　　A. 年轻人　　　B. 上班族　　　C. 白领　　　D. 朋友多的人

第78-81题

　　有个青年人即将走上社会，为此惴惴不安。临行前，青年人来看望爷爷，希望爷爷能给他一些忠告。

　　爷爷说："我的菜地很久没有施肥了，今天你来得正好，帮我抬一桶大粪到菜地吧。"爷爷找出那只粪桶，装满了粪便，然后叫青年人抬。换了别的时候，青年人是不会和爷爷一起抬粪桶的，太臭了，青年人简直受不了这股气味。施好肥，爷爷将粪桶洗干净了，但那股气味依旧存在，还是那么臭。难怪爷爷把它存放在厕所边上。

　　干完活，青年人要走，但爷爷执意留他，说还有活要他干呢。爷爷找出一只水桶，对青年人说，你再帮我抬几桶水吧。因为是爷爷叫他干活，青年人就不好意思说走了。从家到河边有一二里路，抬一桶水还真不容易。青年人要将水倒进灶边的水缸时，却发现缸里水是满满的。爷爷并不是缺水，而是想留他吃完饭再走。于是，青年人就留了下来。

吃饭时，爷爷叫青年人把酒桶拿来。青年人就从灶边抱来了酒桶，揭了桶盖，香气扑鼻。他给爷爷斟了一碗，自己也斟了一碗：黄酒温温的，入口好香啊。在饭桌上，爷爷也没有对青年人说什么。

午后，送青年人到路口时，爷爷说："这三只桶，我是用同一棵树上的木头做成的，新的时候一模一样，后来，装酒的就成了酒桶，装水的就成了水桶，装粪的就成了粪桶。"

78. 青年人为什么去看望爷爷？
　　A. 因为很久没去看望爷爷而感到担心
　　B. 因为要出远门放心不下年老的爷爷
　　C. 因为家里贫困不得不想办法出去工作
　　D. 因为要走上社会而想听听爷爷的忠告

79. 文中没有提到哪种桶？
　　A. 粪桶　　B. 饭桶　　C. 水桶　　D. 酒桶

80. 根据文意，下面哪一项的说法正确？
　　A. 平常青年人也常帮爷爷抬粪桶　　B. 爷爷实际不需要青年人抬水
　　C. 爷爷不愿意留青年人在家里吃饭　　D. 青年人和爷爷午饭时喝了白酒

81. 这个故事主要告诉我们什么道理？
　　A. 人要趁年轻的时候多付出，付出总会有回报
　　B. 每个人都有一样的人生，关键是自己如何去把握
　　C. 做人要听得进别人的意见，及时改正自己的缺点
　　D. 要取得成功，就不能轻易放弃任何可能的机会

第82-85题

有位博士主持了一项老鼠穿迷宫吃干酪的实验，为期六周，对象是三组学生与三组老鼠。他对第一组学生说："你们太幸运了，因为你们将跟一群天才老鼠在一起。这群聪明的老鼠将迅速通过迷宫抵达终点，然后吃许多干酪，所以你们必须多准备些干酪放在终点。"他对第二组学生说："你们将跟一群普通的老鼠在一起。这群平庸的老鼠最后会通过迷宫抵达终点，然后吃一些干酪。因为它们智能平平，所以期望不要

太高。"他对第三组学生说:"很抱歉,你们将跟一群笨老鼠在一起。这群笨老鼠的表现会很差,不太可能通过迷宫到达终点,因此你们根本不用准备干酪。"六个星期之后,实验结果出来了。天才老鼠迅速通过迷宫,很快就抵达终点;普通老鼠也到达终点,不过速度很慢;至于愚笨的老鼠,只有一只通过迷宫抵达终点。

有趣的是,其实根本就没有什么天才老鼠与笨老鼠,它们全都是同一窝出生的普通老鼠。这些老鼠之所以表现有天壤之别,完全是因为做实验的学生受了博士谈话的影响,对它们态度不同造成的。学生们当然不懂老鼠的语言,然而老鼠知道学生们对它们的态度。这个实验证明了态度是一件奇妙的东西,它会产生神奇的力量。因此,一个人要成功,除了努力之外,必须具备正确的态度。正确的态度可以帮助我们战胜自卑和恐惧,可以帮助我们克服惰性,可以帮助我们发掘自己的潜能,提高工作的质量和效率,最终走上成功的道路。

82. 关于实验,说法错误的是:
   A. 实验需要六个星期   B. 实验对象是学生和老鼠
   C. 实验是由一位博士主持的   D. 实验证明了老鼠的聪明程度

83. 通过实验我们能够明白什么道理?
   A. 做实验要有正确的态度   B. 学生要端正学习的态度
   C. 态度和努力都必不可少   D. 态度是成功的重要条件

84. 有关正确态度的好处,文中没有提到的是:
   A. 让我们克服恐惧   B. 让我们摆脱浮躁
   C. 让我们变得勤快   D. 让我们提高效率

85. 文章最合适的标题是:
   A. 老鼠怎么吃干酪   B. 学生和老鼠的实验
   C. 态度的神奇力量   D. 成功的道路

第86-90题

寒冷的北极并不总是冰天雪地,它也有温暖如春的季节。每年的七八月份,北极地区的冰雪开始大规模地消融,气温回升,出现短暂的绿草如茵的丰美景象。这是北极地区难得的一抹春色。但随着气温的升高,同时也会出现大量的蚊虫。由于当地物种稀少,饥饿难耐的蚊虫们便飞到人类聚居的地方,吸食人们的血液。

许多初到这个地方的游客都会注意到这样一个有趣的现象,当地的印第安人对这些嗡嗡乱叫的蚊虫十分仁慈,从不轻易伤害它们。即使被叮咬,也只是涂些药水。一次,一位游客从背包里掏出一瓶杀虫剂,还没有喷,便被一位印第安老人制止了。老人说:"虽然这些虫子很烦人,但你却不知道,它们以后还要帮我们一个大忙呢。"

原来,驯鹿是当地人的主要肉食来源。在天气暖和的时候,大批的驯鹿便会成群结队地向低纬度地区迁移,因为那里有大量的水草。如果没有人赶,它们是不愿意在严寒到来之前回来的。如果靠人力驱赶大批驯鹿,作用是微乎其微的。这时,夏天里特别烦人的蚊虫的巨大威力便显示了出来。因为天气一冷,这些蚊虫便飞到暖和的低纬度地区逃命。自然就会与驯鹿不期而遇。吸食血液的蚊虫是驯鹿无法抵御的天敌。驯鹿抵御不了蚊虫的进攻,又无处躲藏,而前边的气候又不适宜生存,于是就只能往回跑。这一跑就钻进了人们事先已经设好的包围圈里。蚊虫先是吸食人们的血液,这次又为人们带来生活必需的驯鹿,也可以说是将功补过了。聪明的印第安人正是掌握了自然界的规律,才能在忍受一时痛苦的同时获得长久的食物和生存保障。

智慧的艺术就是懂得应该宽容什么的艺术。印第安人宽容了蚊虫,蚊虫为他们赶来了驯鹿,这就是一种可贵的智慧的艺术。其实,宽容往往会给人们带来更多的益处,而斤斤计较只会让自己蒙受巨大的损失。请学会宽容吧,因为宽容就是智慧。

86. 关于北极的说法,以下正确的是:
 A. 北极终年都是冰天雪地的　　B. 北极没有温暖如春的时候
 C. 北极七八月份有大量蚊虫　　D. 北极当地的物种非常丰富

87. 根据本文,去北极旅游会发现什么有趣的现象?
 A. 当地绿草如茵的丰美景象　　B. 印第安人不轻易伤害蚊虫
 C. 很多游客喜欢来这里旅游　　D. 印第安老人很有生活智慧

88. 根据文意,蚊子、驯鹿、印第安人三者的关系是:
 A. 蚊子是印第安人的朋友　　B. 蚊子帮助印第安人
 C. 蚊子是印第安人的天敌　　D. 蚊子是驯鹿的朋友

89. 第三段"将功补过"的意思是:
 A. 将来功劳会变过错　　B. 用功劳来弥补过错
 C. 将军通常屡立战功　　D. 改正过错总是不晚

90. 作者对印第安人的做法的态度是:
 A. 批评　　B. 偏激　　C. 中立　　D. 赞赏

模拟题（七）

二、阅读

第一部分

第46-60题：请选出正确答案

第46-48题

两个平常非常要好的朋友一道上路。途中，突然遇到一头熊，其中的一人立即闪电般地抢先爬上树，躲了起来。另一个眼见逃生无望，便灵机一动躺倒在地上，紧紧地摒住呼吸，__46__死了。据说，熊不吃死人。熊走到他跟前，用鼻子在他脸上嗅了嗅，转身走了。躲在树上的人下来后，问熊在他身边做了些什么。那人委婉地__47__说：熊告诉我，今后千万注意，别和那些不能共患难的朋友一起同行。这故事说明，__48__。

46. A. 假设　　　　B. 假如　　　　C. 假冒　　　　D. 假装
47. A. 回答　　　　B. 劝告　　　　C. 陈述　　　　D. 同意
48. A. 一定要跑在对手的前面　　　　B. 不要随便到危险的地方去
    C. 不能共患难的人不是真正的朋友　　D. 每个人都是为自己打算的

第49-52题

有一天，妈妈带着小男孩到杂货店去买东西。老板看到这个可爱的小孩，就打开一盒糖果，要小男孩自己拿一把糖果。__49__这个男孩却没有任何动作。几次邀请后，老板亲自抓了一大把糖果放进他的口袋中。回到家，母亲__50__地问小男孩，为什么没有自己去抓糖果而要老板抓呢？小男孩回答说："因为我的手比较小呀！而老板的手比较大，__51__！"这是一个聪明的孩子，他知道自己的能力有限，而更重要的是，他也知道别人比自己强。凡事不能只靠自己的力量，而要学会适时地__52__他人，这是一种谦卑，更是一种聪明。

49. A. 所以　　　　B. 但是　　　　C. 除了　　　　D. 虽然
50. A. 好奇　　　　B. 着急　　　　C. 高兴　　　　D. 难过
51. A. 他对我特别好　　　　　　　B. 我不能随便拿别人的东西
    C. 他拿的一定更多　　　　　　D. 我要什么时候才能长大呀

52. A. 夸奖　　　　　B. 依靠　　　　　C. 提醒　　　　　D. 包容

第53—56题

一位知名主持人有一天访问一名小朋友，问他说："你长大后想要当什么呀？"小朋友天真地回答："嗯……我要当飞机的驾驶员！"主持人接着问："_53_ 有一天，你的飞机飞到太平洋上空，所有发动机都熄火了，你会怎么办？"小朋友想了想："我会先告诉坐在飞机上的人 _54_ 好安全带，然后我背上我的降落伞跳出去。"当在场的观众笑得东倒西歪时，主持人继续注视着这孩子，想看他是不是自作聪明的家伙。_55_ ，孩子的两行热泪夺眶而出，这才使得主持人发觉这孩子难过了。于是主持人问他说："为什么你要这么做？"小孩的答案透露了这个孩子真挚的想法："我要去拿燃料，我还要回来！"这就是"听的艺术"，_56_ ，也不要把自己的意思，投射到别人所说的话上。要学会聆听，用心听，虚心听。

53. A. 如果　　　　B. 只要　　　　C. 无论　　　　D. 尽管
54. A. 拿　　　　　B. 解　　　　　C. 放　　　　　D. 系
55. A. 要不然　　　B. 没想到　　　C. 说起来　　　D. 就这样
56. A. 听话不要只听一半　　　　　B. 不要总是听风就是雨
　　C. 不要只懂得听还要懂得看　　D. 不要在人家伤口上撒盐

第57—60题

有一位公关名家谈到建立良好人际关系时，举了一个例子。他说，无论多么漂亮的小姐，如果美容师以500倍的放大镜看她美丽的脸庞，看到的一定是坑坑洼洼、凹凸不平的脸，使人 _57_ 。而当我们拿望远镜看青山时，入目的尽是如画的风景，迷人的山色，令人心旷神怡。这说明，_58_ ，必令对方原形毕露，显得一无是处，也使自己无法信任他人，无法交到朋友。_59_ ，如果拿着望远镜，则始终能欣赏到别人美好的一面。这个故事同时也告诉我们，如果放大镜的焦点对准自己，而非别人，如果能虚心请求他人，对自己提出严厉的批评，这样放大镜和望远镜便能同时 _60_ 最大的效用。

57. A. 大有可为　　B. 大失所望　　C. 大功告成　　D. 大智若愚
58. A. 如果你永远拿着放大镜看别人　　B. 如果你永远拿着望远镜看别人
　　C. 如果别人永远拿着放大镜看你　　D. 如果别人永远拿着望远镜看你
59. A. 相同　　　　B. 同样　　　　C. 相反　　　　D. 反对
60. A. 发挥　　　　B. 发展　　　　C. 发现　　　　D. 发行

第二部分

第61-70题：请选出与试题内容一致的一项

61. 现在的北京楼市，刚刚经历了一波小阳春的行情，有很多业内人士把这看成是楼市阶段性回暖的象征。甚至有观点认为，在经历长达两年的调控之后，房地产市场开始触底反弹，最坏的时候已经过去。

 A. 北京楼市最近比前段要好
 B. 北京楼市调控了好几年
 C. 北京最近的楼市情况是最好的
 D. 业内人士对这种现象不乐观

62. 唐代伟大诗人白居易，五六岁就学做诗，十五六岁便以"野火烧不尽，春风吹又生"的诗句在长安出名。他虽然家境贫寒，但是仍然坚持刻苦学习，二十九岁考中进士，当过地方小吏，三十六岁又通过考试受召入京，被皇帝授予官职。他一生忧国忧民，写下了很多反映当时社会动荡、百姓生活疾苦的诗篇。

 A. 白居易是宋朝人
 B. 白居易一生没有当官
 C. 白居易从小家里很富有
 D. 白居易二十岁前就出名了

63. 我们夏天买水果，经常会一次买很多。有的水果由于天气热很容易坏，我们大多数人会选择先吃坏的再吃好的。结果等到我们把坏的吃完了，好的也变坏了。在我看来，这不是一种节俭的行为，这是一种贪婪和奢望。有时候放弃不是失败，而是一种智慧。有些人什么都不愿放弃，结果到头来什么也得不到。

 A. 大多数人会把坏水果丢掉
 B. 我觉得后吃好水果很节俭
 C. 人生要懂得适当地放弃
 D. 失败也是一种智慧

64. 这次比赛制造了今年七场《跳舞》以来,最戏剧性的模仿加赛。三个评委对待定的包小柏、张恩、李大仁各投一票,居然无法通过模仿加赛直接淘汰选手:包小柏的模仿舞蹈老当益壮且越战越强;张恩的模仿又拿出了去年冠军有力竞争者的风采;李大仁的高超舞技和王子风范更不忍割舍……结果,居然史无前例地三人同时晋级。

    A.《跳舞》今年办了不超过五场
    B.《跳舞》很可能是本杂志
    C. 包小柏是去年的冠军
    D. 三位选手都进入了下一场比赛

65. 父母在最佳生育期生育的孩子智商高。一份抽样调查结果表明,母亲在23岁以前所生子女平均智商为103,而24-28岁这段时间生育者则高达109,但太晚生育(29岁以后)的子女又低于105。故专家推荐24-29岁为女子的最佳生育期。至于男士,30岁左右当爸爸为优。

    A. 女人最好在29岁以后生孩子
    B. 男人最好在大约30岁时生孩子
    C. 22岁的女人比26岁的更适合生孩子
    D. 孩子的智商跟父母的年纪无关

66. 趁着清明假期,我又去了一趟古镇西塘。记得第一次去西塘还是2007年的事了。自从那次去过西塘以后,西塘便留在了我的记忆里,让我魂牵梦绕。于是,这个假期我便又去了西塘。西塘虽说属于浙江省,但她却离上海很近,开车过去大概只有八十五公里左右的路程,约莫一个半小时就可以到。

    A. 西塘是座美丽的城市
    B. 西塘在浙江省内
    C. 上海离西塘很远
    D. 我是趁春节放假去的

67. 树上有个诱人的苹果,因为太高够不到。我只好搬来梯子,就在我伸手要摘到的一瞬间,苹果脱枝而落,掉在地上成了一团泥。生活中充斥着这种无奈——眼看到手,却又失去了。不过,这并不算白费力气,至少,我知道这个苹果不属于我,我从梯子上下来再去摘另一个还不算晚。因此,生命中每一次探索,从本质上说,都是成功。

 A. 我们要勇于探索
 B. 不要摘别人的苹果
 C. 付出不一定有回报
 D. 有的苹果不能吃

68. 在中国文学史上,中国宋词是一种独立存在的文学形式,它与唐诗、元曲并称中国文苑的三朵奇葩。中国宋词的词牌有多少?数目难以准确估计,有说八百多的,有说一千多的。词人有二百多家。宋词是一种以长短句为诗体,以格律诗为形式而构成的词。许多名篇佳句脍炙人口,一直流传到今天。

 A. 宋词的词牌不多
 B. 宋词是一种文学形式
 C. 宋词的句子都一样长
 D. 宋词有1000多首

69. 2008年西班牙发生一起特大空难,机上170名乘客只有19人生还。生还者中有个孩子,获救时竟问消防员:"电影结束了吗?"原来灾难发生时,他父亲为了减轻他的恐惧,告诉他这是在拍电影。后来孩子得救了,父亲却不幸遇难。一个善意的谎言,编织了一份浓浓的父爱。

 A. 当时在拍电影
 B. 父亲骗了儿子
 C. 父亲和儿子都活下来了
 D. 生还者占乘客的一半

70. 有个鲁国人擅长编草鞋,他妻子擅长织白绢。他想搬家到越国去发财。友人对他说:"你到越国去,一定会很穷的。""为什么?""草鞋,是用来穿着走路的,但越国人习惯于光着脚走路;白绢,是用来做帽子的,但越国人习惯于披头散发,从不戴帽子。你有你的长处,却到用不上的地方去,你的长处没有办法发挥,这样能不穷吗?"

A. 这个故事的意思是不要随便搬家
B. 应该根据社会环境,更好发挥自己的专长
C. 生活经验告诉我们有时候朋友的话不一定对
D. 环境不可能随着我们改变,只有我们改变来适应环境

第三部分

第71-90题:请选出正确答案

第71-73题

有一则古老的寓言,说有一位商人,他深夜走在一条荒凉的山路上,突然一个陌生的声音对他说:"捡几块石头吧,明天你会既高兴又懊恼的。"商人听从了劝告,真的捡了几块石头。天亮后,商人想起自己捡的石头,掏出一块一看,是块钻石!他急忙又掏出一块,是绿宝石!随后几块也都是价值不菲的宝石。商人感到高兴极了,赏玩着这些宝石,很快,商人又无比懊恼起来,懊恼当时捡得太少了。

故事虽然有点离奇,但跟现实生活又如此相像。从我们来到这个世界开始,我们就在学着如何听从别人的教诲,在自己的人生道路上捡拾有意义的"石头"。知识就好比是钻石,是它破解人生、社会的一个个难解之谜;经验、成功、失败,就是那红宝石、蓝宝石、绿宝石,是它们把自己从幼稚磨练为成熟。

捡拾对自己有用的石头,本身就是一个学习的过程,而那陌生的声音其实就是一种友谊的提示,是人生所必须经受的教育方式。在人生的道路上,高兴和懊恼是一对亲兄弟,与其懊恼过去的事情,不如现在就努力,多捡拾几块对自己有益的宝石。

71. 关于文中寓言,下面哪项错误?

A. 商人照着声音的劝告去做了
B. 石头第二天全部变成了宝石
C. 商人见到了跟他说话的人
D. 商人后悔捡的石头太少了

72. 根据文意,下面哪一项不是人生路上有意义的石头?

A. 经验　　　B. 知识　　　C. 金钱　　　D. 失败

73. 下面哪项最合适作文章的标题?
   A. 捡拾人生的石头   B. 听从智者的劝告
   C. 学习是一个过程   D. 不要总懊恼失去

第74-77题

　　一位父亲用一道并不新鲜的智力游戏题考自己的儿子:"一个桌面四个角,砍去一个,还有几个?"

　　"三个。"儿子不假思索地回答。这样的回答正在父亲的意料之中。于是父亲呵呵笑道:"真的吗?不对,应该是五个。"

　　儿子无法接受这样的答案,坚持着他的数学原理:"四减一就是等于三。"

　　父亲显然早有准备,他拿出一张方形的纸片,用剪刀剪去一角,对儿子说:"假设这就是一张桌面,现在去了一角,你数数还有几个角?"

　　儿子当然也不笨,他马上就明白了父亲的智力游戏,也笑了起来:"对,这样是五个角,可是我干吗这样剪?"

　　说着,他接过父亲手里的剪刀和"桌面",沿着"桌面"的对角线剪了下去,然后扬起了手中的三角形,得意地问道:"这样,不就是三个角了吗?"

　　父亲哑口无言,一时间有些尴尬。但是过了一会儿,父亲欣慰地笑了,对儿子说:"不错,想想看,还有没有其他可能性?"

　　儿子歪头在纸片上比划着,然后说:"也可能剩下四个角。"只见他拿起剪刀,沿着"桌面"一边除了两个端点以外的任何部分向另外两个端点的其中一个剪下,依然得到了一个四个角的"桌面"。

　　很多时候,我们习惯按照常规思维模式去回答问题和寻找答案,这往往成为束缚我们的力量。其实思考和实践才是我们发现答案的有效方法。只有多方位、多角度思考,勇于实践,我们才能跳出惯性思维的模式,发现更多的可能性。

74. 文章开头儿子根据什么回答了父亲的问题?
   A. 思索   B. 数学   C. 经验   D. 实践

75. 最后谁做对了这道题?
   A. 儿子   B. 父亲   C. 都做对了   D. 都没做对

76. 对于父亲的问题,哪一项答案没有可能性?
   A. 两个角   B. 三个角   C. 四个角   D. 五个角

77. 哪一点不是这个故事要说明的？
    A. 打破常规思维　　　　　B. 全面考虑问题
    C. 勇于开展实践　　　　　D. 坚持惯性思维

第78-81题

　　有个人不小心弄丢了针，怎么找也找不到。这时，他看到家中放着的一根铁棒。于是，他突发灵感，拿着铁棒来到河边，找了块石头，很起劲地磨了起来。

　　有一位路人从河边经过，看到他正在磨那么粗的一根铁棒，便很奇怪地问他想做什么，他抬起头说："我的针丢了，我要将这根铁棒磨成针。"路人说："这么粗的铁棒你要磨到何年何月啊？"他却说："只要功夫深，铁杵磨成针。"路人一下子被震撼了，不由得被这个人的执着精神感动了。

　　路人回去后，便将这个人要将磨杵磨成针的事情，绘声绘色地讲给了其他人。人们都对这个人肃然起敬。一下子，他出名了，成了人们学习的榜样。父母专门带孩子到河边，指着磨铁棒的人说："看看人家，多么有恒心。"孩子们似懂非懂地看着满头大汗的磨杵人。许多人专程从很远的地方跑到河边看他，还不停地为他打气。这个人便更得意，磨得也更起劲了。

　　磨杵人的事越传越远，很快传到一个智者的耳朵里。他听后，决定亲自去见见这个磨杵人。

　　智者来到河边，从身上拿出一根针，要换这个人的铁棒。这个人一下子愤怒了，他站起身来说："我凭什么要换给你？你一根小小的针，居然就想换我这根铁棒？你不知道我正在磨针吗？"

　　智者摇了摇头道："那我就不明白了，你无非是需要一根针，我用针和你换，你为何又不愿意呢？"这个人的脸一下子红了。智者继续说道："你所做的，无非就是一件像针一样小的事情，放着现成的针不用，却非要耗费精力和时间，把一根好好的铁棒浪费掉，这样做，值得吗？"这个人的脸更红了。

　　智者说："记住，当你只是需要一根针时，千万不要去磨铁棒。"

78. 那个人为什么磨一根铁棒？
    A. 他要完成任务　　　　　B. 他需要一根针
    C. 他非常想出名　　　　　D. 他想感动路人

79. 人们对磨铁棒的人的反应没有：
    A. 把他的故事告诉别人　　B. 不停为他加油打气
    C. 大家都想送针给他　　　D. 鼓励孩子向他学习

80. 磨铁棒的人为什么不用铁棒换智者的针？

   A. 他觉得不值得　　　　　　　　B. 他不需要针

   C. 他不愿意放弃　　　　　　　　D. 他讨厌智者

81. 最后一句话，智者想说的意思是：

   A. 不要为小事情浪费大资源　　　B. 遇到困难坚持就能成功

   C. 出名会让人头脑发热不理智　　D. 做事情时间一长就容易忘记目的

第82-85题

　　有一位国王添了一个可爱的王子。在孩子洗礼的那一天，有十二个仙女受上帝的派遣前来祝贺，而且每一个仙女都带来了一样珍贵的礼物。第一个仙女带来的礼物是智慧，国王很高兴地收下了。第二到第十一个仙女带来的分别是高贵、力量、财富、英俊、情感、健康、朋友、爱情、知识和关怀，国王都十分高兴地收下了。但到了第十二个仙女的时候，国王愣住了，因为她带来的礼物是不满足。国王认为他的儿子什么都不缺少，要什么有什么，怎么能够让他有不满足呢？于是他毫不犹豫地拒绝了第十二个仙女的礼物。

　　随着岁月的流逝，王子渐渐长大了，继承了王位。他英俊漂亮，性情温和，身体健康。但是，在他的心灵里，却没有那种因为不满足而产生要追求未来的雄心壮志，没有因为不满足而产生要建功立业的抱负。

　　对已经拥有的都满意，对自己的国家什么都满意。久而久之，因为他每天都在志得意满的状态下，大臣们也都变得不思进取了。他的国家渐渐穷困了，很快沦落为一个落后的国家，不久就被邻国吞并了。在他的国家被消灭的时候，老国王还没有死。面对灾难，他才忽然醒悟：原来是他把上帝送给儿子的最珍贵的礼物拒绝了，不满足对于儿子来说才是最珍贵的。因为只有个人的心灵里时刻存在着不满足，才会不断地克服弱点，才会不断地向更高的目标进取。

82. 根据文意，下面哪一项是对的？

   A. 国王接受了仙女的所有礼物　　B. 上帝派仙女们给小王子送礼

   C. 国王很不喜欢第十一份礼物　　D. 小王子长大后没有做国王

83. 小王子的国家最后的结局是什么？

   A. 大臣不思进取　　　　　　　　B. 被上帝救了

   C. 邻国把它消灭了　　　　　　　D. 变得很落后

84. 划线词"不思进取"的意思是：
   A. 不想努力向好的方向发展　　B. 不想思考本应该思考的东西
   C. 不愿意通过思考取得成就　　D. 不思考前进的方向

85. 老国王犯了什么错误？
   A. 只关注表面现象，重视小王子英俊的相貌
   B. 只关注眼前事物，而没有从长远为小王子考虑
   C. 只关注个人喜好，没有从小王子的角度考虑事情
   D. 只关注国家前途，忽略了小王子的个人感受

第86-90题

老师带着我们商校的几个学生去一家商场联系毕业实习的事。还没走出商场，天下起了雨，我们一行中，只有一个女同学带了伞。这时只见老师笑着把那女同学的伞要了过来，给我们出了道即兴的雨中测试题：谁能花最少的钱想最好的方法回到学校，不淋雨就算赢。说完，他笑着打开伞，朝我们摆摆手走出了商场大门。

我们都还愣在那儿想这是真是假的时候，只听一位女同学大叫："老师您等等，我陪您一起走！正好我还要问您几个问题。"说完冲了过去，钻进了老师的伞里，老师笑着接纳了她。我们只好各自想各自的办法。我满商场转了转，一把雨伞最便宜的也要二十多元，一件雨衣也得十几元。最后到超市水果柜，发现那里有装水果的大小塑料袋可自己随便拿，内心一阵狂喜，扯下三个大塑料袋，跑出来，一个戴在头上，两个撕开护着身子往学校跑。

到了学校，老师对我的评价是起点太低，但在最困顿的时候不妨一试。有五个同学是合伙打的回来的，老师的评价是：有合作精神。有同学花一百多元买了双鞋，获赠品一把伞。此同学强词夺理说，鞋他本来就要买，这伞可说是不花钱得来的。老师评价：虽有些得不偿失，但也是一套路子。老师把最有创意奖给了买草编枕席当伞顶着回来的同学，他只花了四元钱，草编枕席还能用上。获最差评的是另一个男同学，因为他一个人现在还在商场没回来，老师笑着说，他可能还在找最好的方法，也可能是在等雨停。老师把最高分给了那位和他一起回来的女同学。老师点评说：这位同学平时对自己的资源有充分的认识，所以自信，在这次测试中，是她"第一时间"看到了眼前稍纵即逝的机遇，并合理果断地抓住了它。最后，老师认真地说，我想让你们明白，你们最终是要面对市场的，那里无处不是商机，你们在商机面前是平等的，职场发展与挣钱都是这个道理。

86. 刚开始下雨时我们都在哪里?
    A. 学校   B. 商场   C. 超市   D. 车站
87. 谁使用了我们仅有的那把雨伞?
    A. 伞的主人   B. 老师和女同学
    C. 我   D. 老师
88. 下列哪种说法正确?
    A. 老师很满意我回学校的办法   B. 顶草编枕席的同学得了最高分
    C. 最后全部同学都回到了学校   D. 雨中测试是老师临时想出来的
89. 下列哪种方法学生没有采用?
    A. 合伙打的   B. 用塑料袋遮雨
    C. 用买鞋送的伞   D. 买一把伞
90. 老师出题用心良苦,他想告诉我们:
    A. 要有合作精神   B. 动脑筋就能想到好办法
    C. 要学会把握机会   D. 要做好准备,记着带伞

模拟题（八）

二、阅读

第一部分

第46-60题：请选出正确答案

第46-48题

有个老太太坐在马路边，望着不远处的一堵高墙，总觉得它马上就会倒塌。见有人向那墙走过去，她就善意地 46 ："那堵墙要倒了，离它远着点吧。"路人不解地看着她，大模大样地顺着墙根走过去了——那堵墙没有倒。老太太很生气：" 47 ？"又有人走来，老太太又予以劝告。三天过去了，许多人在墙边走过去，并没有遇上危险。第四天，老太太感到有些奇怪，不由自主便走到墙根下仔细观看。然而就在此时，墙突然倒了，老太太压在砖石中。提醒别人往往很 48 ，但能做到时刻清醒地提醒自己却很难。

  46. A. 讽刺　　　　B. 关注　　　　C. 提醒　　　　D. 赞美
  47. A. 难道墙不会倒了　　　　　　B. 怎么不听我的话呢
    C. 这些人运气真好　　　　　　D. 这么危险都没人管
  48. A. 大意　　　　B. 困难　　　　C. 小心　　　　D. 容易

第49-52题

  在一个炎热的夏季里，有一只蚂蚁被风刮落到池塘里，危在旦夕。"好 49 啊！去帮他吧！"树上有只鸽子看到这情景，赶忙把树叶丢进池塘。蚂蚁爬上树叶，树叶漂到池边，蚂蚁便得救了。"多亏 50 的救助啊！"蚂蚁始终记得鸽子的救命之恩。

  过了很久，有位猎人用枪瞄准树上的鸽子，但是鸽子一点儿也不知道危险。这时蚂蚁爬上猎人的脚， 51 。"哎呀！好疼！"猎人一痛，就把子弹打歪了，使得鸽子逃过一劫。蚂蚁就这样 52 了鸽子的救命之恩。

  49. A. 可怜　　　　B. 可恨　　　　C. 可爱　　　　D. 可恶
  50. A. 蚂蚁　　　　B. 猎人　　　　C. 鸽子　　　　D. 树叶

51. A. 悄悄走了一段路　　　　B. 狠狠咬了一口
　　C. 静静待了一会儿　　　　D. 慢慢说了一句
52. A. 报答　　B. 感动　　C. 回应　　D. 接受

第53-56题

　　一位心理学教授到疯人院参观，了解疯子的生活状态。一天下来，觉得这些人疯疯癫癫，行事出人意料，可算大开眼界。可想不到准备返回时，__53__自己的车胎被人下掉了。"一定是哪个疯子干的！"教授这样愤愤地想道，动手拿备胎准备装上。可是，事情严重了！下车胎的人居然将螺丝也都下掉了！虽然有备胎也上不去啊！__54__一点儿办法都没有。

　　在他着急万分的__55__，一个疯子蹦蹦跳跳地过来了，嘴里唱着不知名的欢乐歌曲。他发现了困境中的教授，停下来问发生了什么事。教授懒得理他，但出于礼貌还是告诉了他。疯子哈哈大笑说："__56__！"他从每个轮胎上面下了一个螺丝，这样就拿到三个螺丝将备胎装了上去。教授惊奇感激之余，大为好奇："请问你是怎么想到这个办法的？"疯子嘻嘻哈哈地笑道："我是疯子，可我不是呆子啊！"

53. A. 发明　　B. 发动　　C. 发展　　D. 发现
54. A. 备胎　　B. 疯子　　C. 教授　　D. 汽车
55. A. 时间　　B. 时光　　C. 时候　　D. 时节
56. A. 我有办法　B. 我没主意　C. 我就回来　D. 我去叫人

第57-60题

　　一场突然而来的沙漠风暴使一位旅行者迷失了前进的方向。更可怕的是，旅行者装水和干粮的背包也被风暴卷走了。他翻遍身上所有的口袋，找到了一个青青的苹果。"啊，我还有一个苹果！"旅行者__57__地叫着。他紧握着那个苹果，独自在沙漠中寻找出路。__58__干渴、饥饿、疲乏袭来的时候，他都要看一看手中的苹果，陡然又会增添不少力量。一天过去了，两天过去了。第三天，旅行者终于走出了荒漠。那个他__59__未曾咬过一口的青苹果，已干得不成样子，他却宝贝似地一直紧握在手里。在深深赞叹旅行者之余，人们不禁感到惊讶：一个表面上看来是多么微不足道的青苹果，__60__！是的，这就是信念的力量，精神的力量！

57. A. 疯狂　　B. 愤怒　　C. 惊喜　　D. 绝望
58. A. 每当　　B. 除了　　C. 不管　　D. 对于

59. A. 曾经　　　　　B. 始终　　　　　C. 从此　　　　　D. 恰好

60. A. 在荒漠中是旅行者最好的朋友
　　B. 竟然会有如此不可思议的神奇力量
　　C. 他的坚持让他在沙漠中找到了出路
　　D. 他经历了绝望又找到了希望

第二部分

第61-70题：请选出与试题内容一致的一项

61. 一个女生在高中时暗恋一个男生，毕业时女生给了男生一张同学录，男生写完就还给了女生。女生满怀期待地看了留言，发现男生就写了一个"您"，她很失望。多年后，她结婚有了孩子，她教孩子写"您"字的时候，孩子得意地说："妈妈，这个字太好记了，就是'心上有你！'"这时，她哭了。

　　A. 男生其实当时喜欢那个女生
　　B. 男生和女生上学时是男女朋友
　　C. 男生后来变成了女生的老公
　　D. 女孩哭是因为男生不喜欢她

62. 人在走路的时候，身体要来回摆动，来回倾斜。过分倾斜，会摔倒；一点也不倾斜，谁能走？谁能走得快？事实说明，不倾斜的话，谁都不能走，更走不快。人如此，事业发展也是如此。

　　A. 有的事情坚决不能倾斜
　　B. 凡事都需要适当的倾斜
　　C. 人要经常走路才会健康
　　D. 过分倾斜可以走得更快

63. 孩子爸爸与他的亲生兄弟共同拥有50%相同的遗传因子，孩子妈妈也一样。孩子爸爸或妈妈又与孩子共同拥有50%相同的遗传因子。所以孩子就与舅舅或姑姑等共同拥有了25%相同的遗传因子。因此，根据遗传学来分析，孩子与舅舅或姑姑等长相相似就不足为奇了。

    A. 孩子和爸爸的亲姐妹有25%的相同遗传因子
    B. 爸爸和妈妈有50%的相同遗传因子
    C. 孩子科学上不会同妈妈的亲兄弟长得像
    D. 舅舅和姑姑有50%的相同遗传因子

64. 中国传统文化到底是什么？是先秦时期以儒家学说为代表的对人、对社会的认识，以及对社会行为规范的追求——即"仁、义、礼、智、信"。然而，自汉代以后文学艺术占据了文化的地位，以致于人们一提到文化，便认为是唐诗宋词元曲明剧，真正的文化被人们忘记得干干净净。难道不可悲吗？

    A. 唐诗宋词元曲明剧不是文学艺术
    B. 唐诗宋词元曲明剧是真正的文化
    C. 真正的中国传统文化是"仁义礼智信"
    D. 人们都记得真正的中国传统文化

65. 几个房地产企业的破产并不影响房地产行业的整体发展。全国三万多家房企，市场泡沫又很严重，调控持续了这么长时间，才倒了一两家企业，其实很正常。适度的破产并购有助于房地产市场健康发展，因为房地产不会成为一个只会赚钱不会破产的行业。

    A. 大部分房地产企业倒闭了
    B. 房地产市场泡沫很严重
    C. 国家才开始调控房地产市场
    D. 房地产行业只能赚钱不能破产

66. 一位盲人打车，下车时计价器显示12元，老司机把他扶至小区门口，说道："我不收你钱，因为我比你挣钱容易。"刚好从小区内走出一位看上去很斯文的大叔，上了出租车。下车时计价器显示16元，下车时他掏出30元钱说："这钱还有刚才那位的。我不伟大，但挣钱比您也容易点，就希望您继续做好事吧！"

    A. 有两个人做了好事

B. 老司机挣钱比大叔容易

C. 老司机挣钱比盲人难

D. 司机要求大叔为盲人付钱

67. 当代中国诗人缺的不是聪明，他们缺的只是深度，耐力。中国的每一拨诗人都在从零开始，因为已经走完的路，就是小聪明的那几步圆舞曲，重新跳一遍。传统是指有积累，有发展，有自觉的一个过程。当代中国诗歌没有真正的思想积累，到现在为止，还没有一个真正意义上的当代中国诗歌传统。

A. 中国诗人没有深度和耐力

B. 中国的诗人都很愚蠢

C. 当代中国诗歌有悠久的传统

D. 中国诗歌有深厚的思想积累

68. 和日韩风格的可爱繁复不同，欧美风格的服饰呈现给我们的感觉是经典和大气。极简主义设计风格正是迎合了当今的欧美时尚潮流。利落的线条和低调的颜色，非黑即白，偶尔加点色彩，并且融入复古和艺术等各方面的流行元素，更能衬托出理性和个性的特质。

A. 日韩风格很经典大气

B. 欧美风格非常可爱复杂

C. 极简主义迎合了日韩时尚

D. 极简主义衬托出理性和个性

69. 小时候，有一天妈妈拿来几个苹果，红红的，大小各不同。我和弟弟们都争着要大的，妈妈把那个最大最红的苹果举在手中，对我们说："这个苹果最大最红最好吃，谁都想要得到它。很好，现在，让我们来做个比赛，我把门前的草坪分成三块，你们三人一人一块，负责修剪好，谁干得最快最好，谁就有权得到它。"我们三人比赛除草，结果，我赢了那个最大的苹果。

A. 谁最勤快谁就能得到最大的苹果

B. 小时候妈妈总是叫我们三兄弟剪草坪

C. 想要得到最好的，就必须努力争第一

D. 我们应该孝顺父母尊敬老人

70. 有位做微波炉生意的日本商人，要进入美国市场前，他调查发现美国人凡事都喜欢大的，于是他就把微波炉也做得很大。结果，真的很受欢迎，赚了一大笔钱。后来，有一个贵妇给自己的宠物洗完澡，突然想起了微波炉，说明书上说明用于加热，于是她就把爱犬给塞了进去，后果可想而知。那贵妇一怒之下就将这位商人告上了法庭。最终，美国的法律判那个贵妇胜诉。

  A. 大微波炉在日本市场很受欢迎
  B. 贵妇的爱犬最后死了
  C. 商人在美国没有赚到钱
  D. 商人赢得了诉讼官司

第三部分

第71-90题：请选出正确答案

第71-73题

  有个锁匠，修锁开锁的技艺高超，而且品德高尚。锁匠老了，儿子又出国留学，不会继承他的事业，为了不让技艺失传，他带了两个徒弟。

  一年后，老锁匠看到两个徒弟技艺的长进，心里很高兴，但他的真传只能授给其中一个。于是老锁匠决定来一次考试。

  老锁匠准备了两个保险柜，分别放在两个房间，让两个徒弟去打开。结果大徒弟只用了不到十分钟就打开了保险柜，而二徒弟却用了将近二十分钟。众人都为大徒弟的高超技艺喝彩。但考试还没结束。

  老锁匠问大徒弟："保险柜里有什么？"大徒弟眼中放出了光彩："师傅，里面有很多钱，全是百元大钞。"问二徒弟同样的问题时，二徒弟支吾了半天说："师傅，我没有看见里面有什么，因为您只让我开锁。"

  老锁匠郑重地宣布二徒弟为他的接班人。

  大徒弟不服，众人不解，老锁匠微微一笑说："干我们这一行，眼睛只能见锁而不能见被锁之物，锁匠可以打开世上任何一把锁，但自己心中锁住贪心的那把锁却永远不能打开。"

  71. 老锁匠举行考试的目的是：

  A. 收徒弟 B. 选接班人 C. 开保险柜 D. 考查成绩

72. 在考试中，谁开锁的技艺更高超？

　　A. 老锁匠　　　B. 大徒弟　　　C. 二徒弟　　　D. 他儿子

73. 最后二徒弟通过考试的原因是：

　　A. 他开锁很快　B. 他很聪明　　C. 他不贪心　　D. 他非常善良

第74–77题

　　有一个人经常出差，时常会买不到有座位的火车票。可是无论长途短途，无论车上多挤，他总能找到座位。他的办法其实很简单，就是耐心地一节车厢一节车厢找过去。这个办法听上去似乎并不高明，但却很管用。每次，他都做好了从第一节车厢走到最后一节车厢的准备，可是每次他都用不着走到最后就会发现空位。他说，这是因为像他这样坚持不懈找座位的乘客实在不多。经常是在他落座的车厢里尚余若干座位，而在其他车厢的过道和车厢接头处，居然人满为患。

　　他说，大多数乘客轻易就被一两节车厢拥挤的表面现象迷惑了，不会细想在数十次停靠之中，从火车十几个车门上上下下的流动中包含着不少提供座位的机遇。即使想到了，他们也没有那一份寻找的耐心。眼前一方小小的立足之地很容易让大多数人满足。为了一个座位背负着行李挤来挤去，有些人也觉得不值，他们担心万一找不到座位，回头连个好的站着的地方也没有了。与生活中一些安于现状、不思进取、害怕失败的人永远只能滞留在没有成功的起点上一样，这些不愿主动找座位的乘客大多只能在上车时最初的落脚之处一直站到下车。

　　事情往往并不如想象中的那么难，关键看你愿不愿意去尝试，去实践，机遇往往就在行动中孕育。执著追求，总会有所收获。

74. 那个人总能找座位的办法是：

　　A. 亲切地向他人讨教　　　　　B. 逐个车厢耐心地找
　　C. 早一点上火车站着　　　　　D. 买有座位的火车票

75. 为什么那个人能找到空座？

　　A. 因为他买到了车票　　　　　B. 因为车厢很空
　　C. 因为每一站都有人下车　　　D. 因为别的人不想坐

76. 下面哪个不是其他大多数乘客的情况？

　　A. 担心别的车厢更拥挤　　　　B. 没有耐心找座位
　　C. 被拥挤的表象迷惑　　　　　D. 背着行李挤来挤去

77. 根据原文，什么样的人可能成功？

　　A. 害怕失败　　B. 安于现状　　C. 执著追求　　D. 不思进取

第78-81题

有一天,一位先生在路过街道一角的时候,他碰到了一个小男孩拿着鸟笼,正在出售里面的小鸟。

他停下脚步,非常伤感地望着眼前这些失去了自由的鸟儿。叽叽喳喳,鸟儿在笼子里叫着,同时使劲地拍打着翅膀,试图逃出来。

他站立片刻后,对男孩说:"你的鸟儿卖多少钱?"

"五十元一只,先生。"男孩急忙回答道。

"哦,你弄错了,我问的不是多少钱一只。"那先生说,"我要全买下来。我问的是你全部卖掉要多少钱?"

男孩听后,开心地数起了笼子里小鸟的个数,随后算了一下,共需要四百五十元。

"给你钱吧!"那先生递过了钱。男孩欢喜地认真数着。对于这个早晨的交易,他简直是太满意了。可是,就在他刚找完零钱的一瞬间,男孩惊呆了,所有鸟儿都飞走了,这个刚买走鸟儿的人,打开了笼子的门。

"哦,天哪,为什么要这样做,先生?你可是连一只鸟也没得到啊。"他惊叫道。

"哦,孩子,我告诉你我这样做的原因吧。"那先生抚摸着小男孩的头,慈祥地说道,"我没有权利得到它们,每一种生命都应该是自由的,它们是我们的朋友,所以我们应该给它们自由。"

78. 这位先生为什么停下了脚步?

    A. 认识男孩   B. 同情小鸟   C. 关心男孩   D. 想买小鸟

79. 这位先生一共买下了多少只鸟?

    A. 三只   B. 五只   C. 九只   D. 五十只

80. 先生为什么买下这些鸟?

    A. 帮助男孩完成工作   B. 送给儿子作礼物

    C. 把它们当作宠物   D. 让它们获得自由

81. 先生对小男孩的态度是:

    A. 夸奖   B. 责备   C. 慈祥   D. 批评

第82-85题

18世纪末期,英国政府曾发配罪犯去开发澳洲。一些私人船主承包了运送工作。起初,英国政府实行的办法是,按上船的人数支付船主费用。于是,船主为了牟取暴利,尽可能地多装人,又把生活标准降到最低限度。一旦船只离了岸,船主按人数拿到了政府的钱,对于这些人能否活着到达澳洲就不管不问了。三年之后,英国政府发现了这个问题：三年间从英国到澳洲运送的犯人在船上的死亡率达到12%，其中死亡最严重的一艘船上424个犯人死了158个，死亡率高达37%。英国政府想了很多办法：每一艘船上派一名政府官员监督，再派一名医生负责犯人的医疗卫生，并对犯人在船上的生活标准做了硬性规定，还把船主召集起来进行教育培训……但是情况依然没有好转，死亡率一直居高不下。

后来，一位英国议员提出，假如倒过来，政府以到澳洲上岸的人数为准计算报酬呢？政府采纳了他的建议。这个措施一实行，船主主动请医生跟船，在船上准备药品，改善生活，尽可能地让每一个上船的人都健康地到达澳洲。过去看来令人头痛的问题就这么轻而易举地解决了。

这个逆向思维的方法简单又奇妙，但许多人却想不到。因为生活中我们受惯性思维的束缚，窒息了创造力。解决难题的办法，有时候就像瓶底的水，当你喝不到够不着的时候，只要倒过来就能轻松地喝到。

82. 18世纪末，谁负责罪犯到澳洲的运送工作？
   A. 英国政府　　B. 澳洲政府　　C. 私人船主　　D. 政府官员

83. 英国政府没有采用什么办法解决犯人死亡问题？
   A. 派医生上船治病　　　　B. 惩罚恶劣的船主
   C. 派政府官员监督　　　　D. 硬性规定船上的生活标准

84. 英国政府怎样解决了死亡率高的难题？
   A. 派政府官员监督每一艘船　　B. 改变计算报酬的方式
   C. 硬性规定船上的生活标准　　D. 提高船上的医疗条件

85. 下列哪项说法与原文不符？
   A. 议员运用逆向思维解决了难题　　B. 船主为牟取暴利不顾人的死活
   C. 逆向思维能够轻松解决问题　　　D. 犯人在船上的死亡率高达37%

第86-90题

一位父亲很为他的儿子苦恼，都已经十六岁了，却一点男子汉的气概都没有。毫无办法之际，他去拜访一位拳师，请求这位武术大师训练他的儿子，培养男子汉的气概。

拳师说："把你的孩子留在我这里半年，这半年里你不要见他。半年后，我一定把你的孩子训练成一个真正的男子汉！"半年后，男孩的父亲来接男孩，拳师安排了一场拳击比赛来向这位父亲展示这半年来的训练成果，被安排与男孩对打的是一名拳击教练。教练一出手，这男孩便应声倒地。但是，男孩立即站起来接受挑战。倒下去又站起来……如此来来回回总共二十多次。

  拳师问父亲:"你觉得你孩子的表现够不够男子汉的气概?"

  "我简直无地自容了,想不到我送他来这里训练半年多,我所看到的结果还是这么不经打,被人一打就倒。"父亲伤心地回答。拳师意味深长地说:"我很遗憾,因为你只看到了表面的胜负。你有没有看到你儿子倒下去又立刻站起来的勇气和毅力呢?那才是真正的男子汉气概!"

  人可以被打倒,但是被打倒后能够立刻站起来,就是一种自我的超越和精神的升华。面对失败的重创,可以坦然待之,储存力量重新开始。这样的人即使被打倒,也永远都不会被打败。因为只要你站起来的次数比倒下去的次数多上一次,那就是成功。

86. 父亲为什么求助于拳师?

  A. 他想让儿子变成男子汉　　　　B. 他希望儿子会武功

  C. 他觉得儿子是个男子汉　　　　D. 他跟儿子的关系很差

87. 半年后的训练成果是:

  A. 儿子能打赢拳击教练　　　　　B. 儿子被打倒总能站起来

  C. 儿子学会了师父的武功　　　　D. 儿子的学习成绩进步了

88. 父亲对训练成果的态度是:

  A. 赞赏　　　B. 失望　　　C. 冷漠　　　D. 高兴

89. 拳师认为,真正的男子汉气概是什么?

  A. 表面的胜负　　B. 适当的谦虚　　C. 勇气和毅力　　D. 能承认失败

90. 作者对成功的观点是:

  A. 男人要有男子汉气概　　　　　B. 人生路上难免会有很多失败

  C. 为了自己的目标不断奋斗　　　D. 坦然接受失败,储存力量重新振作

阅读常考话题分类训练

话题一 交际活动类

一、综合填空

1. A 根据后文的"当然"可知,这里应选表示否定(不犹豫)的选项,因此排除C和D。A"毫不"后加双音节动词或形容词;B"毫无"后加双音节名词。"犹豫"为形容词,故选A。

2. B 这里谈现象变化发展的方向,只有"趋势"一词表示这个意思。

3. C 根据上文"为了能与孩子保持联系",可知父母为孩子配备手机的目的为C"掌握孩子去向"。

4. C 与"效应"搭配的形容词通常为"积极"、"正面"、"负面",排除A、B;根据文章内容,此处需要表示否定意思,故C为正确选项。

5. B 此处需要一个名词,根据词性和搭配,B"心理障碍"为正确答案。

6. A 与"运动生涯"搭配经常用"高峰"、"低谷",C、D两项不能与之搭配;从下文主要讲奥利弗取得的好成绩来看,应选A。

7. C 根据搭配,"成为"某个组织(12秒90俱乐部)的"成员",选C。

8. B 根据搭配,"打破"某种"局面",选B。

9. D 用排除法。文中没有提到他是否第一次获得冠军,A错;B不恰当,前文已说"先后四次突破13秒大关",这里过于重复;文中没有提到"最年轻",C错;答案是D。打破"双星争辉"的局面,说明他也成为了一位"明星"(主角)。

10. B 选项中能和"比赛"搭配的量词只有"轮",表示比赛的一个阶段,选B。

11. A 选项B、C不能与"歌曲"搭配,排除;D"播放歌曲"可以,但不符合上下文;选秀节目中应该是"演唱歌曲",展示才艺,选A。

12. D 根据上文,苏珊大妈"长相有点糟、打扮有点土",所以外表并不好,D"平凡"

符合这个意思。

13. B 短文讲苏珊大妈从农村妇女到明星的成功事迹，B"扭转人生"最符合文意；A不应该出现在成为明星之后；C文中没有到；文中只说成为英国的明星，不能选D。

---

14. D "表明"用于揭示现象、情况等，"研究"经常与"表明"、"指出"搭配，选D。A可以说"某人表现很好"，B说"表达愿望、表达心情"；C说"某人受到表扬"。

15. B 根据后文"每天说七千个单词"和调查研究的语境，应选B"平均"。A"均匀"是形容词，不能用在这里。

16. A 只有"消耗"能与"脂肪"搭配，选A。B常说"消灭敌人"；C"消失"是从有到无，"疼痛消失了"；D"消肿"是受伤后好转。

17. A 心脏的活动是用"跳动"或"跳"表示，故选A。

---

18. A "如果……就……"固定搭配，表示假设关系，符合文意，选A。

19. C 上文说能否"活下来"和下文"去世不久"说明，这里表示男孩死了，C"离开这个世界"是死的委婉说法。

20. B 选项B"用别人的心爱你我做不到"和男孩不接受心脏移植的上下文相符，选B。A逻辑不通；C意思通顺，但跟上文没关系；D文中没有提到。

---

21. A 从"所以我从不知女友长什么样"推断，"我"应该是C"失明"（眼睛看不见）；B"失语"是说不了话，D"失聪"是听不见。

22. C 胃癌、进行眼角膜移植和后文女友不再出现，都可以判断女友应该是去世了，选C。

23. B "重见光明"是固定搭配，指"恢复视力"，选B。"重复"、"往复"都是之多次进行；"康复"是指身体健康的恢复。

24. A "我"一直为了看到"女友长什么样"而找照片，因此这里选A"模样"符合文意。

---

25. B 选项A和D跟上下文没有关系，先排除；上句说的是"未来"，是以后的事情，所以"前途"是正确的选项。

26. D 上文顿号的并列内容"不幸"，提示这里应该选近义词D"倒霉"。

27. A 上文有个词"挫折"，由此可以知道答案是A"坚强"，因为"挫折"可以使人变得坚强，是最好的语义搭配。B"坚定"搭配意志、态度。C"成熟"也说得通，但不如"坚强"与"挫折"呼应得密切。

二、判断一致

1. D　A"最大市场"应为"美国";B法国网购发展速度居"欧盟之首",不是"全球之首";C应为"英国";D"多了很多"与原文"大幅攀升"意思一样。

2. B　B与文中第一句一致,正确;A和D文中都没有提到,排除;C与原文"带来前所未有的销售业绩"相反,排除。

3. C　A"很大增长"与文中"继续保持"不符;B应为"世界第一";D"所有国家"与文中"大多数国家"不符;C"最后""大大延长"与文中"垫底""大幅延长"表达一致,选C。

4. B　原文没有提到票价,故排除A;C中"相声发展最快"与原文"走下坡路"不符;D"一直受关注"与文中"2006年突然"不符;通过排除法可知B为正确选项。

5. D　原文中"外来的乒乓球"说明乒乓球并非起源于中国,排除A;B中"三次大赛"与原文"三项冠军"不符。文中"乒乓球逐步演变成国球"一句可排除C;D和文中"心中特殊地位"表达相符。

6. A　文中分别说两大网络各自功能的特点,A是正确的概括。B应为"人人网";C应为"开心网";D应为"中国最大"。

7. A　从原文"营养很丰富,可以防治坏血病,帮助消化","可以去湿气"等表述可知A正确;B是干扰项,文中没有讲吃辣椒过量的坏处;C错误,文中说"幼儿"适当吃辣椒有好处;D错误,原文说"很多人爱吃"。

8. B　原文"美国110米栏高手奥利弗"说明奥利弗是美国人,应选B;A没有提到;"同时刷新美洲纪录"说明C错;最后一句说明跑进12秒90的有刘翔、罗伯斯和奥利弗3位选手,D错。

9. B　根据原文第一句可知,英国人和中国人都知道苏珊,从"观众"一词推测她很可能是个明星,应该选B。或者用排除法:"尚未婚嫁"说明苏珊没有结婚,A错;苏珊"很腼腆害羞","害羞"是"大方"的反义词,C错;苏珊"反而更向往过一种平静的生活",说明她的性格不喜欢热闹,D错。

10. B　选项B与文中"真正的美丽在于滩下溪流垂落而形成的巨大瀑布……什么叫壮观,怎样是美丽"所述一致,"壮丽"意思是壮观和美丽。A和文中"远不如"不符;C与文中所述不符;D与文中"真正的美丽在于"意思相反。

11. B　根据内容知道最后的评论是他发的,可知两人都用微博,A错;根据文中"他应该不知道"可知"他"并不是我的男朋友,C错;男人搬到了不同的楼层而不是另一幢楼,D错;通过排除法和文意可知B为正确答案。

12. B　选项B与原文"性情坏的孩子……智商会明显高于其他孩子"一致,"智商高"的意思就是聪明。A文中没有提到；C、D与文中表述相反。

13. C　选项A"辞职"、B"应聘"原文都没有提到；D是张华的两种假设之一，不是事实，A、B、D均错。C跟原文中"他的工作得到了大家的肯定"意思一致。

14. B　"换工作"原文没有提到，A错；C中的"才"太绝对，与原文不符；D与原文"最理想的情况……在生活中并不能经常遇到"不符。从原文"有相当一部分人……当然，也有人……"可知B是正确答案。

15. D　选项A"一起吃"原文没有提到；B与原文"蔬菜和水果……但又各有特点"相反；C应该是"蔬菜"。D跟"每餐有蔬菜，每天有水果"的意思一致。

16. B　选项A与原文不符：原文说周三上午的会取消了，改在周五，而不是周五的会；C与原文不符：原文说"秘书工作……得随时准备着应对各种可能发生的变化"，并没有说不稳定；D原文没有提到。B原文"改在周五下午"意思是"还在本周"，正确。

17. A　选项B"心情"、D"都要加醋"原文没有提到；C与原文相反：原文说"醋还可以治疗失眠"。A跟原文"醋可以帮助消化，让营养变得更容易吸收"意思一致。

18. C　选项A"需要借口"、D"提出问题"原文没有提到。B按照常识判断是对的，但是原文并没有这么说。C与原文中的"总能找到相应的解决办法"意思一致。

三、阅读理解

1. C　文章第一句就说茶馆是成都最具特色的地方，第二段最后一句说"在成都，坐在茶馆里什么都不做就是休闲"，故选C；从第二段中可以看出A、B、D都是人们在茶馆里的具体活动。

2. D　第一段中"座无虚席、热闹非凡"就是说人多得一个空位子都没有，生意好极了，所以D不正确。"生意冷清"是生意不好，没人光顾的意思。

3. B　从各个分句的主语"年轻人"、"老年人"、"中青年人"、"退休干部、知识分子"就可以推断出此段主要意思在叙述各种人都爱坐茶馆，故选B；本段没谈四季，A错；C表述不准确，不是每个人（"人人"）都不同，而是各类人都喜欢利用茶馆；D表述太绝对，原文末句是一种夸张的说法。

4. C　选项A、B、D在第二段中都有提到，C喝红酒是全文最后一句人们进酒吧做的事情，选C。

5. B　从第一段中得知，姚明13岁住进上海体育运动技术学院的宿舍，就开始他的职业球员生涯。

6. B 细节题，第二段说"邀请他前往巴黎参加1997年耐克青年篮球训练营"，"第二年夏天，姚明又前往美国参加了耐克篮球训练营"，共两次。

7. D 第三段第一句"他帮助上海男篮夺得联赛冠军，前往NBA打球的时机已经成熟"，故选D。

8. C 从最后一句"笑容绽放"可推断结果让人满意，选C。

---

9. C "佩服"出现在第二段，末句"试问，如此喧哗之闹市，能得宁静心境，岂是易事？"解释了我佩服他的原因。这是个带有文言色彩的反问句，比较难，但下一段"在这种吵闹的环境里竟可以读书……不容易啊"重复了这个意思，故选C。其他选项是干扰项，文中有提到，但不是佩服他的原因。

10. C 原文"握刀一切，块儿或大或小，也不称"，说明他不在乎豆腐钱，A错；B错，他看的不是杂志，是《欧洲哲学史》，而且没说是因为闲得无聊；C对，第三段有相同表述；D错，倒数第二段他说他只想着卖肉，不看书。

11. B 根据第四段他放肆的笑，以及一系列反问句都可推断出他是否定"我"对年轻人的赞美的；下面几段的谈话中也可以看出他反对一心二用的，选B。

12. C "摆姿态"是习惯用语，意思就是摆出样子给别人看。根据上下文，应该是表示说话人对他的否定，可以判断出选C。

13. B 最后一段作者说，觉得卖肉的"才真正算得上宁静"，可推断出选B。

---

14. C 选项A是一个事实，但是它不是男青年落选的原因；B错误，对话中感觉不到他不礼貌；由于擦鞋是一分钟前的事，男青年不可能忘记，所以D不对。男青年的回答证明他不诚实，C正确。

15. D 根据全文，A、B、C都是考官试探女青年的假话；D女青年很诚实是正确答案。

16. D 根据全文，男青年因为不诚实落选，女青年因为说真话被录用。由此可以推测出面试考察的是应聘者是否具有诚实的品质，答案是D。

---

17. A 原文第二段"本来……但是……价格远远高于他的想象"说明价格是老总放弃的原因，选A。

18. B 原文第三段"询问了一下价格，几万元。老总很满意，于是就租了下来"，说明选B。

19. C 这是一道推理判断题。原文第五段说"……渐渐地，很多人都知道这个十字路口有个贵得离谱的广告位……"，后来，广告取得成功，从这几句话可以推断出老总的目的是C。

20. B 本文几乎每一段都谈到广告,而这个辣酱厂的成功主要也是广告的作用,因此B正确。A、C只是一些细节,不是文章要说的主要意思;D跟原文有些关系,但是推论得太远。

话题二 科学技术类

一、综合填空

1. C "健康观念"是固定搭配,选C。"观点""看法""说法"一般指个人的态度。

2. D "说出"后面不能没有内容而单独使用,B错;"说明"的主语很少是人,A错;"表明"主语是人的时候,后面的宾语一般为某种态度,C错;只有"指出"既可单独使用,后面的宾语又可为观点类宾语,选D。

3. B "缓冲"和"缓慢"一般指速度,且为不及物动词,后面不能加宾语;"缓和"一般指态度;只有B"缓解"为正确搭配,常指比较严峻的情况有所好转。

4. B 选项前面说素食的优点,后面说素食有可能造成营养的缺失,因此前后为转折关系,选B。

5. A "珍稀动物"是固定搭配,应选A;"珍爱"是动词;"珍贵"是形容词;"珍藏"是动词和名词,有收藏的意思。大熊猫在全世界数量稀少,因而很"珍贵",我们要"珍爱"它们,它们是"珍稀"动物。

6. C "尤其"是副词,与"特别"意思相近,是指在一定范围内比其他的更突出的某样东西,文中就是指大熊猫喜欢吃素,在素食中特别喜爱吃竹子。

7. D "花钱"、"花时间"、"花力气"、"花精力"都可以搭配,这里"花"是动词,意思是花费、用掉、消耗,选D。

8. C 选项A应说"到达某地";B应是"……与……相遇",而不是"……相遇……";C可以说"……遇到……";D不符合文意,不是熊猫主动攻击敌人,而是受到敌人攻击。

9. D 熊猫使出游泳和爬树的绝招,就可以逃脱敌人的追捕,敌人拿他们没有办法,故选D。

10. C "根据……需要"是固定搭配,选C;其他三项不能跟"需要"搭配。

11. D 从第一句看，结合第二句讲解的原理可以推出，这段文字主要讲的是牵牛花是怎么会爬藤的。A、B、C意思都对，但D最符合上下文。

12. C 关联词搭配"除了X以外，Y、Z也（都）……"，表示X、Y、Z都具有某种相同的特征，文中是指都会爬藤，选C。

13. A "注意"身边的事物、现象，符合上下文，选A；"学习"和"研究"都带有目的性、"想象"搭配看不到的东西，都不符合上下文。

14. D "进行实验"是常用搭配；"举行"搭配仪式、婚礼、开幕式等大型活动，比较严肃、庄重；"举办"搭配运动会、训练班、讲座等小型活动；"得出"搭配结论、答案、结果等。

15. A "分组"可以具体到"分成"几组，把整体分成部分；"划分"可以说部分从整体里划分出来；部分"组成"整体；根据下文选A。

16. A "发出/得到指示"是常用搭配，根据文意，心理学家发出指示，参加实验的女大学生得到指示，本句主语是心理学家，所以选A；C、D不能与"指示"搭配。

17. C "实验/研究/调查/结果"都可以与"表明"搭配，揭示某种情况或结论；"公布"是公开宣布信息让大家都知道；"声明"是公开表态或说明某种观点、态度或立场；"指示"有命令强制执行的意思。

18. D "电击犯错者的时间更长"的行为不能表明电击执行者"失去自信"、"看不清方向"、"缺乏安全感"，而是表明他们"很冷酷"，让受电击的人承受更多痛苦，所以应选D。

19. D "积极"一般指影响或态度；"悲观"指态度或性格；只有"正面"和"负面"可以搭配结果。根据文章意思，应选否定的"负面"，即D。

20. B 此处是肯定一个情况否定一个情况，应该用"不是……而是……"或"（只是）……而不是……"等搭配，选B。A是选择关系，B是递进关系，D是转折关系，不符合上下文。

21. C 用阅读器也是阅读，所以不会"阻止"阅读能力发展，排除A。B、D都指挡住人、车等具体情形。C"阻碍……的发展"是常用搭配，所以选C。

22. A 根据文章大意，该文主要强调电子阅读器对孩子阅读和学习能力的影响，只有A可以概括出这个意思；B、D与此无关；C说反了。

23. C 根据文章意思，这里需要一个消极意义的词语，故排除B和D；根据与"逐渐"的搭配，应选C"恶化"；A不表示变化。

24. A 根据下文："但"英国有人想到了在城市里建设动物栖息地的办法，这里应该是否定这种可能性，选A。

25. A "推举"和"推选"后面宾语一般为人，排除C、D；"推动"后面一般为诸如"社会进步""经济发展"等情况；只有A"推出"后面可以搭配新措施，选A。

26. C "付诸实施"是固定搭配，表示把这个想法付之于行动，选C。

27. A 选项C和D都不能跟"上"搭配，可以排除；A"基本上"的意思是大部分，差不多；B"根本上"强掉根源或者最重要的部分。根据上下文选A。

28. C 选项A与原文相反，原文说"今天死一只，明天死两只"，意思是死的羊越来越多；B、D原文没有提到，可以排除；根据上下文，羊的状况越来越差，以至于需要找医生（后文），所以答案是C。

29. B 因为从下一句"老人告诉他……"可以知道，那个人去"询问"老人了；A"问题"是名词；C不接宾语，D是明知故问，不合文意。

30. D 从下文"到了以前的数量"可以知道答案是D，因为"恢复"的意思就是"变回原来的样子"。

二、判断一致

1. D 选项D中"无法替代"和原文中"难以比拟"（书面语色彩浓）是近义表达，为正确答案；原文中"从国外席卷中国"说明A里"在中国产生"是错误的；原文"随时随地"说明发微博不受时间和地点限制，故B错误；从原文"不超过140字"可知C中"没有字数要求"是错误的。

2. A 原文"传统电池报废后会产生潜在污染"和A所述一致；文章中说"可持续使用时间较传统锂电池长3至4倍"，B错误；文章中说"中国女设计师设计"，C错误；原文"在5年内发售"说明D"已经开始发售"错误。

3. D 原文"外形和普通比基尼差不多"说明A"很不一样"错；"为手机等随身设备充电"说明B"只能为手机充电"错；"在充电前要烘干泳衣"说明不能马上充电，C错。根据概括或排除，可知D为正确答案。

4. C 八哥、鹦鹉学人说话"也需要在人们的长期训练下"，A错；它们只能"模仿几句简单的话"，B错；而且"不知道自己说的是什么意思"D错。第一二句说明它们的舌头跟其他鸟不一样，应选C，"与……不同"与"跟……不一样"是同义句式。

5. D 土壤和水清晨温差不大，A错；最后一句说中午不适合浇花，B错；中午浇花使土壤温度变化，不是中午温度变化。根据概括或排除，中午最适合浇花，选D。

6. D 原文"2025年前"说明A"已经研制出"错；原文"老年性痴呆"说明B"幼儿及青少年多发疾病"错；原文表明美国现在已有计划在2025年前推出防治方法，故C"尚未考虑"错误；D"从草案中无法得知怎样资助"与原文"草案并未透露如何资助"一致，为正确答案。

7. C 选项C和原文"纸质书带给人的感觉是……无法代替的"一致，选C，同时可知D错；A和B中"没有广告、节省时间"以及"对眼睛很好"是纸质书的优点，不是"电子阅读器"的优点，可排除。

8. A 文中"年轻人更容易给电子产品过度充电"说明A正确。原文说明让设备连着电源插座的原因是"担心电力耗光"，而不是B中的"因为懒惰"，B错；文中"因过度充电浪费1.34亿英镑"说明C"不会造成太大浪费"错误；"不及时断开电源"和"从不断开电源"不一样，故排除D。

9. C 是否"模糊"原文没有提到，D应该排除；原文说最早的地图是彩色帛绘地图，A"纸"、B"黑白"与原文不符，排除；C从"那是三幅汉代的……地图"可以知道C是正确答案，"汉代""汉朝"意思一样。

10. D 选项D跟原文"火星是最有可能成为人类第二家园的地方"意思一致；"家园"就是"家"，是人类居住的地方。A原文没有提到，B、C与原文不符。

11. C 选项A和D原文没有提到，应该排除。B与原文不符，原文说城市的"风貌与特色各不相同"。C跟原文"从城市出现后，它就成为人类生活的中心"意思一致。

12. A 原文没有提到画画，B应该排除。C与原文不符，原文说"四季分明"，意思是春夏秋冬四个季节分得很清楚，不一样。D与原文不符，原文说"一年四季都可以去玩"。从原文"满坡的绿茶"可以推断出A是正确答案。

13. B 原文没有提到一样的衣服，D应该排除。A、C与原文意思不符，原文说情绪不好的时候不要穿硬衣服、系领带。B与原文"过紧的衣服"一致。

14. A 选项C、D原文都没有提到，应该排除。B与原文不符，原文说"光照会提高脑的兴奋度"。A与"预防失眠"表意相同。

15. B 原文千年西安五千年山西，A错；原文"博物馆"是一个比喻，C错；原文说"发祥地之一"D错。B与原文意思一致。

16. A 选项A与原文一致。B与原文相反，原文说"我们要沉着冷静""原地躲避最现实"；C与原文相反，原文说"我们可以……最大限度地减轻灾害损失"；D与原文相反，原文说"目前人类还不能阻止地震的发生"。

17. A 原文说气温高适合葡萄的生长，A与原文一致，"适合"跟"有利于"是同义表达。B与原文不符，原文说"含糖量非常高"；C与原文不符，原文说"白葡萄就有20个品种"；D与原文不符，原文说吐鲁番的葡萄占新疆的53%，全国的1/5，而不是全国的一半。

18. D　"功能""健康"原文都没有提到，排除A、C；B是细节题，63%不是"拥有手机"的人数。D与原文一致，原文说63%的人明确表示不愿意回到没有手机的时代，属于"大多数"。

三、阅读理解

1. C　下文教授在解释原因，所以之前的"莫名其妙"意思应该是不知道为什么，故C为正确答案。注意D是双重否定，表达的是肯定意思，与原文不符。
2. D　答案在文中"问题出在她同时服用了这两种东西"一句。
3. B　从第一段的疑问和第二段教授的解释可推断出，医学院的教授查出了女孩死亡的真正原因，选B。
4. B　根据第二段，女孩不知道同时吃虾和维生素C会发生化学反应产生毒药，因此中毒死亡，所以B中"缺少有关知识"正确。

5. C　细节题，答案在第一句"他门所搭乘的船坏了，只好请牙买加人提供食物"。
6. D　文中只提到牙买加人，没有提到贵族和当权者，所以不能断定当地有这类人，排除A、C；哥伦布是殖民者，排除B。把D代回原文，符合上下文，选D。"土著"是指原来就居住在当地的人。
7. B　细节题，原文中说"哥伦布警告土著这是神怪食月现象，牙买加人感到非常害怕"说明B正确。A、D都有可能合理，但文中没有提到；C不会让人害怕，排除。
8. C　这是一道主旨大意题，文章讲的是哥伦布利用月食的知识吓唬牙买加人，从而渡过难关，选C；B不是文章重点。

9. D　原文第一段"一只蚂蚁能将比其自身重50多倍的石块搬走，难道还不算是大力士吗？"是一个反问句，意思是"……应该算是一个大力士"，因此大力士的原因是D。C和原文很像，但原文并没有说石头很重，只是比蚂蚁的体重重。
10. B　答案在第二段，A、B、C、D都提到了，但文中"燃料"加了引号，只是一种形象的比喻，不是真正的燃料，所以选B。
11. D　这是一道主旨大意题，文中第一句就提出"蚂蚁"是大力士的观点，后文都在证明这一点，所以D最能概括文意。

12. D　第一段中提到B"害羞"，但紧接着说"所占比例相当小"，就不大可能是答案；第二段另有一个原因："即使我们不去帮助他，也应该有人会出手相助"，故选D。A错误，人们想帮；B没有D合适；C文中没有提到。

13. A 这题可以用直接定位关键词的方法来做，文中出现"林格曼效应"的地方在第二段："这其实是一种依赖别人的想法……这种现象被称为'林格曼效应'。"其中的"依赖别人"就是答案。

14. C 根据第三段"每当拉网的人数增加，每个人出的力就会减小一点"可以轻易选定C。

15. C 文章最后一句话直接给出了答案："……有困难的人得不到救助，很多情况下都是这种心理效应起作用的结果。"解题的关键在于明确文中"这种"的指代关系。

---

16. A 注意本题选否定的一方。通过第一段，我们知道"没个性化"是指个人在团体中变得跟一个人时不一样，B、C、D都是团体中的个人行为，选项A没有涉及团体和个人，所以选A。

17. A 第二段说个人意识变淡薄之后会产生"巨大的开放感"，没有束缚（C错），害羞的人也能大声唱歌、叫喊（B错），所以选A；D文中没提及。

18. A 根据最后一段"比如狂热的足球迷，如果自我意识过于淡薄，就可能发展成危害社会的'足球流氓'。"可以知道B、C、D正确，应选A。

19. D 从最后一段的意思来看，"没个性化"有可能危害社会，A、B错误；但也不一定是反社会的，C错误；D概括正确。

---

20. B 文中第一句"和其他小朋友一样在普通小学读书"说明B"在电脑公司工作"为错误选项。

21. C 文中第三段"5岁时，小杰创建了自己的网站，这让他母亲大吃一惊"说明C为正确答案。

22. D 文中第三段最后"当地的各个电脑俱乐部都认为小杰年龄太小，不适合参加"说明D为正确答案。

23. B 文中"不过没过多久，小杰就不满足于玩游戏这么简单的事情了"说明B"C网站无法满足小杰的需求"是正确选项。从文中所述小杰从小与生俱来的电脑天赋可知A"后天培养"以及D"小杰的母亲教会小杰如何使用电脑"是错误的；小杰7岁考完全部ECDL考试，故C错误。

---

24. C 这是一道细节题，答案在原文第一句"猎人一枪击中了一只兔子的腿"。

25. B 细节题，第一段"猎人非常生气地说：'你真没用，连一只受伤的兔子都追不到！'"

26. A 注意本题选错误的。从第二段"那只兔子带着枪伤成功地逃回家里"可以知道，兔子是自己逃回家的（A对、C错），而且比猎狗跑得快（B对），从兔子的话中可知D对；答案选C。

27. C 观点在最后一句"谁要想成功……必须用尽全力才行。"

话题三　历史文化类

一、综合填空

1. B 根据上文"恭喜"，白先勇想要鼓励学生，B"不亚于"表示学生的表演和职业剧团一样好，符合文意，是正确答案。"亚"是不好、差的意思，"不亚于"意思是"一样好"。

2. C 根据上下文，这里需要一个表示转折的词语，故排除A、B。而根据语法位置，D"反之"一般放于句首，C"反而"放在主语之后，故选C。

3. B 根据文中"年轻的学生""青春版""校园版"等重点词，可知B"走向年轻人"为正确选项。

4. A 区分近义词："探测"一般为科学勘测，排除B；"探险"通常指冒险类的事情，排除C；D"探查"的一般指查找原因，不符合上下文。只有A"探索"可以表示文化、科学方面的尝试，选A。

5. A "随着……"这一固定结构一般放于句首，引出背景或情况，故选A。

6. B 根据文可知，在京剧中加入英文字幕，是给普通外国观众，而不是汉语学习者，所以选B，而不是C。A"生活"与字幕无关，D"演出"的不是外国人，均排除。

7. C "引起"后面一般为词或短语，不能为句子，故排除A；B"致使"和D"导致"后面都是负面和不良的后果，语义太重，故排除；C语法正确，"引得……大笑"也是常见搭配。

8. D 后文有表示递进关系的"而且"，根据搭配选D"不但"。

9. C "将……放在桌子上"，是合理搭配。A应该"拿在手里"；B、D都不合文意。

10. A "认为"后跟某种观点；"以为"是所认为的观点是错误的；文中没有对"不吉利"这种看法的正误判断，所以选A。C搭配"认识"某人；D"认可"什么事情、观点。

11. B　"组成部分"是固定搭配，其他项不能与"部分"搭配。

12. A　"正好"有碰巧、恰恰合适的意思。文中棺材木板三长两短，使得"三长两短"跟"死亡"联系起来，人们把筷子放得长短不齐跟"三长两短"和"死亡"联系起来，所以不吉利。这些都有碰巧的联系，所以选A。

13. D　解释参见上题。第一句是中心句，后面都是讲筷子不能"三长两短"的原因，所以应该选D。

14. B　"不管……都……"是固定搭配，表示条件关系。

15. D　A"气焰"是贬义词，B"气场"形容人，C"气流"是指空气的流动，三个都不适合形容宴席这种场合，也不适合受"团结、礼貌"的修饰，选D。

16. C　"既……又……"是固定搭配，表示并列关系。

17. A　选项中只有"体现"能与"美德"搭配。B通常搭配"出现"什么情况；C"呈现"什么景象；D"表示"赞同/感谢/好感等。

18. C　"符合……心态"可以搭配，选C；A通常搭配"造成"后果，B"弥补"过错，D"纠正错误"，故选C。

19. B　四个选项都说得通，但是根据上文"取出水壶"和下文"将水壶送到……"的语境，这里选B最合适。

20. D　"A比B更……"是固定搭配，从线索词"更"可以断定是比较句。

21. C　用排除法，从后文中得知，丹麦士兵不会"要他的命"，A错；B、D不符合感叹的语气，排除；C符合上下文，是正确答案。

22. A　国王、皇帝这样的特权阶级想见地位比他们低的人，要用"召见"。BC语法不对，要用"与……见面约会"；D这个词很少用。

23. C　根据文意，作者赞赏原谅别人错误的行为，"饶恕"跟后文的"宽容"相符，选C。A、D与文意相反，B没有原谅、宽容错误的意思。

24. A　只有"奇迹"能与"创造"搭配；而且从词性上，"创造"后要跟名词，只有A是名词，其他项都是形容词。

25. C　"只要……就……"是常用搭配，表示条件关系，根据关联词就可以选出答案C。

26. B　"引起……注意"是常用搭配。A"发起"、C"发动"常搭配活动、事件；D"引用"搭配文章、观点、说过的话等。

27. D　"刻板""肤浅"都是贬义词，不符合文意，排除A、C；形容作品往往用D"深刻"；B"深沉"通常说"感情/语调"深沉。

二、判断一致

1. C 文中第一句"审议通过……"说明是否被列入名单需要通过审议,选C。京剧被列入"人类非物质文化遗产代表作名录",活字印刷术被列入"急需保护的非物质文化遗产名录",故A"同一种名录"错误。原文提到被列入"急需保护的非物质文化遗产名录"只有三项,故B错误。D中"只有针灸和京剧"在文中没有体现,故排除。

2. A 文中"……受到了广泛关注"和选项A"很多人关注……"是主被动关系,选A。文中主要提到受关注的是"养生思想",而非B中的"哲学思想";文中并没有将政治家和哲学家对比,C错;"养生思想"只是"其中"一部分,D错。

3. C 丝绸之路中国古代汉朝时期就有了,A错;最后一句"还有……海上丝绸之路"说明B错;"'丝绸之路'……汉朝时期开辟的商业通道",与选项C是主被动关系,C正确;纺织品是从中国传到西方的。

4. B 文中没有说"喝半杯",要"把满杯酒一口喝干",A错;"客人喝得越多,主人就越高兴"跟B意思相同;藏族主人给客人斟酒,客人喝得越多越高兴,所以C、D错误。

5. B 文章中说:火鸡是整只烤出,A错;鸡肚子里要塞满食物,不是调料,C错;全文讲的是怎么烤火鸡,D错;调料里伴上红莓果酱,故选B。

6. D 文章中说:甲骨文有4600多个,A错;是"刻在龟甲兽骨上的"文字,B不全面;是商代的文字,C错;原文说"已经相当成熟",选D。

7. C 原文"兴趣广泛,旅游、狩猎、诗词、书画无所不好"说明乾隆喜欢打猎,A错;他喜欢书画,文中没说画画得不好看;他"特别擅长……书法",选C;"乾隆是中国历史上最长寿的皇帝",但不是"中国最长寿的人",D错。

8. B 文章最后两句讲的是如何用于治病,故A错;"牧民……把马奶酒当作甘美的饮料"和选项B一致,选B;蒙古族和哈萨克族的牧民都喝,C错;"每年夏秋产奶季节"是酿酒的时候,D错。

9. B 偷菜是为了"求郎""嫁好夫、嫁好婿",都可推断出是想找个好老公,选B;偷菜是未婚女子的活动,A错;是中秋夜的习俗,不能在别的日子偷菜,D错,受到惩罚的事文中没有提,C错。

10. C 年画在"新年时张贴",是庆祝春节的,A错;"年画是中国画的一种",B错;"也是中国农村老百姓喜闻乐见的艺术形式",说明年画在中国农村很流行,是民间艺术的一种,C正确,D错误。

11. A 文章前两句与A是主被动关系,选A;玄奘被小说歪曲虚构了,真实的玄奘并不糊涂，B错；"历史上真实的玄奘"，说明C错；"和尚""高僧"都说明他是佛家的代表，D错。

12. A "正南是午门，为故宫的正门"说明A正确；故宫是"明、清两代的皇宫"，B错；"由……两个部分组成"，C错；"四面有筒子河环抱"至少说明故宫外是有河流的，D错。

13. B 原文"筷子在使用上也有很多讲究"，A错；"暂时离开时，要把筷子轻轻放在桌子上……"C错；"不要用筷子敲打碗"，D错。B与原文一致。

14. B 原文"川菜的突出特点是麻和辣"，而不是清淡，A、C错；成都和重庆是"最正宗的川菜"，而选项D"才是"表述太绝对，可排除。B与原文一致。

15. C 选项A中的"才"、D中的"特有"都是带有"唯一性"的词语，要特别小心，核对原文，没有相应说法，应该排除；原文说赛龙舟是"多人集体划桨竞赛"B错；"船长一般为20到30米"，C是有可能的，选C。

16. D 选项A中的"年轻人"、B中的"装饰品"原文都没有提到；原文"所有切割过程应该在厨房内进行"说明C错。D与原文一致。

三、阅读理解

1. C 第一段"虽然他只是一位砍柴的体力劳动者"说明C是正确答案。
2. B 第二段"专家认为把古琴看成比其他乐器高雅是不对的"说明B错，选B。
3. C 定位在文章第二段，前文表述古琴不容乐观的现状，说明"式微"的意思是发展状况不好、衰落了，选C。
4. D 根据文章中"最主要的是古琴界一直以来存在一种孤芳自赏的姿态"可知导致目前古琴现状的主要原因是态度问题，选D。

---

5. D 第一句"提到中国古代美女，人们往往会想到……的四大美女"，说明四大美女是代表，选D。A说的是四大美女，而不是古代美女；B和第一段最后一个反问句意思相反；C"传神"是中国画的特点，而不是美女。
6. C 注意本题选错误的。答案在"能看到美女像的人更是屈指可数"中，意思是看到的人很少，选C。"屈指可数"形容数量很少，扳着手指头就能数过来。其他选项在第三段中都有提到，可以排除。
7. D 根据上文"故意将她画丑了"可推测这里应该是"丑"的反义词，选D。A、B、C是干扰项，不要被文中"老死后宫""和亲"和"贿赂"等迷惑。
8. D 从最后一段"文人选中她们的原因……对历史产生过较大的影响"，说明D正确。

9. D　这个故事讲，考试要录取三名，但报考的只有三名，所以最后没有考生考不上，选D。

10. C　文章只提到"前清"，不是清朝末期，A错；前两个考生抄了试题的，不是都交了白卷，B错；主考官"不禁目瞪口呆"，说明很吃惊，选C。

11. C　第一段第一句"规定……录取三名"，结合后文，可知录取三人是一个任务，答案选C。

12. A　考生的答卷应该都不合格，但主考官为了凑足3名，让他们都合格了，很无奈；写的评语夸大了事实，很夸张；又很巧妙地掩盖了真相，很精彩；评语没有说实话，所以A是错误的，选A。

13. C　注意本题选"无关"的说法。第一段就说茶叶的耐泡程度除与嫩度（A）和加工方法（D）有关，"粗、老、完整的茶叶"会冲泡慢（B）；没有提到茶叶价格与冲泡速度的关系，选C。

14. A　细节题，第二段"二泡茶虽浓郁""三泡茶香气和滋味已淡乏"，选C。

15. C　细节题，第三段"一般的红茶、绿茶和花茶，冲泡以三次为宜"，选C。"宜"是合适、恰当的意思。

16. A　注意本题选错误的。乌龙茶"可以多冲泡几次"，A错；B、C、D在最后一段都有相关表述。

17. D　文章每一段都在讲泡茶的问题，选D。

18. B　饺子"历代曾叫水角、馄饨、饽饽等"，故选B，注意题目问的是"没有"。

19. C　原文"北方人为何要在年三十晚上吃饺子呢"中"年三十"告诉我们是在过年时吃，选C。

20. A　"谐音"的意思就是发音相近。根据后文："称为'交子'，和'饺子'发音相似"可以推断出选A。

21. B　"京城民间没有哪家不包饺子"是双重否定表示肯定，但定语有"京城"，D错误；新疆出土了盛着饺子的木碗，说明新疆也有吃饺子的风俗，C错；出土木碗，没说合适与否，A错；文中说了"京城""新疆"以及"天下通食"都可说明B正确。

22. C　本文主要讲中国北方有吃饺子的传统习俗，答案是C；A、B、D在文中有提到，但不能概括主题。

话题四 社会问题类

一、综合填空

1. B "据（……）报道"是固定搭配，介词"据"表示按照、依照的意思。

2. D 根据搭配，"具备"后面一般搭配环境或条件，故D为正确选项。C"固有"为形容词，故排除；A"拥有"强调主观所属性，如拥有土地、财富等；B"备有"意思通常指为了什么有所准备而有……，且搭配通常为客观物质。

3. A 文中"奥地利几乎所有的优秀员工都是这五个星座的"是经过统计的一个"规律"，而不是人为设置的"规定"、"规则"或"规矩"，所以选A。

4. C "种族歧视"为固定搭配，指根据人种、肤色来判断人。

5. B 根据"像往常一样"和后面的"没走原来的线路"，说明发生了改变，应选表示转折的词B。

6. A 从语义上判断，只有"着急"与"上错车"有关，选A。

7. D "于是就"是常见搭配，前后两句是承接关系，选D。

8. C 堵车的时候，骑自行车可以不受堵车影响。另外，上文"真不错"提示选项应是一个好的结果，故选C。

9. C "发生"与"事情"搭配，其他选项不能搭配。

10. B "据……透露"是固定搭配，介词"据"表示按照、依照的意思。

11. A "闯"有凶猛和强迫的意思，其他选项都不适合抢劫的语境。

12. B 从"让人望而生畏"的原意到"滑稽可笑"、"狂笑不止"的相反效果，是转折关系，所以选B。

13. C 根据上题解释，此处用"竟然"表示出乎意料；另外，原文第一句"竟把劫匪气跑了"也是一种提示。

14. D 选项A、B都可以放在"逃跑"后面，但下文说歹徒"在店里冒充售货员"，那肯定是在逃跑之前的事，所以选D。

15. A "强迫"、"建议"和"请求"某人做某事都可以搭配；但"建议"和"请求"不适合抢劫的语境；"强迫"是正确答案；"叫喊"符合文意，但后面不能跟其他成分。

16. B 根据常识，抢劫时有顾客光临应该让人很紧张，而后文说"歹徒丝毫没有感到惊慌",这里应该是转折关系,选B。

17. A 后文在叙述"半小时"内的情形,属于当时,而不是前后,故排除B、C。相对于D"那个时候",A"在此期间"更强调上文"半小时"这个时间段以及这段时间里发生的事情,放在这里更合适。

---

18. A 因为是"初中同桌",最适合的是毕业那天;B、C很难锁定特别的一个日子;"开业"是做生意,不符合学生上学的语境。

19. B 主语后动词(想)前,应该选副词,排除A、D;上文收到小熊礼物,本应高兴,下文却是关心星星送给谁,有转折关系,应该选B。

20. D 根据后文"泪流满面",这里掉出来的应该是和感情有关系的"星星",选D。

---

21. A 文中是说收到短信,所以应该是"来自"某个号码,选A。

22. B "回复短信"是固定搭配,此外还有"发送/转发/删除/查看短信"。

23. B 从"终于"可以看出他做决定的艰难,所以选B;A、D意思相反;C不对,他前三年都没有给那个号码发短信。

24. A 介词"在"的后面应该填名词,B、C、D都是副词,排除。文中讲到了第四年他联系那个陌生号码的时候,那个号码已经换主人了,所以说爱情不会在原来的地方等着,选A。

---

25. B 根据后文"千万不要 27 激动地……"可判断,这里应该是B"慌张"。"慌张"和"激动"意思相近,其他都无关。

26. D 跟救援人员搭配最合适的是"专业",来形容他的工作,其他都是指外貌等特点,不符合这里的语境。

27. C 这里应该选"激动"的主语,A、D是副词,可以排除。能够跟"激动"搭配的是"情绪","心理"经常搭配"心理健康"等,注意这里不是"心里",选C。

28. C "不正常地上升或下降"是很危险的,而是前面有"不要 27 ……",排除A、D;B有可能,但最危险的是梯里的人,所以C更准确。

二、判断一致

1. C 原文"能源的发展、能源和环境的关系是全世界、全人类共同关心的问题"和选项C"世界各国都关注能源问题"是近义表达,选C。A"煤炭"文中没有提到;B、D中的词语文中提到了,但是并没有做出这些判断。

2. D "到2020年，达到结婚年龄的男性将比女性多出3000万到4000万"，而不是A中的"目前"；根据文中北京50万、上海100万的人数信息可知B错误；文中说"剩女即大龄单身女性"，并没有提到是否愿意结婚，故C错误。D的表述与原文"每5名男性中就有1人难以找到配偶"是近义表达，选D。

3. A 选项A与原文"过分以自我为中心，不懂得体谅和宽容"是同义表达，选A。B"办理结婚"的信息文中没有提到；C中"全部"与原文"大多"不符；D中"重大事件"与原文"琐事"相反。

4. C 从原文"选择在学界工作的状元最多，约占总数的两成"可知A、D两项错误，两成和20%为同义表达，C正确。B中"超过40%"和原文"近四成"不符，故排除。

5. A 根据"中国有个流浪汉……给他取个绰号叫'犀利哥'"可知A正确；文中没说"犀利哥"演电视电影，B错；他在亚洲很红，"流行到中国香港、中国台湾和日本"，C错；"犀利哥"只是他的"绰号"，"不知道他的真名"，故D错。

6. C 原文"中国近70%的女性对生活感到满意"，七成是70%的同义表达；A、B与文章意思相反；D"工作压力"原文没提到。

7. A 文中讲，因为城市施工造成道路拥堵，市民愿意放弃私家车（B错），选择自行车出行（C错），所以选A；"除了因为到了每年的销售旺季之外"说明现在是电动车销售旺季，D错误。

8. B "中国水资源总量丰富"，总量很多，A错；紧接着说"但人均水资源……"表示转折，后面主要讲中国人均水资源缺乏，"紧缺"有"缺乏"的意思，选B；2030年中国人口"将进入高峰时期"，人口会非常多（C错），会更加缺水（D错）。

9. B "一个笨家伙对一部拍照手机发生了兴趣……"说明A错，B对；手机最后"被警方得到了"，C错；"很快抓住了……"，D错。

10. C 他看到红灯却"加速冲了过去"，是故意闯红灯，A错，C对；故事发生在晚上，B错；文章没有提到害怕警察，D错。

11. C "医生连连说他受了那样重的伤还能活着是一个奇迹"说明他伤很很重，A错；女孩"她"没有遇到空难，B错；他的回答说明他想给她幸福，她是他活下来的动力，选C。

12. D 最后一句"求了十几年的婚了，下一年的结婚纪念日，换个方式吧"是理解文章的关键。从"结婚纪念日"可知他们已经结婚了，每年纪念结婚的方式就是求婚，所以已经结婚十几年了。

13. D 原文没有提到缓解，排除A；原文说"煤和石油……对地球环境造成了严重的破坏"，说明影响很大，排除B；原文说"寻找新的绿色能源成为我们面对的新问题",这说明还没找到新的绿色能源,排除C。D与原文第一句一致,选D。

14. B 原文"2010年的离婚人数,更是创下了历史新高",说明和往年离婚人数相比,2010年离婚人数是最多的,选B。

15. A 选项A与原文"……重要原因,是当今社会人们接受教育的时间普遍延长和竞争压力的加剧"一致。选项C是"有人认为……"的内容,不是"最重要的"原因。

三、阅读理解

1. D 根据第三段第一句话"闪婚的主要因素是一见钟情"可知D为正确选项。
2. C 根据第三段中"一种非理性的感情"可知C的"非常理性"是错误的。
3. B 根据这句话后文的内容"爱情牢固度,大多与时间长短成正比……",可以知道作者认为婚姻是需要时间考验的,故B为正确选项。
4. D 根据文章大意可知作者主要是客观表述"闪婚"这一社会现象,并没有主观评价,没有明显体现出A、B、C的态度。文章最后一句"带来的隐忧也不容忽视"可以体现出作者的忧虑,故D为正确选项。

5. A 第一句"王思远……永远地离开了这个世界"是死亡的委婉说法,文章最后也提到"中学生自杀",可确定答案A。
6. C 第一段最后一句"学习压力是中学生心理健康的最大杀手"可以说明C是最主要原因。
7. A 第二段开头"压力并不全是坏事,但要适度"是对作者态度的归纳,选A。
8. D "在应试教育的模式下……使中学生对自己缺少一个正确全面的评价",所以学生不能正确全面地评价自己,答案是D。A、B、C在第二段中都提到过。
9. A 原文中"……不正确的价值观。其主要表现在,……"B、C、D都有提到,A没有提到,故选A。与上一题一样,注意问题中的否定词。

10. A 第二段"机上哪个位置的安全系数都是一样的,没有所谓最安全的位置。"说明答案是A。
11. D 根据关键词"决定因素"定位第二段,A、B、C都提到了,所以选D。
12. D 第三段第二句"不是……而是……"是对比式的并列复句关联词,后面分句是重点。有关飞机和公司大小的选择文中没有提到,A、B错;原文"声誉不好的航空公司自然也要谨慎考虑"说明应该选声誉好的航空公司,选D;机票的价格文中没有提到,不选C。

13. A 答案在最后一句"当你增强了自身的求生素质,其实在心里也就给自己找了一个最安全的位置。""在心里"说明是心理现象,只能选A,而不是D;另外根据文章知道,没有"最安全的位置";B、C更是不可能。

14. B "水资源匮乏的现状"、"不容乐观"说明我们水资源紧缺,选B;A、C意思跟原文相反;"对……认识不足"说明政府没重视,与D相反。

15. D 根据第二段一二句,提高水价是强制的,能阻止浪费,能节省水资源,A、B、C与原文相反;第三句说"不是解决水源危机的根本途径",D正确。

16. A "政府也必须转变以往那种过分追求短期利益的观念。……比如……石油供需矛盾"说明选A;B意思与文章相反;C、D不是矛盾的原因。

17. D 最后一段"更重要的是提升国民对资源保护的重视程度",选D。

18. C 从第二段"经常上网浏览书籍的读者占被调查者的60%"可以知道多数人经常上网阅读,选C。

19. C 第二段"喜爱纸质阅读的读者高达90%……读者还是更喜爱传统的阅读方式"说明传统阅读仍有很大市场,选C。

20. D 第三段第一句"传统图书……阅读时没有广告等干扰"说明D正确。

21. B 调查对象是"不同阶层",没说"年轻人",A错;文中没说"阅读质量",也没说"阅读器",排除C、D。从第二段60%的数字,可以判断B是正确答案。

话题五　传说故事类

一、综合填空

1. C 根据下文"不会让孩子享有特权",罗斯福不会庇护孩子,排除A、B;C可以加强否定,强调从来没有过,选C。

2. A "连任"是连续担任的意思,可以搭配"连任N届……",选A最合适。

3. B "不仅……而且……"是固定搭配,根据上文"不仅"选B。

4. D 通过文章所述珍珍不自信的表现,可知这里需要表示否定的意思,故D为正确答案。

5. B 根据上下文语义,这里是"赞美"女孩"漂亮",应选B。D"骗"与文意不符,可以首先排除；A"表扬"一般用于在人取得进步或成绩之后；C"赞同"表示同意，后面一般是观点或态度类的宾语。

6. A 根据上下文，女孩不自信、觉得自己不漂亮，所以不"相信"自己漂亮，应选A。B"同意"一般搭配观点，这里显得太正式；C"知道"搭配消息，D"明白"搭配道理，都不合适。

7. C 根据下文的转折"可往镜前一照，头上根本就没有蝴蝶结"可以判断，这里是C"蝴蝶结"。

8. D 选项A、B、C表述的都有可能发生，但通过上文"出门时跟别人撞了一下都没有在意"的提示，确定选D最合适。注意不能只根据自己的猜想选择，而要根据上下文。

9. B 从后面"把怀表当作鸡蛋放在锅里"可以知道牛顿是想煮鸡蛋，选B。

10. C 这里表示出乎意料、没想到，应选C"竟然"。

11. A 请了客人却只做了一人的饭，排除B、C；D"通常"是描述一般状况，而这里是叙述当天特定的事，排除。"照例"就是按照往常的惯例，符合语境，选A。

12. B 从下文看，牛顿不知道朋友来过，朋友走的时候应该没有告诉他，所以是"悄悄"走掉了，选B。

13. D 前文的"以为"表明，后面的观点是错误的、相反的。与"没有吃饭"相反，应该是D"吃过了"。

14. B 根据后文"不让孩子们饿肚子"，知道这里应该强调生活而不是教育，因此排除A、C；D搭配动植物，应排除；"收养孤儿"是固定搭配，符合文意，选B。

15. A "生活必需品"是固定搭配，指生活中必然需要使用的物品，选A。B、D是副词，后面不能接名词"品"。

16. A 根据上文，这里主要在讲孩子们的生活，所以A"日子清贫"最合适。

17. C 本句的主语是"子女们"。我们经常说子女"赡养父母"，选C；而"抚养"和"养育"都是父母对子女的行为。

18. D "享受天伦之乐"是固定搭配，选D；"享用"搭配美食；"享有"搭配特权等；"享福"后面不能有其他成分。

19. C "敲""打"都是主动发出的动作，排除A、B；D虽然说得通，但是C"撞"最符合上文"窜出来"的语境，选C。

20. B 根据后文"他心想……"的内容，这里说他"高兴"最合适，选B。A说得通，但没有B符合下文；D"伤心"与文意不符，文中没有提到朋友；C与本文无关。

21. B "要是……就……"是表示假设的固定搭配，符合文意，选B。

22. D 根据文章的意思，这里要表示农夫什么活也不做，只是等待，所以D"等着"为正确答案。

---

23. A 根据上文"想侮辱他"，选A，"傲慢"表示骄傲无礼的态度，符合上文。

24. C "既然……那么……"是固定搭配，表示让步的关系，选C。

25. B 根据后文"贤能的人被派遣出使到贤能的国王那里去，无德的人被派遣出使到无德的国王那里去"，可知这里需要一个可以表示人（国王）的词语，选B。

26. C 根据上文"无德的人被派遣出使到无德的国王那里去"和下文楚王尴尬的态度，可知这里晏子讽刺了楚王，故C"无德"为正确答案。

---

27. D "始终"的意思是从开始到结束；"陆续"是有的先，有的后，时续时断；"未必"就是不一定；"急忙"是"心里着急、很快"的意思，只有D符合掉东西的语境。

28. B "靠岸"是固定搭配，也符合"乘船"的语境，选B。

29. A "状况"指情形、情况；"精力"指精神和体力；"业务"是指某一行业的事务；A"事物"最具有概括性，适合这句话讲道理的语境。

---

30. C 根据宾语"景色"选C，"欣赏景色"是合适的搭配。

31. B 下文分各种情况讨论有没有"座位"，因此这一段的开头应该谈"座位"，选B。

32. B "一上车就有座"说明这个人运气好，D最合适。A、C无关；B可以描写当时的心情，但根据后文"有的人很倒霉……"确定选D。

33. B 后一句"终于可以坐下"意思是"好不容易有了座位"，因此B"等待"是正确答案，可以说"等待座位"。其他三个词语都不符合"有座位"的语境。

二、判断一致

1. B 全文一直在讨论"聪明""糊涂"，排除C。倒数第二句"故意糊涂一点儿……是聪明的最高水平"与B一致，选B。A中的"最讨厌"、D中的"受责备"文中都没有谈到。

2. D 文章开头"……但是这对我们的嘴巴是不公平的"提示了本文的中心是嘴巴的作用，选D。上一章我们谈过转折词后面通常是文章的观点。

3. C 文中没有直接说出答案。文章讲苏格拉底让年轻人"拼尽全力爬上岸"，然后再给他讲道理，可以推测出"拼尽全力"是成功的答案，选C。选项D和文章最后一句很像，但注意选项中"只要……就……"意思太绝对，和文中"只有……才……"的逻辑关系不同。

4. B　根据文中"笑""快乐"等关键词可以推测，作者认为正确的生活态度是乐观的心态，选B。

5. A　"人生的起跑处，我们都差不多"可知B错误；"会碰钉子，吃闭门羹"指会遇到挫折和困难，C错误；D中的"必须"要注意，意思太绝对，与作者观点不同。文中最后一句"梦想是不能丢的，坚守的时间越长，你才能走得越远"和A中的"坚持""梦想"一致。

6. D　根据文中"苦难是种财富，能使人更理解生活"的表述可知D"苦难能让人更加了解生活的意义"为正确答案。

7. A　文中作者是反对吹牛皮，反对传播别人的污点，支持谨慎言语的，排除B、C、D。吹牛皮的意思是过分夸大自己，言外之意正是A。

8. C　文中说"世上最艰难的……"可推测A、D错误；"勇敢承认错误，勇敢地出洋相，就能从这个错误中获益"，可推测出B错C对。

9. B　原文"在这个社会的人们必须容纳不同的思想、不同的性格"，概括起来就是"学会接受包容"，选B。

10. A　原文"人在成功或胜利之后，也不能得意忘形……"与A"冷静地对待成功"意思一致。

11. C　原文"不要总是站在原地，应该把目光投射到宇宙的大屏幕上去"，与C"放远目光提升自己"意思一致。

12. A　"去西山"并不是老人的目的，老人也没有去等儿子，B、D错；两个儿子"相互追赶了起来"，说明都想要财产，C错。A虽然不是文章的主要意思，但评价恰当，选A。

13. C　选项A中的"沟通"、D"真理"原文都没有提到，排除；原文"都只剩下半瓶水"，B错。C概括了两人的差别，与"换一个角度，便可以……"说法相近，选C。

14. C　原文"但其实前面根本没有梅树林"说明士兵们没有吃到梅子，选C，B错。A原文没有提到；D与原文相反，是曹操说服了士兵，而不是士兵说服了曹操。

15. D　老板想讨好作家，反而造成了尴尬，D中"出洋相"表示做错了事出丑，概括了这个故事，选D，同时A错。原文说其他人的书都卖完了，B错；原文说作家"决定去参观这个城市最大的书店"，B错。

16. D　原文说"她……红着脸说……"，A错；B、C原文没有提到。D"误会"与原文"理解错了"意思一致，选D。

17. C　书中配的是"插图和拼音"，不是A"录音"；"胆小"是书中的人物，不是B"作者";12个胆小鬼的故事中,会有超过12个的人物,不能看到12就盲目选择D。这三个选项提醒我们要注意细节。根据文中"让孩子明白……""为了给孩子……"可以推断出C正确。

18. B 财主自己不识字,把自己当作牛"借"了过去,说明他没看懂信,选B;同时说明财主并没有理解"借牛"的要求,C、D都错;原文说"向一个财主借牛",说明财主家有牛,A错。

三、阅读理解

1. C 本文的结构是先讲故事,最后总结主旨,主题句在最后一段。根据最后一段"生命中的痛苦就像是盐"可知答案为C。

2. B 根据文章最后大师通过盐告诉弟子正确的生活态度,可知答案为B。

3. D 第一次他觉得咸是因为把盐放在了一杯水里,第二次他没有觉得咸是因为把盐放在了湖中,故D"放盐的地点不同"为正确答案。

4. C 根据文章最后一句"当你处于痛苦时,你要开阔你的胸怀。不要做一只杯子,而要做一个湖泊"可知C为正确答案。

---

5. C 在老人扔掉第二只鞋以后,"让人大吃一惊",可知C为正确选项。A为干扰选项,这是老人丢了第一只手套时大家的反应。

6. D 根据第二段"究其原因,就是我们并没有调整心态去面对失去"可以知道答案为D。

7. C 根据第一段最后老人说的话可确定选C。

8. A 文章的总结句"失去不一定是损失,也可能是获得。"说明B、C、D都正确,而A"只要……就……"是表示绝对条件的关联词,与原文表述不一致。题目要求选错误的,答案是A。

---

9. C 原文第一段说"既然我有钱,我相信一定可以找寻得到快乐,只要我愿意花钱",选C。

10. C 根据倒数第二段"你没看见吗?我是从来不穿衣服的"可知世界上最快乐的人不穿衣服,没有"有魔力衣服",故选C。

11. B 从文中"颤抖"前面表示心情的"兴奋"一词,可知B"激动"的心情是他颤抖的原因,故选B。

12. D 根据文章最后一段"衣服只是内在世界的束缚",可以推测出"不自由的内心"为正确选项。

13. A 原文第一段说"体弱多病""要不是健康情形不好",说明选A"身体不好"。

14. B 此题要求选择错误选项,文中"购买者闻讯蜂拥而至"说明购买的人很多,B"没有太多人对住宅感兴趣"错误,故选B。

15. D 根据文章内容,年轻人"会用整颗心来照顾您"的想法感动了老人,所以老人把房子低价卖给他,选D。

16. C 原文最后一句"……只要你拥有一颗爱人之心就可以了"是总结句,因此C"善良的爱心"为正确答案。

17. C 注意题中的"没有"。三班中一班看牛,一班割草,一班去采野果子;玩耍不是任务,选C。

18. D 找到关键词"剩余的草",就可以轻松地选出D。定位第二段"有剩余的草,他就用绳拴起吊在树枝上,谁能跳起来抓着就归谁。"

19. D 文章最后一句"和毛泽东一起,不仅能放好牛,而且玩得痛快,因此,……""因此"说明前面是原因,选D。

20. A 根据最后一段的主题句可知,本文谈的是"毛泽东放牛",选A。"牛司令"是个比喻,不是真当"司令",B错;C、D都只是文中的部分信息。

21. A 注意此题要选择错误的。文中第一句"小罗的哥哥送他一辆新车"可知这辆车是小罗的哥哥给小罗的礼物,而不是A小罗"送给哥哥的礼物",故选A。

22. D 根据文章第三段"原来他带着跛脚的弟弟出来,指着那辆新车说:'你看,这就是我刚才在楼上告诉你的那辆新车……'"可知D为正确答案。

23. C 文中第三段"动作缓慢""跛脚""紧紧抱着"告诉我们男孩儿的弟弟脚有残疾,故C为正确答案。

24. A 文章最后是主题句,提示了答案。小罗之所以"感受到了比收到任何礼物都要大的快乐",是因为他看到了男孩为弟弟做的事情,并且他也给了兄弟俩快乐,所以自己更快乐,答案是A"付出(给别人快乐)比得到(收到礼物)更快乐"。

25. C 这是一道细节题。第二段魏国人说"不要紧,我带的路费多着呢。"说明C正确。文中没有提到楚国人的情况,排除A;魏国人说"不要紧"说明他认为自己可以到楚国,排除B;他雇了技术好的车夫,而不是自己驾车,排除D。

26. A 第一段说"楚国在魏国的南面",可以推断出魏国在楚国的北边,选A。

27. B 根据上文,路人劝魏国人方向反了,但他仍然朝反方向走,选B带入语境正好符合文意。再检查其他选项：魏国人的目标是楚国，有目标，排除A；他雇了车夫一起走，排除C、D。

28. C 通读全文，前面讲故事，最后讲道理，主题句在最后一段。主题句在讲方向问题，选C。A、B、D表述都和文章表述一致，干扰性很大，但不是文章的中心。

---

29. C 找到问题的关键词"感兴趣"，它的前一句说"每天上午都有一位衣着破烂的人坐在公园的凳子上，一动不动地看着他住的酒店"，可能选B或C；再看后一句他问"你为什么每天上午都在这儿看我住的酒店"，确定答案C。

30. D 细节题，文中说到百万富翁为穷人订了一间最好的房间，并支付了一个月房费，选D。

31. C 从倒数第二段百万富翁"发现那人已搬出了酒店，重新回到公园的凳子上了"可以推断出答案C。A"妙不可言"说的是梦的感觉，B说反了，D没有提到。

32. B "冷冰冰的"是凳子不是酒店，排除A；C没有说清楚，经常做不好的梦是影响睡眠的原因；D与"提前搬出酒店"不符。答案在最后一段"……完全影响了我的睡眠"，选B。

阅读模拟测试

模拟题（一）

第一部分

46. A　"对……有影响"是固定搭配，介词"对"引介受影响的对象。

47. C　上文说自助餐可以"自由走动"，与此相对的就是位子固定，其他选项没有空间不移动的意思，选C。

48. B　上文说西式用餐方式尊重个性，下文说缺乏交谈取乐的情调，一好一坏，在语义上存在转折，故选B。

49. D　"欢迎""招呼"和"客人"搭配一般用在店里做生意时；文中有"主人""客人"的说法，应该是在家中做客，选D"招待"切合文意。

50. B　上文把酒"端到客人面前"，客人应该"接过酒杯"，"接"是对主人发出动作的回应，比较礼貌，选B。

51. A　文中表示第二下敬地，第三下敬佛，是"分别"敬，应选A。

52. B　四项都可以放在"与……"后面，搭配没有问题；根据文章大意，这里讲"敬神、敬地、敬佛"的来源。D与这个意思相反；A、C两项意思相同，提示我们它们都不是答案；B"分不开"表示青稞酒跟天地佛的关系很紧密，最符合解释来源的语境，选B。

53. A　比赛的常用量词为"场"，选A。D的"届"通常为有时间规律的比赛，如奥运会四年一届。

54. C　"遥遥领先"为固定搭配，指领先很多，符合本文的意思，选C。

55. B　前文说兔子睡着了，可知B"睡醒"为正确选项。选项A、C说得通，但是上下文没有相应提示，不如B合适。

56. C　文中兔子觉得乌龟很弱（轻视乌龟），自己一定能赢（骄傲），结果输了比赛。所以文章想说的道理是不要"轻视"对手，选C。

57. C "往常"的意思是往日的一般情况；A、B是副词，不能放在"和……一样"的句式中；没有D这个词。

58. B 副词"就"，强调事实正是如此，符合这里的语境。

59. A 从后面"都想尽早离开电梯这个狭窄的空间"，知道这里是一个不好的状态，B"感到不舒服"符合这里的语境；其他选项都是好的意思，不会导致"想离开"的后果。

60. D 此句没有谓语，A、B、C都不能作谓语联系两个部分，选D。

第二部分

61. C 文中说"纪念最后一次加薪10周年"，说明距离最后一次加薪已经十年了，"加薪"就是加工资，故选C。

62. B 空巢老人指"子女离家"而非A中"自己离家"，排除A；文中作者表示"是家庭照顾、社区联系与政府救济三者同时缺位所造成"，并不是C所述"完全是由于"单纯的一方缺位，排除C；D"将近八成"和原文"达到80%以上"不符；B"不容忽视"与原文"引起关注"表述一致，选B。

63. B "每一个国家都能吃到烤牛肉"，不是只在巴西，排除A；"烤牛肉是巴西……的一道国菜"，所以选B；烤牛肉上要"撒点食盐"，不是"不停撒食盐"，排除C；烤牛肉在上层社会和民间都很受欢迎，排除D。

64. C 朋友需要真诚，文中说"肝胆"正是此意，选C；A应说"儿女亲如骨肉"，B应说"兄弟亲如手足"；D可以说"办事要有手腕"。

65. A 根据文中抗菌肥皂"弊多利少"的观点可概括出作者建议多使用一般肥皂，故A为正确选项。B、C、D都与原文表述相反。

66. B 老板在给他旧情人打电话，不是老婆，排除A；"请下辈子再拨"是玩笑，人没有下辈子，就是告诉他永远别再打电话了，B符合，C排除；老板有旧电话号码，只是没有打通，排除D。

67. B 原文"该火车在不养牛的地区无法大范围推广"，可以知道B"在推广范围上有所限制"正确，A"全范围运行"错误。C与原文"20%"不符；D与原文相反。

68. A 开头就提到"美国人的幽默"，文中的车尾贴也显示了这种幽默，选A。

69. B 本文讲的是明星书画作品价格超过艺术大师的问题，"涨了27倍"，从结尾可知作者认为不合理，推断出B"涨价过快"。

70. B　老鼠"被刷了下来"就是"失利","怒气冲冲"表示"生气",根据同义关系,可选B;A、D文中都就没有涉及;C中的"歧视"是老鼠抱怨的内容,但并非事实,而且不涉及"种族歧视"。

第三部分

71. A　此题要求选择错误答案。根据文章第一段的表述,虽然人、事、物几番变迁,但是这条路一直没有变化;后来,路上开满了花,只能说变了一次,A"这条道路几十年来几番变迁"与此不符,故选A。

72. B　文中说邮差"一想到必须在……的路上……度过他的人生时,心中总是有些遗憾",说明他关注的是这条路,因此选B"改变这条路"。

73. D　此题要求选择错误答案。文章最后一段说邮差种的花让他们更快乐,并非D所述是他们唯一的快乐,故选D。

74. C　根据最后一段,阿凡提是故意骗国王的,其实帽子不值一千金币,故选C。

75. D　答案在"他心想国王……没准儿还会出大价钱买下"阿凡提的目的是卖掉帽子,用智慧在国王那里得到一大笔钱,选D。

76. B　宰相"看出了阿凡提的企图"(D错)并提醒了国王,但是国王很愚蠢,没听宰相的话,中了阿凡提的计(A错),所以选B。

77. C　最后一句"……,但我却懂得国王的弱点"提示答案C。"但"表示转折,后半句是重点。

78. A　细节题,文中说"小和尚急着对小鸟连轰带赶",选A。

79. D　狂风暴雨后小和尚"带着哭腔"对师傅说"这下全完了"可以知道他当时非常悲观,D为正确答案。

80. D　根据师傅的话,"随时""随性""随遇""随缘""随喜"可知,"顺其自然"是师傅的想法,也是文章的中心。正因为播种顺应了自然,所以发芽了,师傅明白,所以说"应该是这样吧",选D。

81. B　根据上一题的分析可知B为正确答案。

82. B　本题要求选择错误答案。通过文章对墨西的描述我们知道他的身体存在缺陷,而并非其心理,故选B。

83. C　根据后文"……地爱上了她"可以知道这里和A"病"和B"不良后果"无关;把

C"无法控制"带入原文,正好适合爱情的语境,所以选C。

84. C 根据文中"却因他的畸形外貌而拒绝他",姑娘拒绝墨西的原因是C。

85. A 根据文章最后一段可知姑娘最后被墨西感动了,选A。文中"成为墨西生命中最优美的乐曲"是一个比喻,注意不要误选B。

---

86. B "人缘好"的意思是朋友很多。如果不知道"人缘"一词,可以通过下文"没有人愿意和他一起玩"确定答案B。

87. C 答案在文中第三句姐姐"发现这是十分普通的旧币……",选C。

88. D 父亲说"我怎么可以责备你呢?"是个反问句,意思是"我不可以责备你",选D。

89. C 根据第二段"……谁也没有料到,这个孩子长大以后却成了着名的科学家"可以选出C;A、B是小时候的事情;D与文章内容相反。

90. C 父亲并没有因为孩子撒谎而责备他,反而称赞和鼓励他的想象力这个特点,使他长大后成为伟大的科学家,C最符合文章的意思;A、B都是父亲没有做的事情;D文中没有提到。

模拟题(二)

第一部分

46. A 前面第一句提到"按照习俗"在感恩节吃火鸡,说明这是一种传统食物,选A。

47. B 人们到猎场自己打火鸡,所以是"亲自",应选B;A"亲切"是形容词,可以说"笑容亲切"、"态度亲切";C经常说"亲身经历";D"亲口告诉"等。

48. C 这段文字主要讲的是火鸡是感恩节的传统食品,后面到猎场打火鸡也跟过节有关系,排除A、B,选C最合适。

---

49. C 根据"只有"一词可知妻子的态度和大家"赞成"相反,故选C"反对"。

50. D 根据妻子的态度可知她觉得因为已经在这里生活很长时间,不需要改变,只有D"既然"可以表示这个意思。

51. A 根据"只有"一词可知智叟的态度和其他人的"帮助"不同,A"嘲笑"和后文"愚公太傻"搭配可以表示出这个意思。

52. C 愚公认为人越来越多,石头越来越少,他们一定可以成功。C用反问的语气表示了这个意思，为正确答案。

53. D 15÷75=1/5，根据第一句的意思，可知D"做梦"为正确答案。

54. A 通过上文"日有所梦"，或者下文"白天对某一件事……"的提示，可知这里的时间指"白天"，选A。

55. B "过"提示这里需要一个动词，故排除A和D；C"体会"的宾语一般为抽象意义的精神、道理、意义等，故排除。"经历"可搭配事情、感受等，选B。

56. C 根据文章内容，白天想什么，晚上就会梦见什么，可知C为正确答案。

57. B "会"提示这里需要一个动词，故排除C；A和D后面的宾语一般都是道路等，故排除。

58. C 上文"由于……"提示这里需要一个指出原因的动词，只有C"引起"有此搭配，故选C。

59. A 根据文章大意，冷暖模式循环，1980-2000年是"暖化现象"，之后是"冷化模式"，因此，这里是说符合科学家发现的规律，选A。

60. C 这组数据为之前的观点提供了佐证，故C的"证据"为正确答案。

第二部分

61. B 选项B与原文"与西方用户关注政治、经济、社会等讯息不同"相符，为正确答案。A、C与原文相反；D中的"只有"过于绝对化。

62. D 选项D与原文第二句话"智者于是又扔出一块黄金，然后再叫他捡回来，结果很快他就回来了，同时也找到了答案"表述一致。

63. A 选项A的表述与原文"挑专业时多随大流、奔热门……"一致，为正确答案。选项C文中没有提及。B、D与原文相反。

64. D 选项D与原文"这批气象学家们对'全球气候变暖'这一理论发起挑战"一致，为正确答案。A、B、C都与原文表述相反。

65. C "倒霉鬼"是指运气不好的人。此人被困12小时才被发现，A错误；文中没有提到"警察"发现他，B错误；最后一句"将以……被指控"，所以答案选C；他想偷"价值仅有10美元的铜盖"，很不值钱，D错误。

66. A 西式饮食宴请的"核心在于结交朋友"，与A吃饭喝酒不是核心的说法一致，故选A；B"并不明显"错误；C"全体交流"是中式的特点；食品和酒是西式宴会的陪衬，D错误。

67. D　根据文意，私人空间的大小，从小到大依次是：男性、女性、具有攻击性格的人，所以A、B、C错误。原文第二句话说明D正确。

68. C　选项C"没什么稀奇的"与原文"日渐平常"一致，选C。"同比增幅"是比去年同个时期的增幅，不是上个月，D错；A与原文"增幅"相反；B中"一向"与原文"多年来……谨慎"相反。

69. A　选项B受访人应为"女性"；C"近半数"与原文超过半数的"52%"不一致；D与77%为已婚者的数据不一致。选项A与原文第二句表述一致。

70. D　从"日本男性平均寿命为80岁，与……以色列并列第二"可知以色列男性平均寿命也是80岁，故选D。A应为日本女性；B应为圣马力诺；C应为圣马力诺男性。

第三部分

71. A　根据文章内容，师傅"沐浴"是净化内心的方式，故选A。

72. A　文章倒数第二段在讲沐浴的方式，反思是其中的一个；故选A。

73. D　根据文章沐浴与内心的关系，可知这里的"药材"是比喻义，指有益心灵的东西，故选D。

74. C　"打破沙锅问到底"是一句俗语，表示一直追问一直到自己明白为止。根据文章前后文弟子不断地提问，可以推断出C为正确答案。

75. C　上文父亲要求男孩"每发一次脾气就钉一个钉子"，钉了37个钉子说明他发了37次脾气，可以知道C为正确答案。

76. B　根据文中"他发现控制自己的脾气要比钉下那些钉子来得容易些"的表述，可知B为正确答案。

77. B　父亲要求男孩"每当能控制自己的脾气的时候，就拔出一根钉子"，男孩拔出了所有的钉子，说明他多次控制了自己的脾气，答案是B。

78. A　最后一段父亲说"这些围墙将永远不能恢复成从前……不管你说了多少次对不起，那个伤口将永远存在"，说明A是父亲想说的道理。

79. C　第一段小女孩回答说"我想买一朵玫瑰花送给妈妈，可是我没有那么多的钱"，故选C。

80. C　注意此题要求选择错误答案。小女孩的妈妈并不是真的住得很远，而是已经去世了，故选C。

81. A　根据文中"等待会把小女孩送回家，自己还要去买一束鲜花"所述可知男人的下一个目的地是A"花店"。

82. A 第一段说"楼上新买了一架钢琴,我们家便多了一些不安静……现在睡觉时间更少了",说明选A。

83. D 这是一道推理判断题,从文章的结尾男主人承诺"休息时间不要弹琴",由此推断出目的是D。

84. C 从前一轮对话可推断出这里是"第二爱好就让位第一爱好",第二爱是听钢琴,所以选C。

85. A 这是一道推理判断题,文中没有直接答案。最后一句男主人主动表示尊重邻居的休息,可以判断男主人是友好的,选A。

86. D 第一段"罗斯福的这句话曾在美国人心中产生过不小的震撼,这也是他一贯遵循的教子原则"与答案D的概括一致。还可以用排除法,A、B、C与文中表述相反。

87. C 细节题。第二段"罗斯福十分注重培养孩子的独立人格……"表明答案C。

88. A 细节题。第二段罗斯福说"你们的事是你们自己的事,我从不干预"表明答案A。

89. B 细节题。文章最后说"儿子只能卖掉马,买票回家"表明答案B。

90. A 注意此题选错误的。文中说"但在钱财的支配上,他绝不让孩子放任自流",说明A错误,答案选A。

模拟题(三)

第一部分

46. B 根据后文"太冷",员工们对温度不满意,因此B"抱怨"为正确答案。还可以通过下一句"……便没有人抱怨温度低了"确定答案。A"怨言"是名词,故排除。

47. C 根据开头的中心句"色彩会影响到人们对温度的感觉",可以判断这里只改变了房间的颜色,并没有改变空调的温度,C为正确答案。

48. A 根据前文"冰冷的海水",这里选A。

49. B "阳光灿烂",所以蚌出来"晒太阳",是固定搭配,选B。

50. C "夹"表示打开以后把某物固定在中间,故C为正确答案。A、B、D都不是蚌能发出的动作。

51. A 前文说鹬和蚌都"不肯松开",故A在这里最合适。
52. B "占便宜"为固定搭配,意为得到了好处。

53. C 通读全文可知,这篇文章讲的是饮食,故C为正确答案。
54. B 根据后文"节省时间,而且营养良充足",可知这里需要一个褒义形容词,故排除C、D。A"发展"为动词,语法错误,故选B。
55. A 从后文可以知道,这里对比的是中西方人身材上和差异,只有A选项"健壮"表示了这种意思。
56. B "根据……的特点"是固定搭配,故B为正确答案。

57. C 上文"繁荣的经济"和"国际化的大城市"都是好的方面,因此A"吸引"留学生符合上下文。A、B、D都是说不好的现象。
58. D 上文说留学生想在中国工作,下文说留学生工作很难,所以这里需要一个表示转折的关联词,选D。
59. C 下文说"很难融入",属于"文化适应问题",选C。B、D都是形容词,而且是对文化本身的描述,不符合上下文。
60. B 下文"和期待相距甚远"表明情况不好,根据提示词"但"知道,这里需要一个表示积极意义的句子,故选B。

第二部分

61. B 人的第一感觉是"视觉",A错;色彩对人类的生理和心理均有影响,故C和D都不对;答案是B。
62. B 文中没有提到中国人讨厌肉的味道,A错。文中说"素菜是平常食品",C错;D选项"从来不"太绝对,错误;答案是B,与原文第一句一致。
63. D 第一句"离婚人数正呈逐年上升趋势"可知A、B错;文中表示"许多发达国家的离婚率高于中国",C错。D符合原文最后一句。
64. C 第一句"外国留学生想在中国找工作是比较困难的"说明A、D错;B选项说得太绝对,与文意不符;C选项与原文"中国公司更愿意聘请资深的外籍管理人士,而不是刚毕业的留学生"一致,为正确答案。
65. A 原文第一句"药疗不如食疗"与A选项一致。B、C选项应为药疗,而非食疗的劣势,故排除;D选项"高昂"和原文"低廉"相反,排除。
66. C 选项C与原文"韩寒引发的争论也从未停止过"意思一致;选项A与原文"最古板

的人也意识到这不是个胡闹的年轻人"不符；选项B的信息文章没有提到；选项D与"都代表了他的影响力"不符，故排除。

67. B　原文"这种距离……依赖于具体情境，如：……"说明B选项正确，D选项错误。"当这个自我空间被人触犯就会感到不舒服"说明C选项错误；"这种距离不是固定不变的"说明A选项错误。

68. A　原文"暗示有科学的基础和功效"说明A选项正确，C选项错误。原文"语言暗示是第一重要的……"说明B、D选项错误。

69. D　原文"牛肉的营养价值仅次于兔肉"说明B、C错误选项，也不是A选项说的"差很多"。D选项与文中表述一致。

70. D　原文中说北欧人"生活在漫长而黑暗的冬季"，A错；南欧"阳光充足"，B错；"丹麦、芬兰等北欧国家的快乐感最高"，C错，D正确。

第三部分

71. B　从后文"阿诺……他拿的薪水比阿德少很多"可推测B为正确答案。"天壤之别"的意思是区别好像天和地一样大。

72. A　文中第一段说"阿诺拿的薪水比阿德少很多，他觉得老板不公平，希望得到老板的解释"，A是实际情况，是要问的内容；B是阿诺的感受，并不是事实；C、D文中没有提到，故选A。

73. C　第二段中阿诺第一次去集市后知道了卖什么，第二次知道了卖多少，第三次知道了价格，故C"三次"为正确答案。

74. B　从文中对阿德和阿诺的表现可以知道，阿德去了集市一次就告诉了老板很多信息，而阿诺需要去集市三次，可见阿德工作效率更高，故B为正确答案。

75. B　根据第一段，马达发明者在英国破产（汽车"无人问津"），在美国发财，可知美国是最早广泛应用的国家，选B。

76. D　根据第一段内容，发明者发明马达时"借了很多钱"，A错；"当时装上启动马达的新型汽车却无人问津"说明开始时英国人并不感兴趣，故B、C错误。根据文意选D。

77. B　文章第二段"并不是他的这项发明不好，也不是技术上不成熟，而是它不适合英国当时的国情"说明了发明不受欢迎的原因，选B。

78. C　文章最后一段揭示了文章的主题："……关键在于其是不是适合当时的社会环境和需求"，选C。

79. D　从文章第一段"一间又干净又整齐的屋子"可知D为正确答案,"整洁"的意思是"又干净又整齐"。

80. C　注意选错误的。文章第二段"把这件事忘得一干二净"说明服务员没有等感谢,选C。

81. A　注意选错误的。两位老人是"高级大酒店的老板和他的妻子",故A错误,选A。

82. A　最后一段"老人请他来做这个大酒店的经理,相信他能够管理好这家大酒店",A最合适。D"送酒店"表述不准确;B"旅行"、C"钱"文中没有提到。

---

83. C　例子是为了说明上文的观点的。上文中"却"是关键词,表明后半句"人很单纯"是主要观点。

84. A　原文第二段讲的是如何维护与孩子之间的亲情,所以答案是A。B与第二段内容相反;C说的不是亲情,而是亲密;D中"时间的变化"文中没有提到。

85. C　细节题。"陪孩子参与活动"在第三段第一句,说的是"为了维持与孩子的亲密关系",可以确定答案C。

86. B　主旨大意题。原文第二、第三段讲得都是父母跟孩子的关系。

---

87. B　细节题。第一段第二句话"该项调查的对象是一群智力、学历、环境等条件都差不多的年轻人"中"差不多"与选项B"条件相似"一致。

88. D　推理题。原文说那些有短期目标的人,他们的"短期目标不断地被达到……成为各行各业不可缺少的专业人士",由此可以推断出他们取得了一定的成就。

89. A　词语理解题。根据后文表述,"目标–方向–成就–人生",A符合语境。

90. C　主旨大意题。原文最后一句"你选择什么样的目标……就会有什么样的人生"是总结句,说明本文主要谈目标与人生,选C。

模拟题(四)

第一部分

46. A　上文提到"发怒""低落""嫉妒"的人吃东西的特点,其中"发怒""低落"说的是情绪,"嫉妒"说的是性格,因此A最符合上下文。

47. D　这里谈的是研究,因此"细致"符合做研究的特点;A、B涉及到"心",经常讲的是人的特点和行为；C指事物大小，不能与观察搭配。

48. B　根据文章的大意，本文谈的是食物与"情绪"而不是身体，选B。

---

49. C　选项B、C都可以和"测试"搭配，但"性能"常用来描述机器的好坏，所以C是最佳答案。

50. A　上文朋友的话，在说自己的车有多么好，所以他的心情应该是A"高兴"；B、C、D都是表示消极意义的。

51. D　根据后文"可是车……才停下来"可知这里需要一个表示停车的动词，故选D。

52. C　上文朋友的话，在用自己的车和好车比，所以这里"终于明白"的应该是"区别"，C最符合上下文。

---

53. B　后文谈的都是压力对于人心理方面的影响，故B为正确答案。

54. A　根据主题句第一句可知本文是围绕"压力"这一主题展开的，故A为正确答案。

55. C　从后一句的提示词"分数"可以知道C"成绩"为正确选项。

56. A　"走极端"为固定搭配。

---

57. D　根据前半句话"北半球和南半球的季节正好相反"，可知如果北半球为夏季，南半球应该为相反的季节：D"冬季"。

58. C　根据前文"但是"，可知此处的句子应该和"温度上也应该相同"表达的意思相反，故C为正确答案。

59. A　此处需要一个动词，故B"辐射"排除；C、D太口语化，不符合本文语体，应排除；故A为正确答案。

60. B　根据前文的"虽然"和句意的提示，这里需要一个表示转折意思的关联词，故排除C、D；A"却"应放在主语后面，排除。B为正确答案。

第二部分

61. C　原文说"很多动物每天的睡眠时间都超过12个小时"，并不是"所有"，故排除A；原文提到"并不意味着它们非常懒惰"，故B选项错误；"一些动物在休息时也时刻保持神智清醒"，故选C，同时排除D。

62. C　选项A中"刺激"与原文一致，但"不耐烦"矛盾，排除；B错误，原文说运动员移动而不是广告移动；D运动员的注意力原文没有提到。从"赞助商标识、广告语也就能对观众形成重复、长时间的刺激"可以知道，C是正确答案。

63. B　选项B与原文"该机曾完成了连续26小时的飞行，这是太阳能飞机的最高飞行时间记录"一致，为正确答案。这是"第一次跨国飞行"，排除A；26小时是"曾完成"不是这次，排除C；"首架无污染的……"排除D。

64. D　根据原文"并非每一种颜色都让我们心情舒畅"可排除A；原文"同一种颜色在不同的场合也给我们带来完全不同的感受"可排除B；"相同的颜色对不同的人的影响也是不同的"可排除C；"色彩对人的情绪的巨大影响"可知D为正确答案。

65. A　选项A与原文"情侣共同在一家公司工作……会导致双方更加不稳定"一致。

66. D　文中"苦难是种财富，能使人更理解生活"与选项D"苦难能让人更加了解生活的意义"表述一致。

67. C　原文"……一种被称为PKM的蛋白质与烦恼回忆之间的联系"与C选项一致。文中说的都是可能的情况，目前尚未确定，故排除A、B；文中说"这种方法让忘记痛苦回忆成为一种可能"，排除D。

68. A　选项A与原文"美国和欧洲许多国家的离婚率长期居高不下"一致。

69. D　文中说"《孙子兵法》是……最早、最完整的军事著作"，其中"最早"的意思很关键，意思是"完整著作"中"最早"的，A错。B中"十几种"与原文"几十种"不符；C中"广泛流传"正确，但并没有"拍成电影"，而是翻译成外文；D中的"兵书"与原文"军事著作"是同义表达，选D。

70. C　原文说绿色能使人"心情平静"，排除A；原文说"红色能使人情绪热烈、饱满"排除B；选项D中的睡眠原文没有说，可排除；原文开头、结尾都提到了"情绪"，C中"心理"是对这个意思的概括，所以选C。

第三部分

71. A　从原文第一句话"……到一个富有的家庭"可知A为正确答案，其他选项均于文中的描述相反。

72. B　第一家的墙壁破了一个洞，而不是第二家，A错；这家的夫妇对他们友好热情，并提供住处，C错；原文提到是一对年老的夫妇，D错。B项与原文相符。

73. D　从原文第三段老天使的解释"因为主人被贪欲所迷惑……所以我把墙洞填上了"可知他这么做是为了惩罚那对夫妇，故D为正确答案。

74. D　通读全文，老天使三次说到"有些事情并不像表面看上去那样"这正是文章的主旨。

75. B　细节题，原文第一段"美国教师妮科尔的三年级社会课"说明选B。

76. C　根据第一段原文信件内容可知C正确。A、B是第二封信的情况；D中的"已经"与原文不符。

77. C 原文第二句话"他们每天收到成千上万封来自世界各地的电子邮件"说明A、B错，C正确；"她们每星期在班上读两次电子邮件"说明D错。

78. A 文章最后一句说明了此课的目的"……不要成为只注意身边事情的传统美国人"，另外，最后一段第二句"学生们……以了解世界各地发生的事情"也提示答案A。

79. B "女主外、男主内的家庭形式"出现在在原文第一段第二句"……这种形式能更好地维护婚姻稳定"，由此可推断B"对婚姻有好处"正确。文中没有提到数量的多少（A错）和年龄的大小（D错），也没有提到"受男性欢迎"，第二段支持这种形式的教授是女性（C错）。

80. B 答案在第一段，文中说"但过去很多人认为……甚至代替男人成为养家者，就容易给丈夫造成压力"，确定答案是B。

81. D 答案在第二段开头"夫妻双方同时工作……比主要由丈夫养家的婚姻更稳定"，选D。

82. D 注意选错误的。A是干扰项，匆忙中容易选错，实际上根据文章"分担……各种责任"可以推断她做家务，要排除；B、C文中都提到了；D只提到了学历高，没有提到"研究生学历"，选D。

83. C 原文"考虑到国内市场已经饱和……"，确定是市场原因。"饱和"一词说明国内市场基本已被占满，可用市场小，故C为正确答案。

84. A 注意本题要求选错误的。"另一调查组乙组却与甲组结论完全相反"说明A中所述与原文不符。

85. C 原文中说到"大多数人在讲叙这个故事时基本倾向于后者"即赞成第二个调查组，故C为正确答案。

86. D 原文最后一段"大多数人……片面强调人的主观能动作用，而忽略了一个关键的客观事实"，转折词"而"后面是主要观点，根据后文也可看出作者是持否定态度，因此选B。

87. D 原文第一段"这个实验说明人与人之间需要保持一定的空间距离"，说明了此实验结论，D正确。

88. C 原文第一段"在研究者坐在他们身边后……多数人很快就默默地到别处坐下"说明C正确。

89. B 细节题，原文最后一段"这种差距是由于人们对'自我'的理解不同造成的"说明B正确。

90. D 原文中提到英国人对近距离交往"会感到很不习惯,步步退让,维持适合于自己的空间范围",由此可知D正确。

模拟题(五)

第一部分

46. B 根据后一句"有些动物就没有这个问题"知道这里是说和前文相反的情况,是在做对比,B符合上下文。

47. C "对于……而言"是固定搭配。

48. B 根据语法,此处需要一个动词,故排除A;"缓解疲劳"是固定搭配,所以选B;C"解决"搭配"问题";D"好转"应该放在主语后面,故排除。

49. C 根据后文,第一辆汽车的驾驶者可以获得奖金,是一件好事,应选C;排除B、D,"阻止"和"控制"都是跟不好的、不希望发生的事情搭配;A"掌握"跟汽车不能直接搭配。

50. C 从驾驶者的回答"我要去……(做什么)"可以知道,C是正确答案。

51. A "驾驶执照"是固定搭配。

52. B 根据上文"偷了汽车"可以判断他们正在逃跑,所以选D"逃"。

53. D "治疗效果"是常用搭配,选D。另外,由前面"良好"一词可排除A,因为"后果"指不好的结果。"结果"通常用来表示事情的发展,"结局"一般指故事或电影等,故排除B、C选项。

54. C 通过最后一句的提示词"这位医生"可知这里的正确答案为C"医生"。

55. A 此处指说话后发生的事情,故排除B和C;D选项"以后"的位置应该在时间短语之后,故排除;A为正确答案。

56. C 根据文章中心意思,这个例子要证明积极的心理暗示产生了良好的治疗效果,故C为正确答案。

57. A 根据后文可知文章主要是说篮球架的高度问题,故A为正确答案。

58. C 后文"够得着高度",和高度有关的动词是C"跳"。

答案解析 | 模拟题（五）

59. B　这里是在和前文作对比，前文为"如果篮球架太低"，故此处B"如果篮球架太高"为正确答案。

60. C　"一项运动"是固定搭配。A、D搭配"比赛"，B没有C好。

第二部分

61. C　消费次数近1亿笔，说明中国人出国消费并不"少见"，故排除A；B选项中80%是境外消费的数据，不是境内消费，故排除；根据原文"同比增幅近80%"可排除D选项"增幅不大"；C选项符合文意。

62. C　选项C与原文"未来改进的技术还可以让正常人的驾车更加简单和安全"一句相符，故为正确选项。A、B中的"聋哑人""年轻人"都应是"盲人"；D与原文相反。

63. B　根据原文"与别人握手时，要看着对方，保持微笑"知道，B正确，A错误；C与原文"不可以戴着……手套与人握手"相反；D与原文"握手的时间不应该超过3秒"不符。

64. D　从原文"做什么事有了计划就容易取得好结果"并不能得出A那样绝对化的结论，故排除A；原文"计划要留出一点空余的时间"说明B、C错；D与原文"想取得好的学习效果，制定计划是很有必要的"一致。

65. D　文章第一句表明A错误；长江"全长6300公里"，B错误；长江是"世界第三大河"，不是亚洲第三大河，C错误；"其中流域面积超过1000平方千米的河流就有1500多条"表明D正确。

66. D　选项A与原文不符，缺少了原文所说的前提"如果大家一致看空"；B"不要炒股"原文没有提到，排除；C与原文不符，原文说"如果只有一方，那就不成为市场了"。根据排除法确定D。

67. C　"个性"和"垃圾邮件"原文都没有提到，可以排除A和B；D与原文不符，原文说"正文应只做简要介绍"，而不是"尽量详细"。C与第一句一致。

68. C　原文"大多数品种的竹子一生只开一次花，开花后竹子就会死去"，说明A错，C正确；原文说"可以食用"的是竹子，而没有提竹子的花，B错；"严重缺水……更容易导致竹子开花"，D错。

69. D　选项A、B、C提到的都是文章用来比喻的事物，不是字面意思，都要排除；D是文章想表达的意思，选D。

70. C　"往往很容易被限制在一个小的圈子里"与A"不要……"不同，排除A；文中"跳出惯性思维"不是真的身体"跳一跳"，排除B；D"生活习惯"文中没提到。通读整段，作者的观点是C。

第三部分

71. C 细节题。原文"因为他在归纳两份相同性质的材料时,发现结论相互矛盾"说明选项C是正确答案。

72. A 细节题。原文"从法院民事庭提供的资料看,真正因感情彻底破裂而离婚的占不到10%"说明选项A为正确答案。

73. D 原文"他有一个小小的发现,那就是:那些在婚姻上失败的人,并不是找错了对象,而是没有将家庭责任放在心上"说明D是正确答案。

74. C 根据文章的中心意思,责任感对婚姻很重要,C符合此意,为正确答案。

---

75. D 细节题,答案在原文第一句"……让树枝挂破了裤子",虽然A"孩子"也能说通,但原文"让……"这个被动句提示选D。

76. A 推理题,第二段说"第二位母亲不打也不骂,默默地把那个破洞一针一线缝补好",这说明第二位母亲表现得很平静,选A。

77. A 细节题,第三段说"第三位母亲……让孩子在成长的路上充满自信并富有创造力",选A。

78. D 主旨大意题,根据最后一段,作者赞赏第三位母亲的做法,所以可以用她的行为作为标题。

---

79. C 从下文"岂有此理"和"越想越生气"可以推断出C。如果不知道"岂有此理",可以把选项代入上下文,发现"不合情理"说得通,也可以选C。

80. D 定位到第三段"诗人越想越生气",上下文谈的都是核桃和南瓜的生长方式,选D。

81. B 最后一段,一颗核桃砸中了他的脑袋后,诗人就由生气万物生长不合理,转变成祈求老天爷原谅了,选B。

82. D 诗人先妄图改变世界,想"让万物回归到最合理的状态上",过后发现自己"无知和自大",幸好不是掉下来个大南瓜,不然会把他砸死的;从此他认识到核桃和南瓜是合理的,选D。A"采风"不是重点;故事没有B中的取舍问题;也没有C的努力和成功的问题。

---

83. C 文章第一段中提到肢体语言"简便、迅捷、直观",故答案是C。

84. B 原文是"微笑着给她来了一个肯定的回答——令人振奋的英国式的翘大拇指",破折号前是对"翘大拇指"的解释,中心语是"肯定的回答",所以B是正确答案。A只是英国男子翘大拇指时的表情;C是对肯定回答的形容;D是撒丁人的理解。

85. A 根据这个词后面的例子，对于"翘大拇指"英国人和撒丁人的理解完全不同，A符合这个意思。B说反了；C"变化"、D"空间距离"与本文无关。

86. C 事例是用来证明观点的。观点在故事的上一段"然而，同样的肢体语言，在不同文化中的意思有时却是大相径庭"，答案是C。A、B、D都和故事有关，但都不是故事"想要说明"的意思，不符合题目要求。

87. D 根据问话内容可确定提问原因，原文"为什么别人都比我自在呢？"说明D正确。

88. B 原文小和尚们回答"我们说说笑笑，看看风景，就到这个时候了"可知B为正确答案。

89. C 通过小和尚的回答"我每天在路上都想着早去早回……心里只有目标，没有道路了"可知C为正确答案。

90. A 文章最后一句"只有在坎坷的路上行走，才能磨炼一个人的心志啊"揭示了文章的主旨，即A选项。

模拟题（六）

第一部分

46. B 根据上文"雨后"或者下文"为什么不从旁边干燥的地方绕一下爬上去"，选B。"潮湿"和"干燥"是反义词。

47. C 从上文"我以后可不能像它那样愚蠢"中知道，他要变聪明，"愚蠢"和"聪明"是反义词，选C。

48. A 三个人，第一个是反例，没有成功的心态就"日渐消沉"；后面两个人都从蜘蛛那里得到启示，一个变聪明，一个打胜仗；他们三人的差别在心态，选A。

49. C 这是一道形近词辨析题。A"打扮"后面搭配"自己"，B"打听"后面搭配"某事"，D"打击"后面搭配"某人"，这三个词都不能接动词。C"打算"表示想要做某事，符合文意。

50. B 根据前文演说家问的两个问题"谁要这100元？""谁还要？"，以及听众对三次提问相同的反应"举手"，确定选B。

51. A 前文"还是想要它"和后文"没有贬值"是因果关系，"没有贬值"是原因，选A。

52. D　通过上文"钱"的引入，本段过渡到对"人"的论述，A、B、C都是跟具体钱数有关的，"价值"是抽象的，符合这里的意思，选D。

53. C　如果看到空就选，很容易选择A或B，但是通读全文后，发现本文主要在讲时间和忙碌，下一句还有"仍然闲不下来"，因此确定这里选C。

54. D　"尽管……还……"是固定搭配，表示转折关系，选D。

55. C　从法师的回答"忙人时间最多"可以看出问的是C"时间"。

56. D　通读全文，主要时间和忙碌，而不是A学习、B希望、C把握现在的问题，选D。

57. B　通读全文，后来他建了一座房子，确定这里选B。答案A、C都符合情理，但是后文没有提到。

58. D　根据后文"这是你的房子"，确定这里是D"钥匙"，因为送钥匙代表送房子。

59. C　后面都是用"你"开头的句子，根据语气，C在这段话里是通顺的。

60. C　这道题容易误选A；但是根据上文，这里是在用建房子作比喻，因此选C。

第二部分

61. A　"有钱人"和"富人"是同义表达，选A；"至于赴港生子……还未进行统计"，B错；"越来越流行"说明越来越多，C错；5000位是每年的数据，不是"近年来"，D错。

62. C　"由鼎盛不断走向衰亡"说明越来越不繁荣，A错；周代中国是"最强盛的文明大国"，B错；"音乐……其特点是等级森严"，C正确；"音乐水平也达到了相当的高度"说明水平很高，D错。

63. A　"真的是只能'电召'"，A正确；B、C、D跟原文表述相反。

64. B　文中的观点说郭德纲是俗人的代表，A错。"你看，五谷杂粮哪一天离得开？"是反问语气，意思是每个人都离不开五谷杂粮，D错。"相声爱好者一如既往地支持他"意思是像以前一样支持他，说明C错，同时B"相声演员"正确。

65. C　文中说是500多厘米，A说"500多米"，错误；文中只说到长，没提到"最长"，B错；D中的"皇帝"文中没有提到；C与原文相符。

66. C　"中国现在写诗的人……这是很大一个数字"，A、B错。开头"……'边缘化'的问题，其实不太重要"，说明D是本文不讨论的问题。结尾"重要的是质量"说明C正确。

67. C　因为买了死马（A错），最后真的买到了千里马，方法非常聪明，C正确，同时B错误。最后"有人送来了三匹千里马"，D错。

68. D 原文说表亲结婚"低智商的孩子明显增加"，A错；"父母智商高，孩子的智商也不会低"，B错；C说反了，本地结婚的孩子比隔省结婚的孩子智商低；D符合原文意思。

69. C "对京剧不满"的是清末民初的留学生，不是大多数人，A、B错；"在清末民初的一段时期，正当京剧迅猛发展"说明C正确；D中说的"流行"是当时话剧在西方的情况，不是京剧。

70. D 玫瑰是第一类的例子，所以不需要每年种，A错；马齿苋是第二类的例子，"一年花卉不仅花期长"，B错；"一年花卉……比多年生植物开出更多的花朵，因此很适合用于为花园装点……"，说明C错，D正确。

第三部分

71. C 这道题很容易错选A，因为确实他是想到树枝后才重新挣扎，但是A中"枯的树枝"表述不准确；再看原文第二段"他心里顿时有了希望，心不慌了，力气也有了，便拼命挣扎"，因此C比A更合适。B是给他力量喊救命；D不是直接原因。

72. D 原文"那个流浪汉真的在附近，把他救上岸来了"，选D。

73. B 两个事例都说明是枯枝和流浪汉给了他希望，他才有力气追求活下来，选B。

74. B 细节推理题。文中说"周五刚走进办公室的大门，就接到任务被派往郊区……"，而后工作被留到了周日，所以说明周五小强大部分时间在郊区，没有时间在办公室处理文件，选B。

75. C 最后一句"不如从提升效率开始吧"提示选C。从文中描述的情况也可以看出，他总是浪费时间，态度不积极（A错），所以工作完成的不好，而且"满脸倦容"（D错），不是因为工作多（B错），而是C"没有效率"。

76. A 根据上文"主动推进工作……而不是被工作牵着鼻子走"，可以确定选A。"牵着鼻子走"是汉语熟语，意思是被别人控制。

77. B "工作环境……上班朝九晚五"、"上班族"提示答案B。

78. D 文中第一句话就是看望爷爷的原因，D正确。

79. B 注意本文选"没提到"。通读全文可知文中提到了粪桶、水桶、酒桶，文中提到了吃饭但没提到饭桶，选B。

80. B 原文"换了别的时候，青年人是不会和爷爷一起抬粪桶的"，A错；原文"却发现缸里水是满满的",爷爷是"想留他吃完饭再走",所以B正确,C说反了;原文"黄酒温温的",D中"白酒"错误。

81. B 最后一段要讲的道理是,同样的桶,装不同的东西结局不同。人生也一样,原本一样,但结局不同,因此要好好把握,选B。

---

82. D 答案就在原文第一句"有个博士主持了一项老鼠穿过迷宫吃干酪的实验,为期六周,对象是三组学生与三组老鼠"证明A、B、C都正确;根据后文实验是是证明态度的重要性,D错。

83. D 本文干扰项是A,A说的没错,故事也表明了这一点。但是通过最后一段"正确的态度……最终走上成功的道路"可以说明本文的主旨是说态度对成功的重要性。

84. A 注意本文选"没有提到"。根据原文最后一句可知A、C、D都说到,选B。

85. C 实验和最后一段的议论都是为了说明态度的重要性,选C。

---

86. C 答案在原文第一段。第一句"寒冷的北极并不总是冰天雪地,它也有温暖如春的季节"说明A、B错;最后一句"由于当地物种稀少"说明D错。C与第二句表述一致。

87. B 游客发现有趣的现象在原文第二段,"当地的印第安人对这些嗡嗡乱叫的蚊虫十分仁慈,从不轻易伤害它们",选B。

88. B 蚊子叮驯鹿,把驯鹿赶进人的包围圈里,所以它们帮了印第安人,B是最准确的答案。原文提到"……蚊虫是驯鹿无法抵御的天敌"(D错),但没说是人类的天敌,C错。A选项最具迷惑性,虽然蚊子帮了人,但也叮人,文中没有提到"朋友",所以不选A。

89. B 根据文意,文中蚊虫会叮咬人类,是过错;但又帮人类捕捉到驯鹿,是功劳。B符合上下文。"将"是用的意思,"补"是补偿弥补的意思。

90. D 第三段最后一句"聪明的印第安人……"以及最后一段对宽容和智慧的赞赏可以知道,D是作者的态度。

模拟题(七)

第一部分

46. D "死了"后面是句号,排除A、B,因为A、B是放在前半句中的关联词。C"假冒"后面搭配某个人；D"假装"搭配某种状态，选D。

47. A 有问有答，前面朋友"问熊在他身边做了些什么"，所以这里选A"回答"。
48. C 上文说"别和那些不能共患难的朋友一起同行"，是这个故事的中心，所以全文的意义重点在"患难"和"朋友"上，选C。

---

49. B 前文老板要他抓糖，后文男孩不抓，所以这里需要一个转折关系的连词，选B。
50. A 后文妈妈问"为什么……"，提示这里妈妈的心理状态是"好奇"，选A。
51. C 上半句说老板手大，手大所以抓的糖果更多，所以C在上下文中最连贯。
52. B 故事中男孩"依靠"了老板手大的有利条件，得到了更多糖果，选B。

---

53. A 飞机发动机熄火不是真实发生的事，是主持人虚拟的一个场景来提问，因此选A"如果"表示假设的情况。
54. D "系安全带"是固定搭配，选D。
55. B 上文主持人"想看他是不是自作聪明的家伙"，下文孩子哭了，这应该是主持人"没想到"的情况，选B。
56. A 上半句说"听的艺术"，下一句说"要学会听……"，可见这里主要在谈"听"的问题，排除C、D；故事中小男孩说到一半时大家都误解了，所以这里要讲的道理是A。

---

57. B "大失所望"是很失望的意思，美丽的脸变得坑坑洼洼，符合这里的语境，选B。
58. A 后文说"必令对方……"，因此确定是"你看别人"，排除C、D。从"必令对方原形毕露，显得一无是处"可以看出是，这里说的是拿放大镜看，选A。
59. C 上文是"一无是处"，即没有任何好的地方，下文是"欣赏到别人美好的一面"，意思相反，故选C。
60. A "发挥效用"是固定搭配，选A。

第二部分

61. A 文中"小阳春""回暖""触底反弹""最坏的时候已经过去"都说明情况在变好，选A，同时说明D错；文中说调控了"长达两年"，不能说"好几年"，B错；文中说"最坏的时候已经过去"，不是说现在"最好"，C错。
62. D 文中说"唐代伟大诗人白居易"，说明白居易是唐朝人，A错；当过小吏，"被皇帝授予官职"，说明当过官，B错；"家境贫寒"说明家里不富有，C错；"十五六岁……在长安出名"说明D对。

63. C "大多数人会选择先吃坏的再吃好的",不是丢掉,A错;"在我看来,这不是一种节俭的行为",B错;"有时候放弃不是失败,而是一种智慧"说明C对;文中谈的是放弃,不是失败,D错。

64. D "今年七场《跳舞》",超过了五场,A错;《跳舞》是舞蹈比赛,有评委,很可能是电视节目,而不是杂志,B错;文中没说包小柏是冠军,C错;"三人同时晋级"说明都进入了下一场比赛,选D。

65. B "专家推荐24-29岁为育龄女子的最佳生育期",不是29岁以后,A错;"30岁左右当爸爸为优",选B;26岁在"24-29岁"之间,C意思反了;文章主题就是孩子的智商跟父母的年纪有关,D错。

66. B 文中只说了作者喜欢,没说西塘的美丽,不足以判断,所以A错;原文"西塘虽说属于浙江省……",说明B对;"她却离上海很近",不远,C错;"趁着清明假期",不是春节,D错。

67. A 文章最后一句在说"每一次探索……都是成功",所以是在鼓励要勇于探索,选A。

68. B 宋词的词牌"有说八百多的,有说一千多的",很多,A错;"中国宋词是一种……文学形式",B对;"以长短句为诗体",C错;文中提到的1000是词牌,不是宋词,D错。

69. B 空难发生时,父亲担心儿子害怕,骗他说是拍电影,B对;其实不是拍电影,A错;父亲"不幸遇难",C错;"机上170名乘客只有19人生还",没有占到一半,D错。

70. B 本文讲越国人的生活习惯,使鲁国夫妇在越国不能发挥长处,属于"社会环境"与"个人专长"的话题,选B。

第三部分

71. C 注意本题选错误的。寓言中,商人听到"一个陌生的声音对他说"然后捡了石头,后来也一直没有见到这个人,所以C是错误的;A、B、D都符合故事的叙述。

72. C 注意本题选错误的。第二段在谈"人生路上有意义的石头",提到了知识、经验、成功、失败,但没有提到金钱,选C。

73. A 全文是一个寓言加两段议论,议论阐明了文章的中心。议论部分一直在用"捡拾石头"做比喻,因此A为最合适的标题。

74. B 开头儿子"不假思索"(不经过思考)地回答了问题,并且"坚持着他的数学原理",所以他的根据是B"数学",而不是A。C没有提到,D是文章最后儿子的做法。

75. C　儿子和父亲的答案都通过实践得到了验证，因此都对了，选C。

76. A　注意本题选错误的。文中通过实践，儿子找到了三个角、四个角的答案，父亲找到了五个角的答案，没有两个角，所以选A。

77. D　注意本题选错误的。故事的启示在最后一段。原文说"我们才能跳出惯性思维的模式"，因此D错误。A、B、C都与最后一段表述一致。

78. B　第一段说了，他丢了针，于是准备把铁棒磨成针，B是他的目的。

79. C　没有人"想送针给他"，只有智者想跟他"换针"，所以选C。A、B、D在第三段都谈到了。

80. A　他生气地说"我凭啥要换给你？你一根小小的针，居然就想换我这根铁棒？"说明他觉得针太小，铁棒大，价值不对等，换了不值得，选A。

81. A　答案在上一段：磨铁棒又浪费时间精力，又浪费铁棒，是浪费了大资源，选A。

82. B　原文"有十二个仙女受上帝派遣前来祝贺，而且每一个仙女都带来了一样珍贵的礼物"，"而且"说明"送礼"也是上帝派的任务，所以选B。国王拒绝了第十二个仙女的礼物，所以A、C都错了。后文王子"继承了王位"，说明他当了国王，D错。

83. C　"最后的结局"在第三段，先是"大臣不思进取"然后"国家落后"，最后"被邻国吞并了"，"吞并"就是邻国把它消灭了，选C。

84. A　后文"国家渐渐穷困了"，说明国家没向好的方向发展，选A。

85. B　国王的错误是没有接受第十二位仙女的礼物，导致王子后来没有发展，因此是没有从长远考虑，选B。

86. B　答案在第一段"还没走出商场，天下起了雨"，说明还在商场里，选B。

87. B　原文"老师笑着把那女同学的伞要了过来"，"一位女同学……冲了过去，钻进了老师的伞里，老师笑着接纳了她"，说明两人都用了伞，选B。

88. D　老师对我的评价是"起点太低"，说明他不太满意，A错；最高分给了跟老师一起回去的女同学，B错；最后还有一个同学没回到学校，C错；第一段"给我们出了道即兴的雨中测试题"说明是临时想出来的，选D。

89. D　选项A、C在第三段、B在第二段都提到，只有D没有提到。

90. C　得最高分的同学因为"第一时间看到了眼前的机遇"；另外，最后一句也在谈"商机"，所以老师的想说的是C。

模拟题（八）

第一部分

46. C 根据后文，老太太请路人小心，是在"提醒"路人；另外，根据后文"又予以劝告"的提示，也可知答案选C，"提醒"和"劝告"意思相通。

47. B 前文说"老太太很生气"，A、C没有体现生气；后面是问号，D不是问句，排除；选B，"怎么……"表现了她生气没有人听她的话。

48. D 后文说"提醒自己却很难"，其中转折词"却"提示前后意思相反，因此前面是"提醒别人容易"，选D。

49. A 后文说鸽子救了蚂蚁，排除B、D；蚂蚁身处险境，很可怜，选A。

50. C 这是蚂蚁说的话。鸽子把树叶丢进池塘，后来蚂蚁又帮了鸽子，说明蚂蚁感谢的是鸽子，选C。

51. B 从后文猎人很疼可知，蚂蚁狠狠咬他了一口，选B。

52. A "报答救命之恩"是固定搭配。

53. D "发现"搭配某种新情况，选D；A搭配新事物；B搭配机器；C搭配事业等。

54. C "没有办法"的主语应该是人，排除A、D；这里有困难的是教授，选C。

55. C "在……的时候"是固定搭配。

56. A 根据下文，疯子帮教授解决了问题，所以疯子是自己有办法，选A。

57. C 在绝望时发现了苹果，C"惊喜"符合当时的情绪。

58. A "每当……的时候"是固定搭配，表示在旅行者困难的时候苹果给了他希望，与下文相符。

59. B "始终"的意思是从开始到最后，可以跟"未曾"搭配，表示从始至终也没有做过某事。

60. B 这句话在讲苹果，而不是旅行者，排除C、D；A"朋友"的比方不合适，而且过于平淡；故事讲旅行者靠一个苹果的力量走出沙漠，很不可思议，所以选B。

第二部分

61. A 男生的"您"字是"心上有你"的意思，所以他当时喜欢她，A正确，D错。"暗恋"说明他们不是男女朋友，B错；"多年后，她结婚有了孩子"，没有提跟谁结婚，应该不是故事里的男生，C错。

62. B 文中说倾斜才能走路，人如此，事业也是，B是对原文适当的概括。

63. A 本题的关键是掌握亲属词，"姑姑"是爸爸的姐妹，"舅舅"是妈妈的兄弟。原文说"孩子就与舅舅或姑姑等共同拥有了25%相同的遗传因子"，所以A正确。B、D既不是兄弟姐妹也不是亲子关系，都没有相同的遗传因子；C与文章说法相反。

64. C 原文"中国传统文化到底是什么？……即'仁、义、礼、智、信'"，"即"的意思是"就是"，选C。

65. B 只有几个房地产企业破产，A错；"市场泡沫又很严重"，B对；"调控持续了这么长时间"，C错；D与最后一句表述相反。

66. A 老司机不收盲人钱，大叔又为盲人付车钱，两个人都做了好事，选A。

67. A 原文"当代中国诗人……缺的只是深度、耐力"，选A。其他选项与原文相反。

68. D 选项D与第二句和第三句的整体意思相符。A、B、C都说反了。

69. C 原文"谁干得最快最好，谁就有权得到它"，说明C正确。"最快最好"和"最勤快"不同，A错；B中"总是"文中没提到；D内容与本文无关。

70. B 推测题，原文"她就把爱犬给塞了进去，后果可想而知"，说明后果非常不好，所以不直说，根据后文告上法庭和常识可判断答案是B。还可以用排除法，A应该是美国市场，C、D与原文相反。

第三部分

71. B 原文说"他的真传只能授给其中一个。于是老锁匠决定来一次考试。"考试结果，"二徒弟为他的接班人"，因此答案是B。

72. B 开锁考试大徒弟用了不到十分钟，"众人都为大徒弟的高超技艺喝彩"，说明技艺方面大徒弟更高。

73. C 最后老锁匠说："锁匠……心中锁住贪心的那把锁却永远不能打开"说明老锁匠认为不贪心是做锁匠的最宝贵品质。二徒弟专心开锁，没看见保险柜里的物品，不贪心，所以通过了考试，选C。

74. B 原文说"他的办法其实很简单，就是耐心地一节车厢一节车厢找过去。"答案B"逐个车厢找"的意思就是"一节车厢一节车厢找"。

75. C 细节题，原文"从火车十几个车门上上下下的流动中包含着不少提供座位的机遇"表明是下车造成的空座，选C。

76. D　注意本题选"不是"。根据第二段，A、B、C都是其他乘客的情况；D与原文相反，原文说他们"觉得不值"，选D。

77. C　原文"与生活中一些安于现状、不思进取、害怕失败的人永远只能滞留在没有成功的起点上一样"说明，A、B、D都是不成功的原因，选C。

78. B　答案在第二段"他停下脚步，非常伤感地望着眼前这些失去自由的鸟儿"，说明原因是同情小鸟，选B。

79. C　计算题，小鸟五十元一只，他花了四百五十元，450÷50=9，选C。

80. D　他先是伤感小鸟"失去自由"，买下后放飞了所有小鸟，最后又跟男孩谈"每一种生命都应该是自由的"，所以他是为了放走鸟儿才买下它们的，选D。

81. C　原文最后一段说"那先生抚摸着小男孩的头，慈祥地说道"，选C。

82. C　这里"负责……工作"是"做……工作"的意思。原文"私人船主承包了运送工作"，说明实际做运送工作的是私人船主，而非政府，选C。

83. B　答案在第一段"英国政府想了很多办法：……"，A、C、D都提到了，选B。

84. B　第二段"……倒过来，政府以到澳洲上岸的人数为准计算报酬"，"问题就这么轻而易举地解决了"，答案是B。

85. D　第一段"犯人在船上的死亡率达到12%"其中最严重的"死亡率高达37%"，D不符。

86. A　原文"请求这位武术大师训练他的儿子，培养男子汉的气概"跟A的意思相同。

87. B　原文第二段"男孩才刚刚倒地便立即站起来接受挑战。倒下去又站起来……"，再根据倒数第二段拳师的总结，可以确定训练成果是B。

88. B　从原文"无地自容""父亲伤心地回答"看出父亲不满意，很失望，选B。

89. C　倒数第二段拳师说"你有没有看到你儿子倒下去又立刻站起来的勇气和毅力呢？那才是真正的男子汉气概"，确定答案是C。

90. D　表明作者观点的主题句在最后一段："面对失败的重创，可以坦然待之，储存力量重新开始……那就是成功"，确定答案是D。